Découvrez l'histoire par les archives de presse

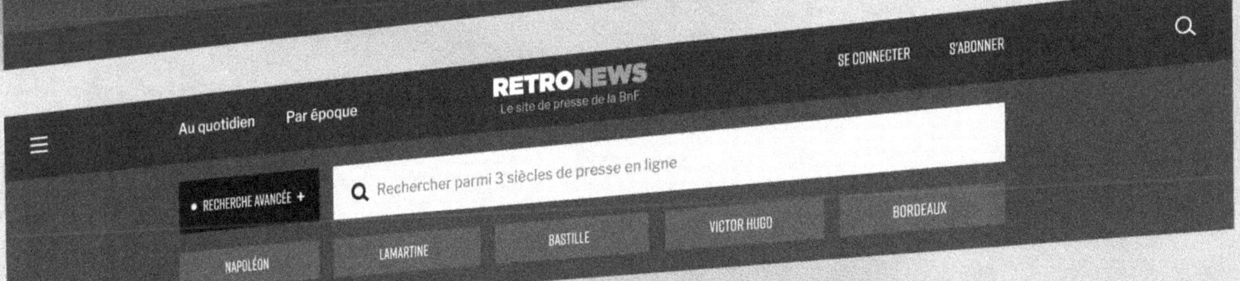

PUBLICATION TRIMESTRIELLE
1925 — N° 3

MÉMOIRES

DE LA

SOCIÉTÉ D'HISTOIRE ET D'ARCHÉOLOGIE DE BRETAGNE

6e ANNÉE
Tome VI. **1925**
DEUXIEME PARTIE

SOMMAIRE :

RENNES
PLIHON et HOMMAY, 5, rue Motte-Fablet

SAINT-BRIEUC
PRUD'HOMME, 12, rue Poulain-Corbion.

PARIS
ED. CHAMPION, 5, quai Malaquais.

QUIMPER
LE GOAZIOU, 7, rue St-François

NANTES
DURANCE, 4, quai d'Orléans.

VANNES
LAFOLYE, 2, place des Lices.

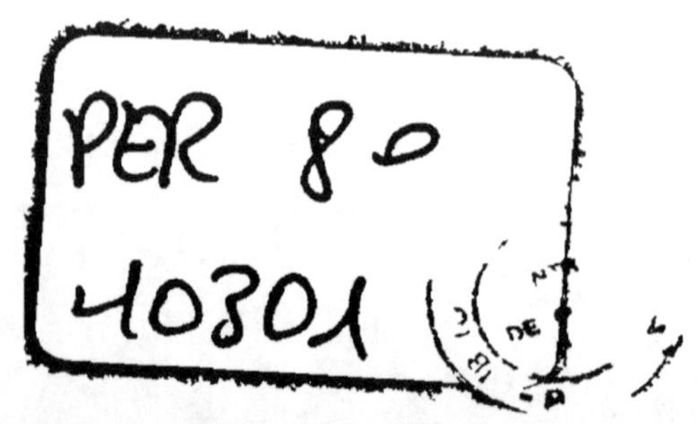

MÉMOIRES

DE LA

SOCIÉTÉ D'HISTOIRE
ET D'ARCHÉOLOGIE
DE BRETAGNE

6e ANNÉE

Tome VI. — 1925

DEUXIÈME PARTIE

SOMMAIRE :

RENNES
PLIHON et HOMMAY, 5, rue Motte-Fablet

PARIS
ED. CHAMPION, 5, quai Malaquais.

NANTES
DURANCE, 4, quai d'Orléans.

SAINT-BRIEUC
PRUD'HOMME, 12, rue Poulain-Corbion.

QUIMPER
LE GOAZIOU, 7, rue St-François.

VANNES
LAFOLYE, 2, place des Lices

RELATIONS DIRECTES
ENTRE L'IRLANDE ET LA PÉNINSULE IBÉRIQUE
A L'ÉPOQUE ÉNÉOLITHIQUE

I

Les relations de l'Ibérie avec la Gaule méridionale et occidentale, avec les Iles Britanniques, vers la fin de l'époque néolithique, et à l'époque de transition de la pierre au métal, sont bien connues. Je ne mentionnerai dans ce travail sommaire que les faits qui démontrent des relations particulièrement intimes, à l'époque énéolithique, entre l'Ibérie et l'Irlande.

L'usage du cuivre paraît avoir été à peu près simultané dans ces deux contrées où le cuivre abondait : les premières haches plates en cuivre, en Irlande comme en Ibérie, sont des imitations de haches en pierre; nous avons la preuve que c'est avec des outils en silex qu'on a attaqué les mines de cuivre, à l'origine, en Irlande [1]. Dans les deux pays, il y a eu un véritable âge du cuivre. Cependant, ce n'est pas d'Irlande, c'est d'Ibérie qu'est partie l'exportation des objets de cuivre en Gaule. Le cuivre se rencontre, en effet, assez abondant dans les dolmens du midi, à une époque où il n'apparaît pas encore dans les sépultures mégalithiques de l'ouest et du nord-ouest [2].

(1) COFFEY, *The bronze age in Ireland*, p. 7.

(2) DÉCHELETTE, *Manuel d'archéologie*, I, p. 404.

La hache-poignard, improprement appelée hallebarde, dont la lame est fixée par de gros rivets, à un manche en bois plus ou moins perpendiculaire à son axe et qui n'est en somme qu'un poignard emmanché à la façon d'une hache, se montre aussi à l'époque du cuivre, en Irlande et en Ibérie.

En Espagne, on l'a trouvée dans les sépultures de l'Argar, de l'Officio et de Fuente-Alamo; en Irlande, on l'a rencontrée un peu partout. Le Musée national de Dublin n'en possède pas moins de 49 exemplaires. D'Irlande, elle est passée en Scandinavie et dans l'Allemagne du Nord, où elle apparaît perfectionnée, munie d'un manche ou de portion de manche en bronze (3).

L'idée de transformer un poignard en hache par un emmanchement approprié a pu venir simultanément aux Irlandais et aux Ibères. Cependant, on constate en Ibérie l'usage du manche oblique avec des lames de forme primitive (4); ce n'est qu'un peu plus tard que la lame est renforcée par une forte nervure. En Irlande, la forme légèrement, mais clairement incurvée de la lame, ses fortes nervures, indiquent une époque plus avancée de la technique métallurgique. Il est donc possible qu'on soit ici en présence d'un emprunt des Irlandais aux Ibères par voie commerciale. C'est aussi à l'influence ibérique plutôt qu'à l'influence irlandaise, quoique des relations directes entre l'Irlande et l'Armorique paraissent attestées par les gravures des tumulus de New-Grange Dowth, Lough Crew, et de celui de Gavrinis, qu'il faut attribuer la forme primitive des haches-poignards du tumulus de Saint-Fiacre en Melrand (Morbihan); les lames, à l'exception peut-être d'un exemplaire, en sont minces, sans nervure de renforcement. Les

(3) Cf. DÉCHELETTE, *Manuel II*, I, p. 196-199; COFFEY, *loc. cit.*, p. 12-20; COFFEY, p. 22, émet l'hypothèse que la forme incurvée de la lame aurait été suggérée par le pic de corne de cerf, ce qui paraît forcé, même d'après le spécimen qu'il donne de ce pic (fig. 15).

(4) Les frères SIRET, *Les premiers âges du métal dans le sud-est de l'Espagne* (Revue des questions scientifiques, 1888, p. 49).

manches ont disparu, mais on reconnaît sur les lames l'empreinte de manches obliques (5).

La hache à talon à deux anneaux latéraux est sûrement d'origine ibérique (6). On en a signalé deux exemplaires en Irlande, mais on en connaît aussi quelques-uns dans le sud-ouest de l'Angleterre et le sud de la France. Cependant, l'idée des deux anneaux latéraux paraît plus ancienne en Irlande, car, d'après John Evans, on y a trouvé quelques exemplaires de haches plates en cuivre portant un anneau sur chaque côté.

Un autre indice qui ne paraît pas négligeable d'un commerce intime entre l'Irlande et l'Ibérie nous est fourni par un type de poterie qui se rencontre à la fois dans les gisements portugais et irlandais, à l'époque également énéolithique. Ce sont des vases à bord rentrants, surbaissés et percés de trous destinés à laisser passer des liens de suspension. Les deux exemplaires, l'un d'Irlande, l'autre de la grotte de Palmella, figurés par Cartailhac (*Ages préhistoriques de l'Espagne et du Portugal*, p. 127, fig. 169, 170) sont absolument identiques (7).

Néanmoins, le point de comparaison le plus important jusqu'ici connu entre l'industrie de l'Irlande et de l'Ibérie énéolithiques, nous est fourni par les *lunulae* ou croissants d'or irlandais. Ce sont des disques en or auxquels une large échancrure donne la forme d'un croissant. La décoration est caractérisée par des triangles incisés et ombrés à l'aide de lignes parallèles à l'un des côtés latéraux, par des chevrons, des dents de loups, de petits carrés hachurés ou vides, disposés en cases de damier. La décoration de la surface est limitée aux *cornes*, et la partie moyenne de

(5) DÉCHELETTE, *Manuel II*, I, p. 198.

(6) *Ibid.*, p. 250-251.

(7) Un vase exactement de cette forme a servi à l'époque énéolithique de jarre funéraire dans le sud-est de l'Espagne (H. et L. SIRET, *Les premiers âges du métal*, pl. IV, fig. 6). Pour les enfants, les vases d'usage domestique de forme variée, servaient de jarres funéraires.

l'objet, la plus large et la plus considérable, est simplement encadrée de deux bandes où dominent les chevrons.

L'Irlande, véritable Eldorado (8), à cette lointaine époque, est le principal centre de fabrication et d'exportation de ces croissants. Le Musée national de Dublin en possède 37 à lui seul; sur les 80 exemplaires aujourd'hui connus, l'Irlande en a au moins 60. Les autres se répartissent géographiquement ainsi : Cornwall, 1; Pays de Galles, 1: Ecosse, 4; France, 6 : 1 à Saint-Potan (9), C.-du-N.; 3 dans la Manche; 2 en Vendée; en Danemark, 2. Ceux qui sont sortis des ateliers scandinaves sont imités des modèles irlandais (10).

Cartailhac (*Ages préh.*, p. 297, fig. 421) donne une gravure d'un anneau d'or massif, trouvé à Penella, dans l'Estramadure et dont l'ornementation rappelle de très près celle des croissants d'Irlande : les motifs et leur disposition sont à peu près les mêmes.

La comparaison est encore plus instructive entre l'ornementation des *lunulae* et celle du gorgerin ou hausse-col trouvé en 1883, près d'Evora, province d'Alemtejo, Portugal, et récemment acquis par le Musée de Saint-Germain. Il pèse 2 kil. 300 grammes. M. Salomon Reinach qui avait déjà consacré une importante étude aux croissants d'or irlandais dans la *Revue celtique* (1900, p. 75) en a fait une étude des plus instructives dans *The antiquaries Journal*, vol. V, n° 3, april 1925 (mémoire lu devant la Société le 27 nov. 1924). Comme il le dit, sans la moindre exagération, l'ornementation en est non seulement très semblable à celle des *lunulae*, mais on peut la dire identique : mêmes motifs, même disposition; même discrétion dans la décoration, limitée à une partie du croissant, le reste étant soigneuse-

(8) Sur l'or en Irlande, à diverses époques, cf. P. W. JOYCE, *A social history of Ireland* (2 vol., London, 1903), I, p. 21, 33, 34, 554, 556, 565; II, 49, 68, 222, 261, 262, 378, 381, 384, 431.

(9) DÉCHELETTE, *Manuel II*, I. 353-354.

(10) MONTELIUS, *Chronol. der ältesten Bronzezeit in Nord-Deutschland und Skandinavien*, p. 79, fig. 202, 203.

ment poli. Ces objets doivent sortir des mêmes ateliers. Il n'est pas inutile d'ajouter que l'abbé Breuil a signalé la découverte d'une *lunula* dans un dolmen d'Allariz, Galicie (*Proc. of the R. I. A.*, p. 8, août 1921). Il est vraisemblable que les modèles des *lunulae* ont été fournis à l'Irlande par l'Ibérie. Il paraît, en tout cas, certain que c'est en Ibérie qu'il faut chercher l'origine immédiate du style géométrique et rectiligne, tel qu'il se montre sur ces croissants en or, quelle qu'ait été la contrée où il a pris naissance. Comme le fait remarquer M. Salomon Reinach (p. 127), le style sévère, purement rectiligne, avant de se développer à l'époque du métal, apparaît sur une série de plaques d'ardoise, qui ne se trouvent qu'en Portugal [11]. Ces spécimens du style géométrique appartiennent à la fin du néolithique. Quant à la chronologie relative des *lunulae*, elle est assurée par la découverte de deux *lunulae* à Padstow, Cornwall, associées à une hache en métal du type le plus primitif. Quant à la chronologie absolue, elle varie suivant qu'on fait remonter le début du métal à une époque plus ou moins lointaine. Coffey le place à 1500 ans avant notre ère; Montelius, vers 2500-2300, pour l'Europe occidentale. La date indiquée par Coffey doit être rejetée, comme trop tardive.

(11) Le commandant A. Martin a découvert *en 1910 une ardoise gravée dans un monument mégalithique* de Groix. C'est le titre de l'opuscule : Quimper, 1910 : Extrait du *Bulletin de la Société archéol. du Finistère*. Les deux faces sont couvertes de traits rectilignes dont un certain nombre paraissent irréguliers. Il y a à remarquer : sur la face 1, 32 petits traits obliques parallèles compris entre deux longs traits longitudinaux se prolongeant vers la gauche par un trait unique en zigzag ou tire-bouchon; sur la face 2, le même assemblage de traits obliques parallèles, mais plus longs et moins nombreux, occupant une place différente; puis sur la gauche, à l'extrémité de la grande ligne courbe supérieure et du long trait longitudinal inférieur, *deux signes demi-ronds* très accentués. Le commandant Martin a trouvé dans plusieurs *tumulus* de la période énéolithique des Côtes-du-Nord des ardoises déposées intentionnellement : à Tossen-ar-Run, en Yvias, une boîte en renfermait trois avec des débris d'ossements (cf. MARTIN, *Ardoises des sépultures néolithiques*).

Sur une plaque de schiste ardoisier du dolmen de Kervadel, en Plobannalec, on remarque une sorte de cercle à rayons se continuant par des feuilles de fougère (DU CHATELLIER, *La poterie aux époques préh. et gaul. dans le Finistère*, pl. 5, fig. 9).

Celle de Montelius paraît s'approcher davantage de la vérité, comme le pense M. Salomon Reinach.

Quant à l'usage que l'on faisait des *lunulae*, il reste discutable. On a assimilé la *lunula* au *mind* irlandais qu'on traduit par diadème. En vieil irlandais, une seule fois il glose *diadema* (*deadema*) (Gloses de Turin, *Thes. paleoh.* I, 491). Ailleurs, il glose *insigne*, *insignia*. Dans le *Félire Oengusso* (calendrier d'Oengus), document du IXe siècle, le mot est employé métaphoriquement et Stokes a tort de lui donner le sens précis de diadème. Dans l'épopée si archaïque du *Táin Bó Cúalnge* (Razzia des vaches de Cooley), au lieu de *mind*, on trouve *imscimm*, *imscing*, dont le sens n'est pas fixé, mais qui sûrement n'a nullement le sens de diadème. Dans les gloses en vieux gallois, *minn* glose *sertum*, et le pluriel *minou* glose *serta* et *stemmata deorum*.

En somme, s'il n'est pas niable que *mind* ait pris le sens de diadème en moyen irlandais, son sens primitif reste encore à découvrir. M. Salomon Reinach frappé du poids extraordinaire du gorgerin d'Evora, a supposé qu'il avait pu avoir une destination analogue à celle des ornements qui, au Ve siècle, et à une époque postérieure, surchargeaient les statues des déesses d'Espagne [12]. Non sans vraisemblance, il a pensé qu'à l'époque aniconique, un arbre sacré pouvait avoir été orné d'anneaux pesants, et il a rappelé à ce sujet le vers de Lucain, né en Espagne, concernant un chêne sacré *sublimis in agro* :

> *Exuvias veteres populi sacrataque gestans*
> *Dona ducum...*

Les piliers de pierre ont pu jouer un rôle analogue en Irlande. Dans plusieurs des plus anciens textes irlandais, il est question d'une idole connue sous le nom de *Cromm*

(12) Le poids du gorgerin peut cependant n'avoir eu d'autre but que de rehausser l'importance du personnage qui le portait dans certaines cérémonies peut-être. Aujourd'hui encore chez les nègres d'Afrique, il n'est pas rare de rencontrer des femmes portant sur elles plusieurs kilogrammes d'ornements en métal.

Cruaich (13). C'était un pilier de pierre, tout couvert d'or et d'argent. *Cromm Cruaich* est, d'après le livre de Leinster (14), l'idole principale de l'Irlande. Il était entouré de douze autres idoles, ornées elles aussi de bronze ou de cuivre. Il est vrai que dans l'Irlande du IXe-Xe siècle de notre ère, il y a eu sporadiquement une sorte de renouveau du paganisme sous l'influence scandinave. Or, nous savons que les Scandinaves chargeaient d'ornements leurs piliers-idoles en bois.

Les torques à tige torse et à extrémités repliées, que l'on sait d'origine irlandaise, sont très répandues dans les Iles Britanniques; ils n'apparaissent en France que dans les provinces du nord-ouest; un des plus typiques est celui de Cesson (Ille-et-Vilaine).

Torques en or à extrémités repliées (CESSON (Ille-et-Vilaine) (15). Environ 1/5 de sa grandeur naturelle.

Ils sont jusqu'ici inconnus dans la péninsule ibérique, or Schliemann en a recueilli un exemplaire dans la seconde cité d'Hissarlick (16), ce qui semble prouver que le modèle de ces bijoux a été importé en Irlande des pays du Sud; l'hypothèse de l'exportation d'un objet d'or irlandais en Troade, aux temps prémycéniens, ne peut être sérieusement envisagée. Si on ne trouve pas d'objet de ce genre dans la péninsule ibérique, il ne s'ensuit pas nécessairement qu'ils y aient été, à l'époque du bronze, totalement inconnus. Un

(13) Le nom varie. *Cromm Cruaich* (préférable à *Cromm Cruach*) signifie : *le Courbe du tertre*. Il y a d'autres *cromm* qualifiant des *menhirs* plus ou moins inclinés.

(14) Dans le *Livre de Leinster* (ms. du XIIe siècle), *Cromm Cruaich* est qualifié de *rig-idal h-Erenn*, idole-roi d'Irlande (Cf. JOYCE, *A social history of Ireland*, I, p. 275-276).

(15) DÉCHELETTE, *Manuel*, II, 1re partie, p. 355.

(16) DÉCHELETTE, *Manuel I*, I, p. 355-356. DÉCHELETTE (*ibid.*, fig. 140) reproduit le *torques* d'Hissarlick et celui de Cesson.

commerce direct entre l'Irlande et le bassin antérieur de la Méditerranée sans une escale qui ne peut être que l'Ibérie, ne peut guère se comprendre. Aucun torques à tige torse et à extrémités repliées n'a jusqu'ici été signalé dans l'Europe centrale et méridonale.

Le Musée national de Dublin en possède 24. La trouvaille de Grunty Fen, à Sretham, Cambridgeshire, associant un de ces torques à trois haches à talon [17], on ne peut guère les faire remonter plus haut que l'âge du bronze III de Montelius (1600 à 1300 avant J.-Chr.).

En présence de ces faits, déjà au Congrès de Lisbonne en 1883, l'illustre archéologue anglais John Evans avait émis l'hypothèse d'établissements de Lusitaniens en Irlande. Dans la séance de la *Société des Antiquaires de Londres* du 27 mars 1924, après avoir entendu la communication de M. Salomon Reinach et l'avoir appréciée de la façon la plus élogieuse, sir Arthur Evans s'est prononcé dans le même sens : la même race aurait occupé l'Ibérie et l'Irlande, mais c'est en Ibérie que se serait développé l'art dont témoignent les trouvailles dont il vient d'être question.

Il n'y a aucun fond à faire assurément sur les traditions et les légendes de l'Irlande ancienne qui faisaient venir d'Espagne la race dominante, les derniers envahisseurs, les fils de Milet. Il se peut cependant qu'il y ait là comme un vague souvenir d'une époque fort lointaine, ravivé et renouvelé par des relations à l'époque historique et corroboré par l'impression des navigateurs de l'antiquité parmi lesquels on peut ranger sans hésiter ceux de l'Irlande, que l'Irlande était située face à l'Espagne.

(17) Coffey, *loc. cit.*, p. 78-80.

II

A toutes ces présomptions en faveur d'un peuplement ibère en Irlande vient s'ajouter une trouvaille déjà ancienne, restée à peu près inconnue, que je serais tenté d'appeler décisive, mais dont en tout cas on ne saurait nier le puissant intérêt : c'est la découverte en 1737, dans le comté de Cork, d'une sépulture en jarre, sépulture faite dans des conditions singulièrement frappantes. Aucun archéologue n'en a eu connaissance, à l'exception de W. Copeland Borlase dans son grand ouvrage en trois volumes (*The dolmens of Ireland*, London, 1897), si touffu que bien peu de gens ont eu le courage d'en battre tous les halliers. J'ai été de ce petit nombre et j'en ai été récompensé. Sa source est l'ouvrage d'un lettré irlandais Charles Smith : *The ancient and present state of country and City of Cork*. Au tome II, p. 456, de son ouvrage, Borlase donne un résumé du passage de l'ouvrage de Smith concernant la sépulture. La Bibliothèque nationale possède heureusement cet ouvrage. On y lit tome II : « *In the year 1737, three larges urns were discovered near Castle Saffron, the estate of John Love, esq. placed in a kind of triangle in the earth, about 100 yards from a danish intranchement. They were made of fine clay dried by the fire, which soon mouldered in the air; each of them might contain about 16 gallons, their shape represented in the following plate fig. 4. They had a rude kind of carved work round the rims which were about 16 inches diameter, as was also the bottom, but 2 feet middle of the side about and each urn was 4 feet high. In one of them was the skeleton of a man, the ribs and the smaller bones were bundled up and tied with a copper wire, rusted green, as were those of the thighs, arms etc. and the skull was placed near the mouth of the urn; none of these bones had passed* *the fire. In the second urn was found a substance like honey supposed to be the flesh, and in the 3^{d} urn was a small quantity of copper pieces as large as halfpence, but of an irregular shape like chipp'd money, void of any inscription or stamp.* »

« En l'année 1737, trois grandes urnes furent découvertes près de Castle-Saffron, propriété de John Love, esq.; elles étaient placées dans une sorte de triangle dans la terre, à environ 100 yards (91,400) d'un retranchement danois; elles étaient faites d'argile fine, séchée au feu, qui bientôt s'en allait en poussière à l'air; chacune d'elles pouvait contenir environ 16 gallons (72 litres, 64); leur forme est représentée sur la planche suivante fig. 4. Elles avaient une sorte de ciselure grossière autour des rebords qui avaient environ 16 pouces de diamètre, ainsi que le fond, tandis que le diamètre au milieu était de 2 pieds (0,61). Chacune des urnes avait 4 pieds de haut (1^{m}22). Dans une des urnes, il y avait un squelette d'homme; les côtes et les os plus petits étaient empaquetés et liés par un fil de cuivre; ils avaient une rouille verdâtre, ainsi que les os des cuisses, bras, etc.; le crâne était placé près de l'orifice de l'urne; aucun de ces ossements n'avait passé par le feu. Dans la seconde urne, on trouva une substance semblable au miel, qu'on supposa être la chair, et dans la troisième, était une petite quantité de pièces de cuivre de la dimension d'un demi-penny, mais de forme irrégulière comme de la monnaie rognée, sans aucune trace d'inscription ou d'empreinte. »

La façon si précise dont Smith donne la forme, les dimensions et la capacité des urnes, prouve qu'il a dû en avoir un croquis, ainsi qu'une description des plus détaillées faite au moment de la découverte, s'il n'a pas vu les urnes lui-même.

Dans une note, Smith fait remarquer que ce mode d'enterrement ressemblait à celui des îles Baléares, tel que nous le décrit Diodore de Sicile; les habitants découpaient le cadavre avec des couteaux ou haches en bois et en tassaient les morceaux dans de grandes urnes. La sépulture en jarre, si elle existait encore du temps de Diodore, remontait assurément à la plus haute antiquité. On l'a constatée en Chaldée, dans l'Egypte prépharaonique, en Palestine, en Troade, en Crète, et jusque dans le Nouveau Monde. Si on ne peut, dans l'ensemble, conclure à une origine monogéniste, il n'en saurait être de même pour des pays dont la civilisation a des traits communs comme l'Espagne, les Baléares, la Ligurie italique proprement dite où la sépulture en jarre est en usage à l'époque énéolithique [18]. La filiation ici est directe. Dans d'autres cas, comme dans les jarres funéraires de la Bohême et de l'Espagne, dont la parenté est évidente, on ne saurait penser à l'influence d'un des deux pays sur l'autre. « La seule explication acceptable, dit Déchelette [19], c'est que la Bohême et l'Ibérie ont puisé l'une et l'autre leurs modèles industriels à la même source, c'est-à-dire à la civilisation égéenne. La Bohême, d'une part, le littoral ibérique de l'autre, étaient placés chacun sur le parcours des deux grandes voies commerciales par lesquelles les pays helléniques communiquaient avec l'Europe du nord. L'une de ces voies était terrestre, l'autre maritime. »

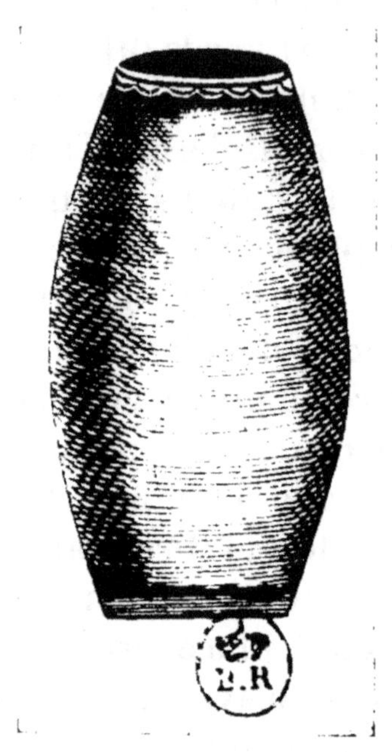

(18) DECHELETTE, *Manuel I*, p. 473, 474. Sur les sépultures en jarre, cf. *Matériaux*, XIX, p. 412, XXII, p. 131; *Congrès de l'ass. fr. pour l'avanc. des sciences*, 4e session, 1885, 1re partie, p. 176; *Revue anthrop.*, 1888, p. 169; *Revue arch.*, 1908, II, p. 256, 258, 260.

(19) DECHELETTE, *Manuel II*, p. 83.

Si on admet une influence étrangère pour la sépulture en jarre de la région de Cork, on songe naturellement à l'Espagne avec laquelle, à l'époque énéolithique et même avant, l'Irlande entretenait des rapports si intimes et où ce genre de sépulture était commun, tandis qu'on n'a pu en signaler une seule ni en Gaule ni dans l'île de Bretagne. Les quatre cinquièmes des 1.300 sépultures fouillées par les frères Siret dans le sud-est de l'Espagne étaient des sépultures en jarre (20). Le corps y était replié, les genoux et les mains ramenés vers le menton. Les grandes jarres pour adultes étaient d'un type uniforme; elles avaient la forme d'un œuf dont le gros bout aurait subi une sorte d'écrasement; elles avaient de 0,80 à 1,05 de long (elles étaient couchées) sur 0,45 à 0,70 de diamètre. Sous le col, il y avait une série de boutons ou de mamelons saillants (21). Les urnes étaient fabriquées en plusieurs pièces; on faisait sécher le vase dans le moule; peut-être achevait-on le séchage par un léger feu de bois allumé à l'intérieur. Les petits vases destinés aux enfants étaient de formes variées, la plupart avaient servi à des usages domestiques.

Dira-t-on que dans le cas de la sépulture isolée de Cork, on a affaire à une fantaisie individuelle, éclose dans un cerveau original?

L'imagination des hommes paraît avoir été assurément éclectique en matière de sépulture : à une même époque, on a inhumé en pleine terre, en coffres de pierres, en troncs d'arbre, etc. A une époque postérieure, à l'époque du bronze et du fer, on a eu, en divers pays, l'idée de renfermer dans des urnes céramiques les cendres et les ossements incinérés; puis on a enfermé les restes inhumés dans de véritables

(20) H. et L. Siret, *Premiers âges du métal dans le sud-est de l'Espagne* (*Revue des questions scientifiques*, 1888, p. 90, 101; L. Siret, *L'Espagne préh.* (Extr. *Revue des questions scientifiques*, 1893, p. 70).

(21) On peut se demander en examinant la gravure de la jarre irlandaise si ce ne sont pas des boutons au lieu de creux que souligne la ligne de demi-cercles entourant le col.

cercueils. L'hypothèse d'une trouvaille individuelle dans le cas présent paraît néanmoins peu vraisemblable, l'Irlande, loin d'être isolée, étant tributaire de l'Ibérie; mais elle devient absolument insoutenable, si on réfléchit à la façon dont la mise en jarre a été faite. Le cadavre a d'abord été décharné puis découpé, désarticulé; après quoi, on en a réuni les membres; on en a constitué des faisceaux attachés par des fils de cuivre. La substance contenue dans une seconde urne est vraisemblablement la chair, comme l'a supposé Smith, et elle a dû subir une cuisson. Ce sont là des procédés auxquels on n'atteint pas du premier coup. Je crois inutile d'insister.

Ce qui est singulier, c'est que la sépulture en jarre si compliquée de Cork est un cas unique en Irlande. Ce qui est aujourd'hui une sorte d'énigme ne le sera plus peut-être un jour. Peu de pays ont été plus maltraités que l'Irlande, au point de vue archéologique, jusqu'à une époque assez rapprochée de nous. Bien des trouvailles ont dû passer inaperçues. Il est légitime de supposer aussi que le sol de l'Irlande recèle encore bien des secrets d'autant plus faciles à garder, en l'occurrence, qu'aucun signe extérieur ne marquait l'emplacement de ce genre de sépulture.

Il reste une autre question fort importante à élucider. Si les sépultures en jarre sont très communes dans le sud de l'Espagne, le décharnement présépulcral, d'après le témoignage formel des frères Siret, n'y était pas pratiqué; ils n'ont jamais observé non plus le découpage des membres du squelette. Il serait donc peu logique de supposer que c'est dans le sud de l'Espagne qu'il faut chercher l'origine de la sépulture irlandaise. Seules, dans le voisinage, les îles Baléares présentent un mode de sépulture en jarre analogue. Une influence directe des Baléares sur l'Irlande ne peut guère se soutenir. D'un autre côté, le mode de sépulture des Baléares n'a pu être restreint à ces îles en relation constante avec l'Ibérie et habitées par une population certainement apparentée à celle du littoral voisin de la péninsule. On peut espérer que de nouvelles découvertes, plus inattendues encore que celle des frères Siret, nous fixeront sur ce point.

Quant à la nationalité et à la langue des hypothétiques émigrants d'Ibérie qui auraient apporté en Irlande la sépulture en jarre, avec le rite du décharnement et du découpage préalable du squelette, on ne peut hasarder que des hypothèses plus ou moins plausibles, d'autant plus que la population de la péninsule à l'époque néolithique et énéolithique n'était vraisemblablement pas complètement homogène.

Les Celtes, cela va sans dire, sont hors de cause, quoique leur invasion en Ibérie se soit faite beaucoup plus tôt qu'on ne le pense généralement et que leur premier ban ait dû y apparaître, à mon avis, dès l'époque du bronze.

On s'accorde cependant à regarder le basque comme la langue des plus anciens habitants de la péninsule.. On est, au contraire, très partagé sur la question de la parenté du basque et de l'ibère. Dans un ouvrage récent, M. Philipon, reprenant la théorie qu'il a déjà exposée dans son livre *Les Ibères* (Paris, 1909), rattache l'ibère à la famille indo-européenne : les Ibères n'auraient d'ailleurs pénétré en Espagne que vers le VIIIe siècle avant notre ère. Il sépare complètement l'ibère du basque ou euskarien qui, lui assurément, ne peut rentrer dans le groupe indo-européen. La parenté du basque et de l'ibère est soutenue, en revanche, par des historiens de valeur, comme Luchaire (*Origines linguistiques de l'Aquitaine*, Paris, 1879), par des linguistes de premier ordre, comme Hugo Schuchardt.

On a rapproché certains types physiques irlandais actuels de ce qu'on a appelé le type ibère, expression vague et trop commode. Il semble bien qu'il y ait un air de parenté entre certains types d'habitants du voisinage immédiat de Cork et les indigènes du sud de l'Espagne. Un savant irlandais, le professeur Henry, m'a affirmé que pendant son séjour dans le sud de l'Espagne, rencontrant des paysans espagnols, il avait été maintes fois sur le point de leur adresser la parole en gaélique [22]. Mais il n'y a sur cette question, à ma connaissance, aucun travail d'un caractère véritablement scientifique. Un peuplement ibère, à l'époque néolithique, a été également envisagé pour les Iles Britanniques et la Gaule occidentale, en particulier l'Armorique, par des archéologues et des anthropologistes de valeur [23], mais on n'est arrivé, surtout au point de vue anthropologique, à aucune conclusion décisive.

Il n'est d'ailleurs pas absolument nécessaire de recourir à l'hypothèse d'une parenté ethnique entre l'Ibérie, l'Armorique et l'Irlande (sans parler de l'île de Bretagne), pour expliquer l'intimité de leurs rapports à l'époque néolithique et surtout à l'époque énéolithique. Rien ne paraît plus simple, si on se rend compte de la facilité des relations commerciales par mer entre ces pays et de leur situation respective au point de vue économique. Loin d'y être un obstacle, comme on est trop porté à se le figurer à notre époque de communications aussi rapides que faciles à travers le continent européen, la mer y invitait en quelque sorte.

(22) Lorsque je repassai par Cork pour rentrer en Angleterre, en août 1913, le hasard me mit en présence de certains types qui me rappelèrent les paroles du prof. Henry et qui, malgré mon profond scepticisme en pareille matière, me donnèrent fort à penser.

(23) Cf. J. Loth, *La première apparition des Celtes dans l'île de Bretagne et en Gaule* (*Revue celtique*, 1920-1921, p. 272 et suiv.).

La voie de mer, à cette lointaine époque, était autrement rapide et sûre que la voie de terre hérissée d'obstacles de toute nature : rivières, fleuves, montagnes, halliers, forêts impénétrables, embûches continuelles à craindre de la part de peuplades hostiles ou en guerre les unes contre les autres. Un voyage de l'extrémité de l'Armorique aux bords du Rhin eût constitué un exploit invraisemblable.

On a dit qu'un fleuve est un *chemin qui marche*. La mer, vaste plaine, sans autres aspérités que ses vagues parfois redoutables, incapables néanmoins d'arrêter longtemps même la frêle barque d'un marin hardi et expérimenté, est sillonnée par ces *chemins qui marchent* qu'on appelle les *courants;* ils ont sur les fleuves cette double supériorité de n'être séparés les uns des autres par aucun obstacle sérieux et de *marcher* dans tous les sens, contrariés seulement parfois dans leur course par les vents dont le navigateur sait éviter les fureurs et utiliser jusqu'aux caprices. C'est un fait bien connu qu'un grand courant développe sur ses bords un contre-courant ou courant en sens inverse. Si des courants, au dire des marins irlandais, portent dans la direction de l'Espagne et du Golfe de Gascogne, il y a, en revanche, un grand courant régulier, ramification du gulf-stream, qui remonte du Cap-Vert, passe par les Canaries, longe les côtes de Mauritanie et du Portugal, et coule vers le Nord le long des côtes ouest de l'Irlande. Mon ami, J. Cuillandre, professeur au lycée de Brest, natif de l'île Molène, après m'avoir signalé, dans une lettre récente, l'existence de ce courant, m'apprend que des bateaux de Sein, Molène, Ouessant, du Conquet et d'ailleurs, montés par des marins ne navigant qu'au jugé, sans boussole, se rendent chaque année, à la belle saison, avec la plus grande sûreté, soit sur les côtes d'Irlande, soit sur celles du Portugal et même du Maroc pour y pêcher la langouste et en reviennent de même en automne, sans difficulté et sans erreur, menés qu'ils sont par les courants [24].

D'après M. Ruellan, professeur à l'Ecole Navale, la traversée d'Irlande en Espagne et *vice versa*, est des plus faciles par *vent de travers*, mais, comme il le fait remarquer, cela supposerait l'existence de la navigation à voile. Or, contrairement à ce qu'avance Déchelette, des navires avec des mâts, sont figurés sur les rochers sculptés de la Suède, vers cette époque. On ne peut rien conclure, d'ailleurs, d'un pays à un autre. C'est ainsi qu'à une époque où la navigation à voile n'existait pas, semble-t-il, dans les pays méditerranéens, les vases peints égyptiens de la période prépharaonique, dite période de Negadah, présentent de nombreuses figurations de barques à rames parmi lesquelles on distingue des barques à voile. M. Ruellan, qui doute qu'une navigation régulière ait pu s'établir entre l'Espagne et l'Irlande par les courants, admet cependant qu'*ils la permettraient, mais avec des escales bien étudiées :* ce qu'il estime, sans en donner de raison et bien à tort, impossible à l'époque énéolithique. Les néolithiques mêmes, à l'époque des grands monuments, pour ne parler que de l'Armorique, étaient essentiellement des marins. Nous trouvons de ces monuments dans toutes nos îles, tandis qu'ils sont relativement rares à l'intérieur des terres.

L'Irlande, les Iles Britanniques, l'Armorique, étaient à l'époque énéolithique, dans la même situation vis-à-vis des pays plus civilisés de la Méditerranée et, en particulier, de l'Ibérie, intermédiaire obligée entre ces pays et ceux de l'Europe occidentale, que les peuplades sauvages de l'Afrique et de l'Amérique, à l'époque moderne, vis-à-vis des Européens. L'étude des antiquités de la péninsule ibérique révèle clairement l'importance des influences égéennes

(24) J'ai moi-même rencontré, en août 1912, en relâche à Penzance (Cornwall), des pêcheurs de Camaret, au nombre de 120, qui pêchaient la langouste sur les côtes des îles Scilly.

dans cette contrée. A l'école de l'art et de l'industrie égéenne, l'Ibérie était arrivée à un degré de civilisation assurément supérieur à celui des autres pays d'Europe baignés par l'Atlantique. Elle produisait en abondance l'or et le cuivre. En revanche elle était tributaire pour l'étain du sud-ouest de l'île de Bretagne (Devon et Cornwall). L'Irlande, dépourvue d'étain, avait à profusion le cuivre; pour l'or même elle était plus riche que l'Ibérie; l'Irlande a été, à l'époque énéolithique, la principale source de l'or européen. Le seul intérêt commercial eût suffi pour inciter les Ibériques à entreprendre un commerce régulier, facile par voie de mer, avec les pays occidentaux. Il semble que les Tartéssiens, que nous savons avoir été très entreprenants, aient possédé une marine marchande dès le second millénaire avant notre ère. L'Armorique était une escale tout indiquée, on pourrait dire obligée, sur la voie de l'Atlantique. Entre autres points favorables pour un établissement prospère et durable, on peut signaler l'embouchure de la Loire. De fait, c'est incontestablement d'Ibérie que l'Armorique a reçu ses premiers objets en cuivre et en bronze, et l'escale, ou plus exactement le comptoir où les Ibères les ont apportés doit être cherché à l'extrémité ouest de l'Armorique, car les sépultures caractérisées par des trouvailles de la première époque du métal, partant de la pointe du Finistère, ne dépassent pas Elven, à trois lieues à l'est de Vannes. C'est seulement pendant la seconde moitié de l'âge du bronze que l'Armorique située à proximité des riches mines stannifères du Cornwall et, comme le dit avec vraisemblance Déchelette, exploitant ses propres ressources minières, est devenue le grand centre de l'industrie métallurgique en Gaule.

A côté des principales escales, il avait dû s'établir et s'échelonner le long des côtes, des comptoirs d'où se répandaient dans l'intérieur du pays les objets d'échange et les produits des industries étrangères.

Ce ne sont pas seulement les objets matériels qui s'échangeaient d'un pays à l'autre; il y avait aussi des courants intellectuels et moraux, un véritable commerce d'idées et d'influences religieuses. Les monuments funéraires, les cercles de pierre suffisent à le prouver clairement.

Aussi, quoique les besoins du commerce et l'attrait du lucre puissent expliquer, dans une large mesure, l'intimité des rapports entre l'Ibérie, l'Armorique et l'Irlande, leur civilisation, pour employer ce mot dans son sens le plus large, offre des traits communs si caractéristiques, qu'on est porté à attribuer au moins à une partie notable des populations établies dans ces pays à l'époque énéolithique, une véritable parenté ethnique et une origine commune.

J. Loth.

LE TRO-BREIZ A VANNES

AU XIVe SIÈCLE

CONFLIT ENTRE LE CHAPITRE ET LES PAROISSIENS DE SAINT-PATERN

Un drame — ou presque — bouleversa la bonne ville de Vannes au déclin du XIVe siècle et à l'aurore du XVe. Il mit aux prises l'aristocratie du clergé diocésain, représentée par le vénérable Chapitre de la cathédrale, avec le peuple chrétien — et conscient — des faubourgs et de la campagne vannetaise, les paroissiens de Saint-Patern. Après plus de cinq siècles le lecteur sera surtout sensible, peut-être, aux aspects apparemment comiques des faits que nous allons narrer. Cependant les acteurs contemporains avaient le sentiment qu'ils prenaient la défense de nobles causes, toujours sensibles aux cœurs des Bretons bien nés : les privilèges de leurs églises. Quand ils menaient le combat, avec un acharnement subtil et parfois violent : les chanoines, pour l'autorité du Chapitre, le peuple de Saint-Patern, pour la liberté de sa paroisse, chacun pensa, sans doute, à part soi, faire quelque peu figure de héros. Si le vil argent apparaît, comme toujours, le grand ressort qui déclancha le drame, l'intérêt de la collectivité, bien plus qu'un intérêt pécuniaire personnel, maintint en scène les figurants. D'ailleurs, avec les droits de patronage du Chapitre, avec l'organisation financière de la paroisse, pour constituer le thème principal de l'action, se déroulent les rites d'une antique institution, très spécialement bretonne, le Tro-Breiz.

Au théâtre les auteurs imaginent des situations exceptionnelles; les scènes de l'histoire en offrent, elles aussi. A-t-on vu ou verra-t-on plus d'une fois en Bretagne une guerre plus qu'à demi-séculaire concordant avec un schisme qui ébranle jusqu'aux fondements l'organisation de l'Eglise, et bouleverse toutes les consciences. Qu'on se souvienne donc qu'il faut situer notre récit précisément à la fin de cette période de complet déséquilibre, très peu de temps avant la venue de saint Vincent Ferrier. Alors on en tirera une morale, la seule peut-être qu'il y ait à en tirer, en adoptant les paroles mêmes des paroissiens qui opposent le « temps de paiz que chacun povoit et devoit user de son droit », et le « temps de guerres et de perversités » (1).

(1) Presque tous les traits du récit qui suit sont la traduction, parfois mot pour mot, des documents.

Les sources manuscrites consistent en 4 pièces parchemin et un registre papier de 86 feuillets cotés G 692 aux Archives du Morbihan. Le registre renferme, entre autres, les dépositions des témoins du Chapitre dans son procès avec la paroisse de Saint-Patern.

M. André OHEIX, en tête de son étude : *Le culte des Sept Saints de Bretagne au Moyen Age. Notes et documents*, publiée au t. XLIX (1911) des *Bulletins et mémoires de la Soc. d'émulation des Côtes-du-Nord*, a donné la bibliographie complète du sujet. Il semble qu'il n'y ait rien à y ajouter, depuis lors, du point de vue purement historique. Nous citerons seulement ici : LUCO, *Notice sur le pèlerinage des Sept-Saints*, dans *Bull. de la Soc. polymathique du Morbihan*, 1874; et l'étude, pour ainsi dire classique sur la matière, de TREVÉDY, *Les Sept Saints de Bretagne et leur pèlerinage*, dans *Bull. archéologique de l'Association bretonne*, Congrès de Rennes, 1897, p. 127-167.

I

LE TRO-BREIZ

I. — GÉNÉRALITÉS

C'est le pèlerinage vulgairement appelé, au XIVe siècle, « le pérégrinage du tour des Sept Sainz de Bretaigne », plus simplement le tour des Sept-Saints, ou le tour de Bretagne, en breton Tro-Breiz [2]. Les sept saints sont Samson, Malo, Brieuc, Tugdual, Paul, Corentin et Patern, considérés comme fondateurs des évêchés de la patrie bretonne : Dol, Saint-Malo, Saint-Brieuc, Tréguier, Saint-Pol, Quimper et Vannes. Leur culte collectif remonte à l'époque du schisme qui prétendit instituer en Bretagne une métropole ecclésiastique avec Dol pour archevêché; peut-être à l'origine de ce schisme, sous le roi Noménoé, dès le IXe siècle, plus vraisemblablement au XIe siècle, quand la lutte contre la métropole de Tours reprit un regain d'acuité. Dans une version de la *Chanson de Roland*, dont la rédaction primitive remonte sans doute à cette époque, on voit brandir en tête des Francs « une vert enseigne », sur laquelle « est escript as VII sains de Bretaigne ». Au XIIe siècle, le commentateur des prophéties attribuées à Merlin, Alain de Lille, nous montre le culte des Sept-Saints populaire, non seulement en Bretagne, mais aussi dans les contrées limitrophes.

(2) *Circuitus Britanie* (fol. 32 v°). — *Peregrini qui, causa peregrinacionis et devocionis faciebant peregrinacionem Septem Sanctorum Britanie, que vulgaliter vocatur Trobreiz, quod latine dicitur circuitus Britanie* (fol. 46 r°). — *Temporibus anni quibus peregrini soliti sunt circuire ecclesias Septem Sanctorum Britanie* (fol. 56 v°). — *In circuitu Britanie ad ecclesias Septem Sanctorum episcoporum ejusdem patrie* (fol. 32 v°). — *Peregrinacio seu circuitus Septem Sanctorum Britanie* (fol. 75 v°).

C'est alors que dut naître l'idée de témoigner la vénération qu'on leur portait par la visite de chacun des grands sanctuaires qui conservaient leurs précieuses reliques. Les pèlerins visitaient successivement les cathédrales de Dol, de Saint-Malo, de Saint-Brieuc, de Tréguier, de Saint-Pol, de Quimper et l'église de Saint-Patern de Vannes, commençant leur « circuit » de Bretagne par l'un ou l'autre de ces sanctuaires, et le poursuivant dans le sens que nous venons d'indiquer ou dans le sens inverse, selon leurs préférences. Ils devaient prier devant les reliques de chaque saint et lui remettre une aumône; ils s'arrêtaient aussi dans un grand nombre d'églises et de chapelles du parcours et, plus spécialement, dans celles où se pratiquait le culte collectif des Sept-Saints.

Les Bretons pratiquèrent en foule le Tro-Breiz, même pendant la guerre de Cent ans. Ils s'acheminaient, parfois isolément, mais le plus souvent par bandes, besace sur le dos, bourdon en main, chapeau de pèlerin sur la tête. La tradition fixait quatre périodes d'un mois pour accomplir le pèlerinage : quinze jours avant et quinze jours après les fêtes de Noël, de Pâques, de la Pentecôte et de la Saint-Michel. On appelait ces périodes les « temporaux ».

II. — LA STATION DE SAINT-PATERN

La situation de Vannes, par rapport aux autres stations du Tro-Breiz, se trouvait, dans la seconde moitié du XIVᵉ siècle, très particulière. Il y avait, parmi les autres stations, deux cathédrales qui ne portaient pas le vocable de l'évêque censé fondateur du diocèse, et ne lui étaient pas dédiées : Saint-Etienne de Saint-Brieuc et Saint-André de Tréguier. Mais elles conservaient des reliques de saint Brieuc et de saint Tugdual, et demeuraient le principal centre de leur culte; tout naturellement désignées comme stations du Tro-Breiz, par conséquent.

A Vannes, il en allait tout autrement. Le glorieux évêque à qui le pays, d'après la tradition, devait le bonheur d'être devenu chrétien, saint Patern, avait bien eu son tombeau près de la ville, centre de son diocèse. Au-dessus s'était élevé une église portant son nom, mais qui n'était, au XIVe siècle, qu'une simple église paroissiale. De sa juridiction dépendait un territoire considérable, englobant tous les faubourgs de la ville et toute la campagne avoisinante, alors que, de la cathédrale, relevaient seulement les habitants de la cité proprement dite, dont la demeure était enclavée dans l'étroite enceinte de ses murailles.

Sans autre titre que celui d'église paroissiale, Saint-Patern ne possédait même pas les plus insignes reliques du saint illustre dont la *memoria* lui avait donné le nom. Enlevées, racontait-on, par des mains pieuses, lors des invasions normandes, elles reposaient, depuis lors, près d'Issoudun. Fort heureusement, du temps de l'évêque Guéhenoc, à la fin du XIIe siècle, un moine, inspiré de Dieu, en aurait soustrait, au profit de l'église de Vannes, une grande partie, et en particulier son bras [(3)]. Mais l'église Saint-Patern, cette église dont l'autel reposait sur le sépulcre qui avait si longtemps contenu le chef du premier évêque de Vannes, n'en avait pas reçu de nouveau tout le dépôt, comme il eût semblé naturel, à bien des égards. Il se trouvait pour la plus grande part à la cathédrale où il excitait le zèle et assurait la protection des évêques, successeurs du saint. Du moins le Chapitre l'affirmait-il.

Ainsi la piété des pèlerins du Tro-Breiz risquait de se trouver partagée entre le sanctuaire dédié à saint Patern, où se célébrait tout spécialement son culte sur l'autel qui recouvrait son tombeau, et les reliques principales du saint, ces reliques but habituel sinon obligé de tout pèlerinage. Moins simple, assurément, dans la réalité, que nous ne le

(3) D'après une « Declaratio reliquiarum », dans un manuscrit latin de la Bibliothèque nationale écrit au XVe siècle. Ce document a été en partie publié dans l'édition de 1901 d'Albert le Grand, p. 108*, n. 1.

faisons apparaître, le problème fut résolu par le Chapitre cathédral au moins à partir du milieu du XIVe siècle.

Si l'église Saint-Patern constituait une paroisse, elle n'en dépendait pas moins étroitement à la fois de l'évêque et du Chapitre. Sur tout son territoire l'évêque exerçait les droits seigneuriaux; d'autre part le Chapitre, curé primitif, comme on dira plus tard, de la paroisse, touchait les droits paroissiaux et présentait les deux vicaires qui la gouvernaient. Avec d'autres motifs, qu'il n'y a pas lieu d'exposer ici, ce partage de droits entre l'évêque et le Chapitre, joint à une tradition ancienne sur la donation du terrain de la cathédrale actuelle par un comte de Vannes, permet de croire que Saint-Patern demeura, durant un temps, l'église mère, la cathédrale du diocèse de Vannes.

Quoi qu'il en soit, invoquant son droit de patronage, le Chapitre fit exposer ses reliques à l'église Saint-Patern durant les « temporaux » du Tro-Breiz.

Solution élégante, semble-t-il à première vue, qui permettait aux pèlerins de prier à la fois dans l'église où se célébrait le culte du saint et devant ses reliques. Seulement les pèlerins laissaient une aumône là où ils rencontraient le souvenir d'un des Sept Saints; ils venaient nombreux, et leurs aumônes, si minimes fussent-elles, formaient, une fois accumulées, un total intéressant. Le Chapitre s'en rendit compte, les paroissiens en prirent conscience, eux aussi, un jour venant, et, dès lors, se prépara le drame dont nous voudrions faire revivre le souvenir. Pour en comprendre les péripéties, il convient d'exposer tout d'abord comment le Chapitre organisa l'ostension de ses reliques et la recette des oblations qui leur étaient faites par les pèlerins.

III. — LES FERMIERS DU CHAPITRE

Chacun sait que la vénération envers les reliques était tout naturellement utilisée, au moyen âge, comme une source de profits, sans que nul songeât à s'en étonner. Le Chapitre affermait les siennes à l'encan pour la durée des temporaux. C'était le receveur du Chapitre qui procédait aux formalités voulues. Ainsi Pierre de Cancoët, receveur, consentit la ferme à Pierre Lovenan en 1369 et Eudes Sivri, clerc, agissant au nom du receveur Jean Loppin, l'adjugea plusieurs fois entre 1380 et 1388.

La plupart du temps, sinon toujours, les oblations offertes aux reliques du Chapitre à l'occasion du Tro-Breiz n'étaient pas affermées isolément. Le receveur mettait en même temps aux enchères les oblations offertes au Chapitre dans la cité, à la chapelle Saint-Jean-Baptiste, près de la cathédrale et, dans le faubourg, à la chapelle de Saint-Michel. Sans doute ces oblations se faisaient-elles, comme à Saint-Patern, devant des reliques, soit les mêmes que celles du Tro-Breiz, soit différentes. Cependant rien ne permet de l'affirmer. Les enchères montèrent jusqu'à 20 livres par an ou davantage de 1380 à 1388. Mais, si le Chapitre trouvait preneur, c'était toujours en raison des oblations du Tro-Breiz, sensiblement plus élevées que les autres.

Le bail était consenti soit pour une, soit pour deux années. Il y avait parfois une véritable concurrence. C'est ainsi qu'Olivier Vitré, recteur de Saint-Avé, poussa inutilement les enchères. Guillaume Monier, sur le conseil de quelques amis, tenta une fois d'évincer de la ferme Olivier Patern. Celui-ci, qui la détenait depuis longtemps, avait, en effet, à ses heures, des manières rudes, qui déplaisaient à beaucoup, et en particulier aux ecclésiastiques. Monier offrit donc un prix supérieur à celui proposé par Olivier

Patern. Mais, grâce à une nouvelle surenchère, la ferme demeura à ce dernier.

Evidemment le receveur ne procédait pas à des enchères entièrement publiques. Seuls y prenaient part les ecclésiastiques : clients du Chapitre, personnel de la cathédrale, chapelains de la ville, recteurs des environs et aussi chanoines eux-mêmes. On peut d'ailleurs reconstituer la liste à peu près complète des fermiers pendant la seconde moitié du XIVe siècle.

Le plus ancien connu est le diacre Riboulbren [4]. Il faut entendre, sans doute, par son titre de diacre, qu'il possédait la charge de diacre à la cathédrale, donnée bien souvent, sinon presque toujours à cette date, à des prêtres.

Après lui Alain Palmec, archiprêtre de la cathédrale, recteur de Meucon, se fit adjuger fréquemment la ferme. Le titre d'archiprêtre de la cathédrale n'avait alors aucune analogie avec celui donné de nos jours. Deux archiprêtres remplissaient les fonctions de prêtres semainiers, célébrant l'office et présidant aux heures, par roulement, d'une semaine à l'autre. Palmec mourut en 1362, année d'épidémie.

Un clerc, Guillemot Quevallen, puis un prêtre, Geoffroy Stodic, lui succédèrent.

Ensuite Pierre Lovenan garda la ferme durant de longues années, depuis au moins 1367 jusqu'à 1377 ou 1378, date de sa mort : il était vicaire perpétuel de la cathédrale et recteur de Séné.

Olichon Tugdual prit alors la ferme pendant quatre ans. Né à Vannes, tonsuré par l'évêque Gautier de Saint-Père, il avait 44 ans en 1402, était prêtre et chapelain à la cathédrale. Sa ferme concorde avec la présence du duc de Buckingam en Bretagne.

(4) L'ordre de succession des fermiers, et les dates de l'exercice de chacun d'eux ont été rétablis dans la mesure du possible, mais ne peuvent être considérés comme absolument sûrs, car, sur ce point, plusieurs témoins se contredisent.

L'année où Buckingam fut en Bretagne avec l'armée anglaise, afin de faire face avec plus d'autorité à une situation difficile, ou simplement parce qu'on ne trouvait pas d'autre fermier, Jean Hilaire, chanoine, en remplit la charge.

Puis, pendant seize ans environ, et presque sans discontinuer, le prêtre Olivier Patern, qui avait auparavant recueilli les offrandes pour le compte de Pierre Lovénan, triompha aux enchères, malgré les rivalités que lui suscita son mauvais caractère. Il s'adjoignit, au moins une fois, un co-fermier en la personne de Guillaume Jacob, chapelain de la cathédrale.

Après Olivier Patern, Olivier Loriou et Alain Prigent s'associèrent pour deux années. Le premier, recteur de Saint-Salomon, possédait aussi un bénéfice à la présentation du Chapitre; le second, prêtre, remplissait les fonctions de diacre au chœur de la cathédrale.

Jean Labbé, chapelain de Saint-Sylvestre, à la cathédrale, prit plusieurs fois la ferme depuis 1386; les chanoines Henri Jauguenec et Jean Pihart l'eurent ensuite, ce dernier en 1397; et nous verrons comment un autre chanoine, Jean Dréan, neveu d'un précédent fermier, lui aussi chanoine, Jean Hilaire, en usa les deux années suivantes. Le dernier fermier que nous connaissions était, au début du XVe siècle, le doyen de Porhoët.

Dans une liste de seize fermiers s'échelonnant sur un demi-siècle on trouve donc, qui font partie du personnel de la cathédrale, quatre chapelains dont l'un en même temps recteur de la paroisse de Saint-Salomon, fief du Chapitre, deux diacres, un archiprêtre, un vicaire perpétuel, quatre chanoines. Il est d'ailleurs fort possible que les autres, à savoir un clerc, deux prêtres et un recteur se soient trouvés aussi clients du Chapitre, de façon ou d'autre.

Parmi eux, certains demeurèrent, en quelque sorte, fermiers attitrés durant de longues années : l'archiprêtre

Alain Palmec, le vicaire perpétuel Pierre Lovenan, le prêtre Olivier Patern et le chapelain Jean Labbé. Quant aux chanoines, ils ne sortent de leur réserve qu'aux heures critiques : l'année où la présence des Anglais avec Buckingam causa un grand trouble, et durant la période qui vit se préparer la querelle et le procès avec Saint-Patern.

Si la ferme des reliques n'avait pas rapporté au Chapitre une somme considérée alors comme d'une importance au moins relative, il est permis de supposer que les chanoines ne fussent pas intervenus en personne. L'importance de son revenu ressort aussi du rang tenu dans la hiérarchie ecclésiastique par certains fermiers qui le demeurèrent longtemps : l'archiprêtre recteur de Meucon et le vicaire perpétuel de la cathédrale, recteur de Séné; elle apparaît encore du fait que plusieurs fermiers agissent en association : Olivier Patern et Guillaume Jacob, Olivier Loriou, recteur de Saint-Salomon, et Alain Prigent, diacre de la cathédrale.

Ces associations diminuaient le profit de chacun des co-fermiers, elles allégeaient aussi leurs obligations, assez lourdes comme nous allons voir, quand un seul devait y pourvoir. Au lieu d'un associé, l'archiprêtre Alain Palmec utilisa les services du clerc spécialement attaché à sa personne, Pierre Guaffrou, et de deux autres qui devinrent prêtres et déposèrent au procès, Guillaume Monier et Geoffroy Craban.

Pierre Lovenan, vicaire de la cathédrale, si longtemps fermier, eut recours à son frère, Jean-Eugène Lovenan, prêtre des écoles [5] à ce moment, plus tard moine de Rhuys; à François de Laspare, un futur prêtre; à Eudes Sivri, lequel devint notaire et scribe de l'officialité; au frère du précédent, Hamon Sivri; à Olivier Patern, qui devint fermier à son tour, enfin à un laïc boiteux, Jean Cam Bremen ou Bremeni qui, en raison sans doute de son infirmité, avait pris la profession de tailleur d'habits.

(5) *Sacerdos scolaris.*

Nous verrons aussi comment le chanoine Jean Dréan se servit de son clerc Claude Nizou.

Une fois la ferme adjugée, le fermier se trouvait en possession du droit d'exposer à son profit les reliques du Chapitre dans l'église de Saint-Patern durant les quatre *temporaux*, du matin au soir et même pendant la nuit, s'il le jugeait à propos. On se souvient que chaque temporal durait un mois. Mais les pèlerins de la seconde moitié du XIVe siècle ne voyageaient pour ainsi dire plus à Noël; la plupart des vannetais, au début du siècle suivant, ignoraient l'existence ancienne d'un temporal à l'occasion de cette fête. Depuis 1360, sinon même antérieurement, les fermiers ne se donnaient plus la peine d'exposer les reliques à ce moment, autrement que de loin en loin, pour la forme, et afin de maintenir la possession du Chapitre. Il en fut de même bientôt pour le temporal de Pâques. C'était à la Pentecôte et tout particulièrement à la Saint-Michel que les pèlerins accouraient en foule.

Leur aumône, suivant certains fermiers, faisait partie des rites obligatoires du pèlerinage. Ils en fixaient le minimum à un denier par un pèlerin. Cette idée, que leur pèlerinage perdait toute valeur s'ils ne donnaient pas une somme d'argent aux sanctuaires visités, était bien aussi celle des pèlerins. Quand les portes de Saint-Patern demeurèrent fermées durant les querelles de la paroisse et du Chapitre, plutôt que de ne rien laisser à l'église, ils lui jetèrent leur offrande par la fenêtre.

Préciser le total des sommes recueillies serait difficile. Les avis varient sensiblement comme, sans doute, les chiffres avaient varié d'une année à l'autre. Celui de 15 livres n'est indiqué qu'avec une certaine hésitation. Alain Prigent, qui fut fermier, on s'en souvient, vers 1386-1388. parle de 20 et quelques livres, tandis que son associé Olivier Loriou accuse 30 livres. Olichon Tugdual, fermier quelques années plus tôt, donne le même chiffre de 30 livres; Jean

Labbé, plusieurs fois fermier depuis 1386, celui de 40 livres; Jean Loppin, receveur du Chapitre en 1375 et de 1380 à 1387, et Jean Dréan, chanoine, fermier en 1398-1399, celui de 50 livres. A vrai dire, le témoignage de Jean Loppin semble quelque peu sujet à caution et donné en vue des intérêts du Chapitre. Quant à Dréan, il précise qu'il parle du temps de paix et nous savons qu'il exerça sur les pèlerins une véritable pression. Le seul temporal de la Saint-Michel lui a rapporté une année 43 livres et l'autre 35 livres. En 1400, où l'affluence des pèlerins fut particulièrement considérable, la recette dut être encore plus fructueuse (6). Après de longues années de souffrances, la Bretagne commençait alors à revivre et le pèlerinage retrouvait toute son ancienne popularité.

Quand ils ne présidaient pas eux-mêmes à la réception des aumônes, les fermiers exerçaient, comme de juste, une surveillance sur ceux qu'ils avaient chargé de les remplacer.

Le chanoine Jean Dréan fait connaître à ce propos un trait de mœurs gravé dans sa mémoire grâce à la reconnaissance de l'estomac de l'enfant qu'il avait été. Durant sa ferme, Alain Palmec, archiprêtre de la cathédrale, célébrait parfois la messe à l'église Saint-Symphorien, non loin de la maison Dréan. Le frère de Jean Dréan, qui était son filleul, et Jean Dréan lui-même, se faisaient une joie de l'accompagner, sa messe terminée. Palmec ne manquait jamais, en effet, de conduire ces enfants à Saint-Patern et de leur remettre deux ou trois deniers pris dans la bourse des oblations du Tro-Breiz. « Avec cela, disait-il, allez acheter des gâteaux, ou des fruits, ou de quoi vous amuser » (7).

Devenu à son tour fermier, Dréan chargea son clerc Nizou de recevoir les offrandes. Il n'en venait pas moins à

(6) On voit que Trévédy n'avait pas tort de suspecter les conclusions de l'abbé Luco qui prétendait fixer le nombre des pèlerins d'après le montant de la ferme en supposant que chacun d'eux donnait un denier d'offrande.

(7) « *Placentas, vel fructus, aut alia puerilia* ».

toute heure du jour à Saint-Patern et parfois apostrophait durement les pèlerins.

IV. — L'OSTENSION DES RELIQUES

Pendant chaque temporal le fermier venait prendre les reliques en charge le matin, à la cathédrale. C'étaient une tête de prêtre lamée d'argent, que certains appelaient la tête de saint Patern, avec un os à la place de la tonsure (8) et, dans un reliquaire figurant un long bras d'évêque, le bras de saint Patern. Ils y joignaient aussi, plus ou moins fréquemment, une capsule d'argent doré (9) contenant un grand fragment du sommet du crâne de saint Guenhaël (10), un second bras d'argent avec un grand os du bras du même saint, et deux vases (11) pleins de reliques.

Ces reliquaires étaient exposés à la vénération des pèlerins à l'intérieur de l'église de Saint-Patern, sur l'autel le plus en vue et le plus important après le grand autel, celui de la Sainte-Croix ou du Crucifix, qui s'appuyait contre la clôture du chœur. Sous les reliques était etendue une nappe. Quand la messe se disait à l'autel du Crucifix, nappe et reliques étaient transportées momentanément sur l'autel le plus proche, celui de saint Yves.

Chaque matin les fermiers attendaient l'ouverture des portes; certains trouvaient les clefs en face, chez Jean le Coutelier. Il fut un temps où, à cause de la guerre, les portes de la cité demeuraient fermées toute la nuit et de

(8) Cette précision, donnée par le seul Jean Loppin, prend sa valeur de ce qu'il était receveur du Chapitre : « *Habens in corona quodam os* », fol. 85. Tous les témoins du Chapitre au procès s'accordent pour parler d'un reliquaire représentant une tête de prêtre et non pas une tête d'évêque; tandis que plusieurs désignent expressément un bras d'évêque. Cependant un tabellion du duc, Botlan, parle d'une tête d'évêque mitrée. Mais c'est un témoin auquel on ne peut accorder qu'une médiocre confiance, et il est en contradiction sur ce point, avec tous les fermiers qui ont manié les reliques nombre de fois

(9) « *Magna pars capitis, in quodam circulo argenti deaurati* », fol. 77.

(10) « *Os cerebri seu cervicis circumdatum argento* ». fol. 85.

(11) *Cormia*,

nombreux pèlerins passaient de très grand matin. Pour ne rien perdre des oblations, au lieu de rapporter les reliques le soir à la cathédrale, le fermier couchait avec, en dehors des remparts. Olivier Patern agit souvent de la sorte; on verra plus loin que le clerc d'Alain Palmec fit de même.

Alors que le vicaire de la cathédrale, Pierre Lovenan, avait la ferme, durant les périodes de grande affluence, des pèlerins pressés passaient, tant de nuit que de jour. Cependant les commis de Lovenan : Jean, son frère, et le tailleur boiteux Cam Bremeni, entendaient ne rien perdre des offrandes qui devaient leur revenir. Ils prirent alors le parti de passer la nuit dans l'église et de dormir dans le jubé[12] pour se relever prestement à chaque entrée, monter la garde près des reliques et faire appel à la charité des pèlerins.

Les reliques ne demeuraient pas tout le jour sur l'autel du Crucifix. C'est ainsi que, s'il avait accepté de Pierre Lovenan la charge de garder les reliques, le tailleur Cam Bremeni ne voyait aucune raison de cesser son travail habituel quand il lui était loisible de le faire. Aux jours et aux heures où les passages s'espaçaient, Cam Bremeni sortait donc de l'église pour confectionner les vêtements de sa clientèle[13]. Mais, soucieux de ne pas perdre de vue les reliques, il les emportait avec lui et les plaçait dans le cimetière, sur la tombe levée de la famille de Camsquel, près de laquelle il maniait ciseaux et aiguille. Quand arrivaient des pèlerins, laissant bien vite là son travail, il réintégrait les reliques à la place d'honneur qui leur était habituelle.

Les tombes levées du cimetière furent aussi utilisées, momentanément, dans un but moins louable que le travail, par les clercs chargés de leur garde. Obligés d'être là, près des reliques, à toute heure du jour, ils ne se risquaient pas à sortir de l'église pour prendre leur repas. Un vicaire chari-

(12) *In januis sive pulpito.*
(13) *Suebat vestes.*

table, Olivier Daniélou, confia les clefs du chœur et du vestiaire à Olichon Tugdual pour qu'il pût manger dans le vestiaire tout en remplissant ses fonctions de gardien. D'autres fermiers ou leurs représentants s'installaient tout simplement derrière le grand autel (14) qui leur servait de paravent; ils disparaissaient derrière lui aux instants propices et reparaissaient quand se faisaient entendre le pas lourd et le choc du bourdon des pèlerins. Mais la digestion dans l'immobilité et le manque d'air les « échauffaient » et leur devenaient parfois trop pénibles. Saisissant le premier moment propice, ils transféraient rapidement les reliques de l'autel du Crucifix sur une tombe levée, soit celle des Boismouraud, à l'abri du cloître, soit celle des Camsquel, en plein air. De l'une comme de l'autre, l'entrée du cimetière se trouvait bien en vue. La conscience en repos de voir les reliques tout près d'eux, la respiration activée, ils éprouvaient le besoin d'agir et engageaient une partie. Leur jeu préféré était la balle *(pilam)*. Quand apparaissait un groupe compact de pèlerins, saisissant les reliques, ils les transportaient tout courant sur l'autel du Crucifix et reprenaient leur faction habituelle. Mais si les pèlerins, au contraire, se présentaient soit en petit nombre, soit isolés, il semble que les fermiers trouvaient le transfert inutile; et la dalle de la tombe, à côté des reliques, recevait les aumônes.

On comprendra sans peine que les fermiers ou leurs représentants aient senti le besoin et trouvé le loisir de se délasser à certaines heures. Baudet Benoît, recteur de Plescop, passant par Saint-Patern, se désaltéra et se promena (15) souvent en leur compagnie.

Le travail et le jeu firent employer deux des tombes levées du cimetière comme piédestal accidentel des reliques par

(14) Il paraît possible que les repas dans le vestiaire, dont parle un témoin, et les repas derrière le grand autel dont parlent d'autres, fussent pris au même endroit, si le vestiaire se trouvait précisément derrière le grand autel. Il semble bien, en tout cas, que pendant une partie du vicariat d'Olivier Daniélou, tout au moins, le chœur demeurait, en principe, fermé à clef.

(15) *Spaciavit.*

un tailleur et par des clercs; la forme d'autel qu'avaient ces monuments permit à un fermier de s'en servir habituellement dans les circonstances spéciales qu'avait créées la guerre. Il fut un temps, en effet, où le chevalier anglais de Saint-Auban et un breton, Pierre de Kaer, mirent en état de défense une partie de l'église de Saint-Patern et l'utilisèrent comme une forteresse défendant l'entrée de la ville. Personne ne pouvait pénétrer dans cette partie de l'église autre que les hommes d'armes qui l'occupèrent longtemps. C'est alors, d'après plusieurs témoins, que les fermiers exposèrent les reliques à l'entrée du cimetière, sur la tombe du seigneur de Coëtmorant.

Jean Dréan trace un autre tableau de guerre dont il fut à la fois le témoin et l'acteur [16]. Vannes était occupée par les Anglais et de nombreux pèlerins n'osaient, par peur d'eux, s'approcher de Saint-Patern en plein jour. Mais, pendant la nuit, l'église Saint-Patern demeurait fermée. A cette époque Jean Dréan, le futur chanoine, était encore bien jeune. La maison de son père servait d'asile aux pèlerins. Ils s'informaient. Leur hôte faisait patienter les craintifs jusqu'à la seconde partie de la nuit ou à l'aube naissante et leur donnait son fils pour guide. On s'acheminait vers le cimetière. Sur la tombe des Boismouraud, Pierre Guaffrou, clerc du fermier Alain Palmec, avait fait exposer les reliques; autour d'elles, à travers les arceaux du cloître, brillait comme des étoiles la lueur scintillante des torches de cire. Mais, le jour venu, et quand le procureur de la fabrique avait ouvert les portes de l'église, les reliques reprenaient leur place habituelle sur l'autel du Crucifix.

(16) Tableau complété par la déposition d'autres témoins.

V. — LE TRONC ET LES RELIQUES DES PAROISSIENS

Il ne faudrait pas croire que le Chapitre fût seul à bénéficier des aumônes offertes à saint Patern à l'occasion du Tro-Breiz. Un tronc se trouvait à l'entrée de l'église dont le produit revenait à la paroisse. Les pèlerins arrivant à Saint-Pâtern « offraient à leur dévocion ou autrement n'auroient pas accompli le pérégrinage ». Ils donnaient au tronc de la paroisse aussi bien qu'aux reliques, « là où ils voulaient ». Sur ce tronc se trouvait généralement une petite croix [17].

Les paroissiens avaient aussi des reliques et, en particulier, celles que renfermait une belle tête de saint Patern en argent, et des parcelles de la vraie croix dans une croix d'argent qu'on appelait la Sainte-Croix [18]. Ils se prétendaient en droit de les placer soit sur le grand autel, soit sur le tronc, et d'appeler les pèlerins au passage, pour « attraire » leur dévotion au profit de l'église.

Ces droits des paroissiens, le Chapitre les contesta ainsi que toutes leurs autres revendications, les restreignit d'abord, puis voulut les abolir. Ainsi se poursuivit au milieu de toutes sortes de péripéties une querelle de plus en plus passionnée qui aboutit à une sanction prise contre les paroissiens, sanction véritablement tragique à cette époque de foi.

(17) Témoignages d'Alain Prigent, Eudes Sivri, Eudes Botlan et autres.

(18) Les textes donnent le nom de Sainte-Croix à la croix d'argent, et c'est en raison de ce nom que nous supposons qu'elle renfermait des reliques de la vraie croix.

II

LUTTES DU CHAPITRE ET DES PAROISSIENS

1. — LES DÉBUTS DE LA LUTTE

Il faut remonter assez haut pour découvrir le début de la querelle qui mit aux prises Chapitre et paroisse. Vers 1370 l'appel des pèlerins au tronc par les paroissiens se pratiquait couramment. En 1380, Olivier Daniélou étant vicaire de la paroisse, Hervé le Béguin fut nommé procureur de la fabrique. Le nouveau procureur se plaça près du tronc et appela les pèlerins, les invitant à déposer leurs offrandes dans le tronc. Le chanoine Jean Hilaire, fermier du Chapitre, les appelait, lui aussi, les invitant, avec non moins d'insistance, à déposer leurs offrandes devant les reliques du Chapitre. Peut-être le fermier inaugurait-il une pratique dont n'avaient pas usé ses prédécesseurs, car le procureur de la fabrique lui enjoignit de la cesser et le cita devant l'official, Jean Quillorzou, pour l'y contraindre. Ce à quoi le chanoine répondit par une contre-citation au même tribunal ayant pour but de faire taire le procureur de la fabrique. En définitive, fermier du Chapitre et procureur de la fabrique décidèrent, d'un mutuel consentement, qu'après avoir appelé tous deux ensemble, ils garderaient ensemble le silence.

Un accord si sage ne pouvait durer. De fait, six ans plus tard, environ, les fermiers du Chapitre recommencèrent à pratiquer l'appel aux reliques. Un paroissien, Jean

Lovenan, le leur reprocha vivement, leur rappelant l'entente intervenue.

C'est alors que les deux vicaires de Saint-Patern, Olivier Daniélou et Jean de Rohan, tentèrent de concurrencer plus directement le Chapitre. Les reliques de la paroisse, entre autres la Sainte-Croix et la tête de saint Patern, dont nous avons déjà parlé, étaient exposées régulièrement sur le grand autel pendant la messe paroissiale, chaque dimanche, et recevaient durant ce temps, par privilège, les dévotions et les aumônes des pèlerins. Daniélou et Rohan prétendirent les y maintenir habituellement, et attirer les pèlerins devant elles par leurs appels. Ils allèrent même jusqu'à menacer les fermiers du Chapitre de leur enlever leurs reliques pour les exposer sur le grand autel à côté des leurs et au profit de la paroisse, si bien que les gardiens du Chapitre n'osaient perdre un instant de vue le dépôt qui leur était confié.

À en croire certains fermiers qui eurent affaire aux deux vicaires, leurs interventions seraient demeurées quelque peu incohérentes. Leur fièvre de combat tombait d'elle-même très vite ou les fermiers arrivaient sans difficulté, assurent-ils, à la calmer par de petits cadeaux en nature qui flattaient leurs mauvaises habitudes; puis, sans plus de façons, enlevaient eux-mêmes les reliques de la paroisse et fermaient délibérément les grilles du chœur. On peut se demander si ces témoins ne forcent pas la note dans l'intérêt du Chapitre.

A coup sûr, les inconséquences, sinon les fautes, des deux vicaires firent beaucoup de tort aux revendications des paroissiens : Olivier Daniélou avait dû subir une peine de cinq ans de prison à la requête de l'official. Mais ils n'en soutenaient pas moins une thèse reposant sur des traditions et des données sérieuses, puisqu'elle fut reprise, peu d'années après, par leurs successeurs, Hervé Lorgueilloux et Pierre Hervou.

A leur tour ceux-ci contestèrent nettement au Chapitre le droit d'exposer ses reliques dans l'église et le cimetière de Saint-Patern pendant le Tro-Breiz. Quand s'ouvrit le temporal de la Pentecôte, en 1395, ils affirmèrent ce qu'ils considéraient comme leur droit, en exposant les reliques de la paroisse, non plus seulement les jours de fête et pendant la messe paroissiale, sur le grand autel, mais tous les jours, tantôt dans l'église, tantôt dans le cimetière, provoquant les oblations des pèlerins au profit de la paroisse.

Il n'y avait rien à redire contre la dignité de vie des deux vicaires, et ils remplissaient exactement les fonctions de leur ministère. Le Chapitre s'émut, jugea l'affaire sérieuse, résolut de les poursuivre en justice, et cria bientôt contre eux : « Aux voleurs ». Le procès fut mené rapidement à la cour d'Avignon et à gros frais. Plusieurs auditeurs du sacré palais en connurent successivement. En 1397 dom Guillaume Arnaud, chapelain de Benoît XIII. qui s'en trouvait chargé, ordonna l'audition de témoins, à la requête du Chapitre. L'official de Quimper fut désigné pour les entendre. Mais les deux vicaires se trouvaient à bout de ressources; ils demandèrent grâce. Le 19 septembre 1397, premier jour du temporal de la Saint-Michel, en présence de l'official et de six chanoines prébendés, les seuls résidant alors à Vannes, fut signé l'accord consacrant leur défaite.

Sous le coup de la nécessité ils se déclarèrent mieux informés des droits du Chapitre, reconnurent ses prétentions fondées, avouèrent sans portée les allégations avancées par eux contre lui, et s'engagèrent à députer vers la cour d'Avignon pour mettre fin au procès.

Le Chapitre voyait donc définitivement consacrées par ce traité ses revendications : droit d'exposer les reliques de la cathédrale dans l'église Saint-Patern, en particulier sur l'autel du Crucifix, ou dans le cimetière, pendant toute la durée des quatre temporaux; droit de recevoir les oblations des pèlerins et d'en disposer à son gré. A peine autorisait-il la paroisse à exposer ses reliques durant la messe paroissiale des jours de fête, et à recevoir les oblations des pèlerins pendant qu'elle se célébrait.

II. — LA LUTTE S'AGGRAVE

S'il crut à la victoire définitive, le Chapitre perdit rapidement ses illusions sur la valeur d'une peau de mouton. Aussi bien n'avait-il pas donné lui-même le mauvais exemple, une dizaine d'années plus tôt, en oubliant les termes de l'accord passé sur l'appel aux reliques ? Les vicaires s'effaçaient, au moins en apparence, par contrainte; mais à la place de ses régents spirituels allait surgir la masse des fidèles, cette entité sociale aussi bien que religieuse, si puissante en Bretagne, et qu'on appelle la paroisse. Lente à s'émouvoir elle venait de comprendre comment l'abdication de ses vicaires portait atteinte à des libertés qui lui étaient chères. La paroisse agit d'abord par voies détournées, puis, prenant conscience de sa force, se libéra peu à peu des timidités et des contraintes et s'affirma au grand jour. Quand le Chapitre prétendit faire sentir les droits du maître, la paroisse se dressa contre lui et il déchaîna ses violences. Le Chapitre prit alors des sanctions et fit éclater sur la paroisse les foudres ecclésiastiques. La paroisse ne s'effondra pas, mais en appela plus haut que le Chapitre, au chef et au père du diocèse; le Chapitre dut plier.

Une première et lourde faute du Chapitre, après l'accord de septembre 1397, fut l'acceptation ou plutôt le choix de son nouveau fermier. C'était un chanoine, Jean Hilaire, qui, comme fermier, on s'en souvient, réussit à faire taire le procureur de la fabrique en 1380. Pour en imposer, sans doute, aux paroissiens, depuis les nouvelles difficultés, deux chanoines avaient rempli successivement la charge de fermier : Henri Jauguenec et Jean Pihart. Un troisième,

Jean Dréan, prit la succession de Pihart : c'était un homme entier et violent, comme on le verra. Il semble bien qu'il fut considéré, par plusieurs contemporains, comme le grand responsable de l'acuité du conflit, sinon du conflit lui-même.

Si la campagne des paroissiens ne débuta pas avant même l'accord forcé de septembre 1397, elle s'engagea tout de suite après qu'il fut souscrit au lieu capitulaire. Son principal meneur fut Alain Perrodou. Le vicaire Hervé Lorgueilloux s'en était servi comme fermier pour recueillir les droits paroissiaux et il connaissait forcément, par suite, la plupart des habitants de Saint-Patern. Sa popularité nous est attestée par ses initiatives, les résultats qu'il obtint et les sanctions prises spécialement contre lui par le Chapitre.

Lui-même et, suivant son exemple, Alain Dréan, Mochedou, Colin Rouxeau, élu procureur de la fabrique en 1398, Olivier Perriou, Olivier Cohonec, Guillaume Rouxeau, d'autres encore, traités dédaigneusement par certains témoins de mauvais révoltés (19), allèrent de ci de là sans perdre une occasion de murmurer contre les prétentions intolérables du Chapitre, d'exposer tous les besoins de la paroisse, de former en un mot l'opinion publique. Puis ils se rendirent, sur les routes, au devant des pèlerins et, les rencontrant, les accompagnèrent un bout de chemin dans la direction de Vannes, leur expliquant à quoi serviraient leurs aumônes. Déposées devant les reliques du Chapitre, ces messieurs les chanoines en profiteraient personnellement ; remises dans le tronc de la paroisse, elles seraient uniquement employées, pour la gloire de saint Patern, à la restauration et à l'entretien de son église. Que si les chanoines, ayant eu vent de ces manœuvres, s'en

(19) Nous traduisons ainsi le terme de *mall galcifert* sans être le moins du monde certain de son sens véritable. *Galcifert* ne se trouve pas dans Ducange et pourrait bien être le même mot que *calcifert*. Porteurs de chausses ne signifierait pas grand chose. Mais Ducange a traduit *calcaneum erigere* par *rebellare* qui convient très bien ici.

plaignaient, les paroissiens, prenant un air étonné, faisaient ceux qui ne comprenaient pas, si même ils ne répondaient pas en niant.

Se sentant compris, approuvés et soutenus, les meneurs s'enhardirent, proclamèrent tout haut, dans la ville, ce qu'ils glissaient au creux de l'oreille, dans la campagne. Ils le dirent bientôt jusque dans l'église.

Au temporal de la Pentecôte 1398 Colin Rouxeau, procureur de la fabrique, recouvrit le tronc [20] d'une nappe, plaça dessus tantôt une croix, tantôt une statue de la Vierge, et s'assit auprès, « tout comme un prélat », dans une « chaière » [21], ou plus simplement sur un banc. Aux pèlerins qui arrivaient il disait à haute voix : « C'est là que vous devez déposer vos aumônes et pas ailleurs. Tout ce qui est déposé dans le tronc sert pour l'entretien de l'église de Saint-Patern ». S'il se trouvait fatigué de demeurer assis, en homme habitué à la vie active, Alain Perrodou ou un autre complice le remplaçait. Pas un pèlerin ne passait sans recevoir, de l'un ou de l'autre, une bonne explication sur l'emploi éventuel de ses aumônes.

Jean Dréan, le chanoine fermier, était renseigné sur leurs agissements par son clerc Nicolas Nizou, à qui il avait confié la garde des reliques capitulaires. Il les avait d'ailleurs constatés dès le temps de son prédécesseur, Jean Pihart. C'était pour lui un motif de paraître continuellement en personne à l'église.

Il surprit à plusieurs reprises les appels du procureur ou de son remplaçant. Sa présence les faisait peut-être se taire un moment, mais n'empêchait pas bien des pèlerins, ou même de simples étrangers, de se diriger, aussitôt entrés dans l'église, vers le tronc et d'y déposer leurs offrandes. De le constater mettait Jean Dréan hors de lui, il s'interposait entre les nouveaux arrivants et le tronc, leur

(20) Les troncs de cette époque avaient leur ouverture sur la face antérieure.

(21) *Cathedra*.

disait qu'ils seraient excommuniés s'ils y remettaient leurs aumônes. Parfois même, leur enlevant bourdons, chapeaux et bissacs, il les contraignait de se rendre devant les reliques du Chapitre tout en vitupérant contre les paroissiens [22].

III. — RÉVOLTE DES PAROISSIENS

A la fois dolents et irrités, les chanoines, durant tout le temporal de la Pentecôte, assiégèrent de leurs plaintes [23] l'official Prigent le Chevalier. Ils lui demandaient un acte d'autorité, une décision qui leur permît de mettre fin aux entreprises des paroissiens. Sans quoi ils entrevoyaient le moment où ils devraient renoncer aux oblations.

L'official rédigea un monitoire, et notification fut faite hâtivement à Alain Perrodou et à ses complices de comparaître au jour dit pour l'entendre. Ils firent défaut, comme l'espérait peut-être le Chapitre, qui résolut, pour frapper un grand coup, d'attendre le dernier jour du temporal. De la sorte tous auraient le temps de la réflexion jusqu'au début du temporal suivant, celui de la Saint-Michel.

Donc, tandis que le vicaire Pierre Hervou célébrait la messe paroissiale de la fête du Saint-Sacrement et que le clerc Nicolas Nizou veillait sur les reliques du Chapitre exposées sur l'autel du Crucifix, quinze jours après la Pentecôte, le chanoine Olivier Robin prit rang au milieu des fidèles, dans l'église de Saint-Patern. Il y venait « dire sa dévocion », en premier lieu et aussi, comme diront plus tard les chanoines, empêcher les paroissiens de « meffaire » aux reliques. Ceux ci qui se pressaient en grand nombre à une fête populaire, remarquèrent bien tout de suite qu'un sergent ducal ne quittait pas le représentant du Chapitre,

(22) Ceux-ci laissent entendre qu'il ne s'agit pas là d'un fait isolé. Rien ne permet de contrôler leur véracité.

(23) *Iratos, dolentes, et multiplicter conquerentes.*

en conclurent, naturellement, que le chanoine sentait le besoin de sa protection, et se préparèrent à entendre ce qui suivrait ses actes de dévotion.

Sans beaucoup tarder Olivier Robin, le sergent à ses côtés, donna lecture du monitoire dont les termes, s'ils étaient embrouillés, furent néanmoins compris, au moins dans leur sens général. De par l'official défense expresse était faite aux paroissiens d'apporter un empêchement quelconque au Chapitre dans son privilège exclusif d'exposer les reliques et de recevoir les oblations des pèlerins, et ce, sous peine d'excommunication et autres peines légitimes.

A ce moment François de Laspare, accompagné d'Olivier Patern, l'ancien fermier, se dirigeait vers Saint-Patern pour essayer, s'il en trouvait le moyen, de dire la messe. Tous deux entendirent tout à coup raconter que les paroissiens étaient en train de frapper l'envoyé du Chapitre. Tandis qu'Olivier Patern, saisi de crainte, s'éloignait, François de Laspare voulut se rendre compte, hâta le pas et entra vivement dans l'église.

Contre les piliers du clocher, au milieu de l'église, les paroissiens, hommes et femmes, entouraient le malheureux chanoine, le huaient et faisaient mine de le frapper. Heureusement pour lui le vicaire Hervé Lorgueilloux avait pu se rapprocher à temps, sans doute tandis qu'il donnait lecture du monitoire, et par crainte de ce qui s'en suivrait.

Il serrait contre lui le chanoine et, le soutenant [24], disait à ses paroissiens : « Permettez, permettez; si vous le frappez, votre église sera interdite ». Quelques-uns lui répondaient : « Vous servez plus le parti des chanoines que celui des paroissiens ». Puis, murmurant, ils exprimaient entre eux tout leur mécontentement de l'intervention de maître Hervé.

Olivier Robin se plaignait d'avoir été frappé à plusieurs

(24) *Tenens et sustinens.*

reprises [25], et il sortit de l'église. Cependant François de Laspare ne vit personne le frapper. A vrai dire la foule qui les séparait était grande, et il n'osait essayer de la traverser pour se rapprocher. Mais tout porte à croire, en effet, que les paroissiens se contentèrent, après lecture du monitoire, nonobstant la présence du sergent porteur de sauvegarde, d'entourer brusquement le chanoine, de lui « donner des poussées et collées », de le huer et de le menacer. Peut-être fut-ce la présence d'esprit d'Hervé Lorgueilloux qui lui évita de plus graves outrages.

Non loin de là les chanoines attendaient des nouvelles sur l'effet produit par la publication du monitoire. Quand elles leur parvinrent, elles les pénétrèrent d'indignation. Aussitôt l'archidiacre, maître Jean de Malestroit, groupa autour de lui les chanoines maîtres Macé Louët et Pierre Loustouër, doms Jean Dréan, Jean Pihart, Yves le Bastard et, malgré les avatars qu'il venait de subir, Olivier Robin; il les entraîna vers Saint-Patern.

Que voulaient-ils au juste? Constater en corps les obstacles apportés par les paroissiens à l'exposition de leurs reliques, à la garde de celles-ci et à leur fermier, prétendra plus tard ce même fermier, Jean Dréan. Il paraît difficile d'étayer cette explication de motifs plausibles. Jean de Malestroit, archidiacre jeune encore, d'un tempérament autoritaire, qu'il aura plus tard occasion de faire subir dans de plus hautes charges [26], paraît avoir marché, sans réflexion, sous le coup de l'affront subi, et pour témoigner par des actes, à tous ces révoltés, que le Chapitre n'avait pas peur d'eux.

(25) *Multipliciter percussus et verberatus.*

(26) Il devint évêque de Saint-Brieuc, puis de Nantes et chancelier de Bretagne. Cf. sur ce personnage J. DE LA MARTINIÈRE, *Un grand chancelier de Bretagne, Jean de Malestroit*, dans le t. I des *Mémoires de la Société d'histoire et d'archéologie de Bretagne*; et Pierre THOMAS-LACROIX, *Jean de Malestroit, chancelier de Bretagne, évêque de Saint-Brieuc (1404-1419) et de Nantes (1419-1443)*. Positions de thèse à l'Ecole des Chartes, promotion de 1925, Paris, 1925.

Au moment où ils arrivèrent à Saint-Patern, la messe se poursuivait, ce qui indique que les paroissiens avaient recouvré en partie leur calme. Les reliques se trouvaient sur l'autel du Crucifix et Nicolas Nizou à son poste. Le monitoire était déjà lu. Qu'allaient donc bien faire les chanoines ? Avisant la statue de Notre-Dame qui se trouvait sur le tronc, Jean de Malestroit la saisit et, suivi de ses collègues, l'emporta à la cathédrale.

La messe terminée l'église se vida promptement. Seul Nicolas Nizou demeurait à son poste, près des reliques. Un colloque rapide s'établit alors entre Alain Perrodou, Guillaume Rouxeau, Jean Donquay, Mochadou, Pochat, Gillet Perron : les portes se fermèrent, Colas Rouxeau, procureur de la fabrique, leur donna un tour de clefs, et Nizou se trouva prisonnier dans l'église, avec les reliques. Sans respect pour sa cléricature que rendaient bien apparente cependant son costume et sa tonsure, les meneurs le conduisirent dans un réduit spécial de l'église, l'y maintinrent enfermé, puis enlevèrent les reliques et les mirent, elles aussi, en lieu sûr, mais ailleurs.

Quand vint l'heure de vêpres, les portes s'ouvrirent de nouveau et Nizou prit seul le chemin du Chapitre pour conter sa mésaventure. Chaque parti détenait des gages. Mais quelle imprudence n'avaient pas commise les chanoines en s'emparant les premiers du leur, et que valait la chétive statuette de Notre-Dame de Saint-Patern, par rapport à leurs précieuses reliques ! A quels aveuglements ne pousse pas souvent l'ardeur trop grande dans le combat !

Les paroissiens s'en aperçurent à leur tour, après la trêve forcée de trois mois qui s'établit entre la fin du temporal de la Pentecôte et le début de celui de la Saint-Michel. L'évêque avait profité de l'accalmie pour faire remettre aux chanoines leurs reliques, et aux paroissiens leur statue. Mais il ne put inspirer aux uns et aux autres l'esprit de paix. Tout au contraire ils se préparaient à de nouvelles luttes.

Quand s'ouvrit le temporal de la Saint-Michel, le jour de la fête de l'Exaltation de la Sainte-Croix, ce ne fut pas le chanoine fermier, Jean Dréan, ni Olivier Robin, le lecteur du monitoire au jour du Saint-Sacre, mais un troisième chanoine, Yves le Bastard, homme de ressources et de décision, au courant de la chicane, que le Chapitre chargea de le représenter. Il s'assura la sauvegarde d'un sergent du duc, Guillaume du Guern, s'adjoignit un tabellion du duc, Eudes Botlan, puis pria quelques amis de l'accompagner et prit le chemin de Saint-Patern vers l'heure de prime. Avant que la petite troupe aît quitté la ville close, François de Laspare se trouva, comme par hasard, sur son chemin : Yves le Bastard l'invita à s'y joindre, pour témoigner au besoin des événements, ce que Laspare, amateur de scandales, peut-être, et se souvenant de la bousculade d'Olivier Robin, ne manqua pas de faire.

Aussitôt qu'Yves le Bastard eût passé la porte de Saint-Patern et paru dans le faubourg, de toutes parts des cris s'élevèrent : « *Ferwet, ferwet, ferwet, donec arant* », ce que le texte officiel traduit par : « Fermez, fermez, fermez, ils viennent ». Alain Prigent disait alors la messe à Saint-Patern; il évalua à plus de deux cents personnes la foule qui se pressa aussitôt devant l'église. Yves le Bastard, du cloître où il arriva très vite, vit les portes de celle-ci fermées.

Pendant ce temps pas un serrurier, pas un tailleur, pas un cordonnier qui voulût demeurer dans son échoppe, ni même un tavernier dans sa taverne; tous d'accourir, et avec eux, menant grand tumulte, les autres habitants du faubourg. Jusqu'aux « pochards » (27) qui cessèrent de boire pour se joindre à la foule des paroissiens et des curieux.

A leur tête se trouvait Colin Rouxeau, le procureur de

(27) Paragraphe traduit presque mot à mot du texte latin. — *Pocardi qui erant potantes in tabernis*. Le mot n'est pas dans Ducange.

la fabrique, flanqué de l'inévitable Alain Perrodou, puis Guillaume Rouxeau, Olivier Cohonec, Eudes Piler. S'adressant à eux, le représentant du Chapitre les requit d'ouvrir les portes, et de les maintenir ouvertes, afin que le Chapitre pût, comme par le passé, exposer ses reliques sur l'autel du Crucifix et recueillir les oblations.

Prenant alors la parole au nom de tous, Alain Perrodou répondit qu'ils n'ouvriraient pas les portes et que, s'il dépendait des paroissiens, jamais les reliques ne seraient placées dans l'église de Saint-Patern. Il ajouta des moqueries fort grossières à l'égard du Chapitre et de ses reliques que tenait « révéramment » devant lui Yves le Bastard.

Celui-ci exhiba la sauvegarde du duc puis, se tournant vers ceux qui l'accompagnaient, dit : « Vous le voyez, ils ne font rien pour le seigneur duc ni pour l'évêque », et requit leur témoignage. Mais la foule qui, d'abord, se contentait de murmurer, manifesta une joie bruyante des lourdes plaisanteries d'Alain Perrodou. Le chanoine et les siens durent se retirer au milieu des huées et des moqueries que les femmes, en particulier, ne se firent pas faute de leur décocher.

A partir de ce jour les paroissiens, se relayant, firent le guet dans le clocher de leur église. Quand apparaissaient les chanoines aux environs, un cri s'élevait : « Ils viennent, ils viennent ! », et aussitôt les portes de l'église se fermaient. Elles se fermaient encore pour peu que quelqu'un du parti du Chapitre s'en approchât et, à ces moments, ne s'ouvraient même pas devant les pèlerins qui, pour ne pas perdre le bénéfice de leur pèlerinage, devaient jeter leurs aumônes par les fenêtres.

IV. — SANCTIONS DU CHAPITRE

La sommation publique avait été précédée ou fut suivie de sommations particulières au procureur de la fabrique, Colin Rouxeau et, sans doute, de négociations ou d'essais de négociations. Rien n'y fit. Les portes de l'église demeurèrent hermétiquement closes pour les gens et les reliques du Chapitre pendant quinze jours, elles le furent encore le jour de la fête de Saint-Michel. Décidément Alain Perrodou n'avait pas lancé des paroles en l'air.

Aussi, le lendemain de la Saint-Michel, à la requête d'Yves le Bastard, l'official fulminait un monitoire adressé aux chapelains et clercs, ses notaires et tabellions dans la ville et diocèse de Vannes. Son exposé demeurait sobre de ton, rappelant le privilège invoqué par le Chapitre, qui était en mesure d'en prouver la possession depuis 60 ans et davantage; les sommations faites au procureur de la fabrique Colin Rouxeau, en particulier et en public, d'ouvrir les portes de l'église pour permettre l'exposition des reliques; les portes demeurées obstinément fermées depuis lors par les soins du procureur et de plusieurs autres; la réponse faite par Alain Perrodou tant en son nom qu'en celui de plusieurs paroissiens que jamais les reliques du Chapitre n'entreraient à Saint-Patern; la publicité de ces faits qui étaient de notoriété publique dans la ville et les faubourgs, et qui constituaient un préjudice sérieux à l'encontre de droits anciens, en même temps qu'un péril pour les âmes. Mais il terminait par une sommation aux deux vicaires, à Colin Rouxeau, et aux gardiens des portes, de ne plus faire obstacle au privilège du Chapitre, sous peine d'excommunication et d'interdit pour toute la paroisse. Signification fut faite du monitoire par le clerc notaire Jean Fuzuche, accompagné de Jean Yslandre, archiprêtre de la cathédrale depuis plus de dix ans. Cette fois aucun chanoine ne se déplaça.

Soit qu'ils n'aient pas compris toute la portée du monitoire, soit qu'ils aient pensé que le Chapitre, comme précédemment, s'en tiendrait aux menaces, soit enfin, et nous croyons cette dernière hypothèse la plus vraisemblable, qu'ils aient voulu aller jusqu'au bout, les paroissiens continuèrent comme auparavant à maintenir les portes de leur église fermées aux chanoines. Les chanoines patientèrent encore, si l'on peut appeler patience, en pareil cas, une attente de trois jours seulement, et, le 3 octobre, l'official fulminait un nouveau monitoire.

Toute sa première partie reproduisait les termes de celui du 30 septembre. Mais le dispositif s'élevait contre l'indifférence ou le mépris des paroissiens en face des sanctions annoncées trois jours plus tôt. Quand le crime est commis, la sanction doit frapper le coupable [28], ajoutait l'official, qui déclarait à ses chapelains et ses notaires que l'église de Saint-Patern était frappée d'interdit et, qu'à partir de ce jour, aucun sacrement ne pouvait y être administré, à l'exception de ceux que permet le droit en cas d'interdit. Quant aux responsables de cette sentence, Colin Rouxeau, Alain Perrodou et tous les paroissiens, hommes et femmes, qui avaient participé à la faute commise par leurs conseils, leur aide, ou leur approbation, ils étaient excommuniés.

Guillaume le Bailly fut chargé de la notification; Olivier Loriou, recteur de Saint-Salomon et chapelain à la cathédrale, l'accompagna.

De ce jour la messe fut dite et les mandements publiés dans la chapelle de Saint-Yves.

Le monitoire du 30 septembre visait les vicaires en même temps que les paroissiens; celui du 3 octobre excommunie les seuls paroissiens. Il dut donc y avoir entente entre le

(28) *Quia igitur in eo quod est perpetratum delictum debet juris auctoritate convenientes pene sequi.*

Chapitre et ses vicaires, ancienne et maintenue secrète, par politique, ou bien conclue dans le court intervalle qui sépara les deux actes. Hervé Lorgueilloux obtint dans la suite une prébende de chanoine, et l'on ne peut s'empêcher de supposer qu'il ne se serait peut-être pas assis dans une des stalles du haut-chœur, à la cathédrale, s'il n'avait pas eu les derniers temps, comme l'en accusèrent ses paroissiens, de fortes accointances avec le parti du Chapitre (29). N'oublions pas qu'Alain Perrodou, le principal meneur, lui avait servi de fermier, et que le Chapitre pouvait penser venir à bout de ce chef des révoltés par l'intermédiaire du vicaire.

Quoi qu'il en soit, c'était, à coup sûr, un acte de bonne diplomatie, de la part du Chapitre, d'établir une distinction entre vicaires et paroissiens, et même peut-être de les opposer les uns aux autres. On pouvait penser, en les privant de leurs conseils et de leurs guides habituels, au moment même où les frappaient de dures sanctions, énerver et bientôt briser la résistance des paroissiens. Ces nouveaux coups ne firent, nous le verrons, qu'assurer leur union dans la résistance.

J. DE LA MARTINIÈRE.

(29) Cf. ci-dessus.

AUTOUR D'ALBERT LE GRAND [1]

ET DU DIEU VOLIANUS

Les quinze dernières années du règne de Louis XIII méritent d'être comptées parmi les plus remarquables de notre histoire soit nationale, soit provinciale [1].

Vers 1629, une douzaine de bourgeois parisiens avaient pris l'habitude de se réunir chez l'un d'entre eux, M. Conrart, pour s'y entretenir de littérature, d'histoire, de poésie et des nouvelles du jour. Instruit de leur coutume, le cardinal de Richelieu leur proposa de se placer sous le patronage du roi. En leur octroyant des lettres patentes, il entendait donner plus de relief à leur société, plus d'autorité à leurs jugements. Deux ans plus tard, en 1637, à l'instigation du ministre, l'Académie entreprenait l'examen du *Cid*, pour qui tout Paris avait les yeux de Chimène, mais que certains jaloux et certains tenants de l'ancienne littérature dénigraient avec vivacité.

Quittons maintenant la capitale et venons à Nantes. Nous y constatons la même activité religieuse et morale, les mêmes préoccupations littéraires et historiques. Les années qui suivirent le siège de La Rochelle furent pour la grande cité les plus fécondes au point de vue intellectuel. Loin de nous la pensée d'instituer la moindre comparaison entre elle et Paris, qu'il nous soit simplement

(1) Cette étude est une conférence qui a été faite par M. l'abbé Bourdeaut à l'Assemblée générale de la Société d'Histoire et d'Archéologie, tenue à Nantes, le 16 juillet 1924. L'auteur a voulu lui laisser sa forme première, c'est pour cette raison que les références ne sont pas indiquées. Mais on connaît assez la haute valeur historique de M. l'abbé Bourdeaut pour être sûr que toutes ses affirmations sont basées sur des documents incontestables.

N. D. L. R.

permis de rappeler quelques détails. Nantes avait dans ses murs nombre d'imprimeurs dont un surtout était doué d'un rare esprit d'entreprise P. Doriou. C'était le plus considérable de la ville et de la province. La même année qui vit applaudir le *Cid*, vit paraître à Nantes un livre fort important dans la littérature bretonne : *La Vie des Saints de Bretaigne Armorique*, de frère Albert Le Grand, de Morlaix. Une sorte d'Académie s'empara de ce livre pour le soumettre à sa critique.

Cette Académie ne reçut la faveur d'aucunes lettres patentes. Elle n'eut pas même de statuts ; elle ne tenait pas de procès-verbaux de séances. Elle n'en a pas moins existé. Le compte rendu de ses assises a même fait l'objet d'une publication. J'en puis indiquer le siège et les principaux membres. Bref, si cette société n'est jamais sortie de l'hôtel particulier où elle tenait ses audiences ; elle n'a pas, non plus, « gardé de Conrart le silence prudent ».

Par deux de ses principaux membres, elle se rattache au groupe de lettrés qui s'agitaient autour de Mercœur, l'un des princes les plus érudits du XVIe siècle, comme l'a remarqué avec raison M. Barthélemy Pocquet. Inutile de rappeler les noms de ces illustrations locales, le désastre de la Ligue les dispersa. Mais le souvenir n'en fut pas aboli. Vers 1636, deux des survivants, M. Padioleau de Launay, M. Pierre Biré de la Doucinière ressuscitèrent le cénacle de l'hôtel de Briord. La maison du premier, conseiller auditeur à la Cour des Comptes, située sur la paroisse Saint-Laurent, leur servit de lieu de réunion. On y lisait les « Gazettes » fort peu nombreuses alors : *Le Mercure* paraissait depuis une dizaine d'années, *La Gazette de France* depuis quelques mois. On s'y communiquait les lettres échangées entre les savants de France et d'Europe; l'Italie avait des correspondants à Nantes; on y discutait poésie, histoire, archéologie, médailles, blasons, monnaies.

astronomie, chimie et physique, sciences alors étrangement mêlées à l'alchimie et à l'astrologie. Elle groupait des magistrats, des universitaires, des médecins, des chanoines, mais aussi des oratoriens, des dominicains. Je voudrais essayer de présenter tour à tour ces différents membres dans leurs rapports avec les deux personnages qui font surtout l'objet de cette étude : Albert Le Grand et Pierre Biré. C'est un ouvrage de ce dernier : *La Relation d'Aletin Le Martyr concernant l'origine et l'antiquité de la Bretaigne Armorique* qui m'a révélé l'existence, d'ailleurs éphémère, de cette société savante de province.

I

ALBERT PADIOLEAU DE LAUNAY

L'hôte des beaux esprits nantais était un conseiller à la Cour des Comptes, Albert Padioleau de Launay. Sa famille appartenait à la petite magistrature seigneuriale. Ses parents ont longtemps rendu la justice à Machecoul pour les Gondi, ducs de Retz. C'était un esprit judicieux, précis, qui ne se perdait pas en phrases. Ses collègues à la Cour des Comptes reconnaissaient son mérite. Lorsque l'administration royale voulut attribuer à Paris la connaissance de la Régale des évêchés de Bretagne, la Chambre des Comptes de Nantes le chargea de défendre ses droits. Il traita cette matière avec une clarté de vues, une abondance de documents remarquables. Depuis longtemps il étudiait ce sujet, qui, aujourd'hui encore, formerait la matière d'une belle thèse pour un élève de l'Ecole des Chartes. Pris non pas au dépourvu, mais contraint de rédiger rapidement les chapitres essentiels de ses études, il le fit avec éclat et fournit à l'évêque de Nantes et aux autres députés des Etats chargés de défendre les droits de la province, une documentation abondante au service d'une habile argumentation.

Quatre ans plus tard. il offrait à ses amis pour objet de méditation pendant la semaine sainte une solide étude sur les origines et les vicissitudes de l'histoire de Jérusalem. Le sujet est traité avec bon sens, à la lumière des auteurs sacrés et profanes, des récits des voyageurs. Il révèle d'immenses lectures. Padioleau respectait ses confrères et spécialement le président de son cercle Pierre Biré, mais soumis à des méthodes d'esprit plus rigoureuses, il ne le suivait pas dans ses assertions. Il dédaignait la manie d'étymologies qui, à l'exemple de tant d'autres, entraînait celui-ci loin de la vérité. Il montrait avec netteté quel était le véritable fondateur de Jérusalem, l'origine probable de Melchisédech, un Chananéen, dans lequel Biré entendait à toute force qu'on reconnût Sem fils de Noé. Padioleau était également aux antipodes d'Albert Le Grand; mais l'opposition des esprits n'empêche pas l'amitié des cœurs. Il admirait le style simple, éloquent et pittoresque du moine dominicain. Sans prendre à son compte ses assertions fabuleuses, il présenta son œuvre au public dans de curieuses stances pleines d'un lyrisme emphatique, si emphatique même, si peu en harmonie avec sa manière de raisonner, que l'on se demande jusqu'à quel point elles sont sincères.

II

ALBERT LE GRAND

Ce dominicain, plus illustre qu'admiré, était certainement la perle du cénacle nantais. C'est à son occasion que nous avons découvert l'existence de la petite société qui nous occupe. Il y apporta les premières feuilles du livre de son ami le P. Berthault, intitulé *De Ara*. Les meilleurs feuillets de ses *Vies des Saints Bretons* y furent lus et discutés.

Ce Morlaisien était né avec le don d'écrire et d'écrire en français, quoiqu'il ait allégué sa naissance au cœur de la Basse-Bretagne pour excuser les imperfections de son style. Mais gardons-nous de le croire, quand il déclare : « J'ai vécu loin de la cour et de l'habitude et politesse des Français dont les relevés du temps se servent »; il connaît admirablement le langage de son siècle. Il le manie avec aisance. Il est clair, pittorèsque, imagé et même précieux autant qu'homme de son temps.

Comment le peindrai-je ? C'était, lors de la publication de son livre, un homme de trente-sept ans, à peine. Il avait été baptisé à Saint-Melaine de Morlaix. On lui avait donné le prénom de Jean que son frère aîné portait déjà. Destiné de bonne heure à être moine, il revêtit dès l'enfance le costume dominicain. Lorsqu'il entra au monastère des Frères prêcheurs de Rennes, ses supérieurs ravis de son nom changèrent son prénom de Jean en celui d'Albert, rappelant ainsi une des gloires théologiques de l'ordre. Le nouveau moine n'avait rien de la stature gigantesque de son illustre confrère germanique, il était, au contraire, fort petit, d'où sujet d'amusement dans l'intimité du couvent; ce fut un jeu pour tous de souligner en d'innombrables plaisanteries le contraste qui existait entre l'esprit du nouveau profès, l'étendue de son œuvre, et l'exiguïté presque ridicule de sa taille. D'un autre côté, Albert Le Grand n'avait rien de l'esprit théologique, il était né pour être conteur de légendes. Dans les vies des saints, objets de son amour, il cherchait moins la vérité historique que l'occasion d'un récit charmant pour l'imagination d'un Breton, édifiant pour l'âme simple d'un croyant ou d'un moine que l'ombre du doute n'a jamais effleurée. Pour lui, comme pour la plupart de ses auditeurs, le caractère extraordinaire des légendes hagiographiques ne suscitait nullement la critique, mais seulement l'éveil d'une religieuse curiosité, la satisfaction du patriotisme local. Il était heureux de se dire : la Bretagne pieuse n'a rien à envier aux thaumaturges de l'Italie ou de l'Egypte. On retrouve le même sentiment dans la plupart des poésies composées par ses amis et les admirateurs de son œuvre.

Quelques traits paraissent surtout saillants dans sa physionomie. C'était un excellent religieux, naïvement fier d'appartenir à un couvent jacobin, et à un couvent réformé. Il ne pouvait s'en cacher. Il regardait avec un certain air pharisaïque ses confrères rebelles au mouvement de réforme que le P. Jouault avait introduit en Bretagne. Il ne savait même pas le taire à l'égard du P. du Paz, son devancier, son modèle dans le domaine de l'érudition et dont il fut l'obligé à un degré dont nous ne mesurerons jamais toute l'étendue. Mais en dépit de ses jeûnes, en dépit de son attachement à la règle, il gardait un fond étonnamment vivace d'amour-propre. Le coup de pied qu'il avait donné au monde en entrant dans le cloître, suivant une expression qui lui était chère, ne le fit pas rompre avec l'amour-propre littéraire.

Il demeura toujours en lui quelque chose de la puérilité que sa petite taille, son exubérance, sa spontanéité dénotèrent jusqu'à la fin. Il ne semble même pas avoir deviné ce que pouvait être l'esprit de discernement. On se demande s'il se rendait pleinement compte de l'usage qu'il faisait de certains textes. Nous aurons l'occasion d'apporter quelques exemples de sa manière de procéder en pareille affaire. Il était l'opposé de son confrère le docteur du Paz, grand chercheur de textes, strictement attaché à ses documents, se méfiant de son imagination, aussi réservé qu'on pouvait l'être alors vis-à-vis des fables qui florissaient dans maintes pages des chroniqueurs bretons.

Albert Le Grand portait partout cette naïveté foncière, jusque dans son amour pour la Bretagne. Tous ses collègues, Nantais et Rennais, partageaient cette affection, mais chacun y apportait une nuance particulière : en lui, elle était sans mesure. Non seulement il admirait tout dans l'histoire bretonne, mais il ne savait même pas être juste à l'égard de la France. Il faut avoir vu avec quel dédain il reproche aux Français de tordre le nez sur le Breton, parce qu'ils appellent *Joyeuse Garde* le château de Kastell Gouellet Forest, près de Brest. Ils sont coupables de tous les torts à l'égard de son pays. Il ne raisonne pas autrement vis-à-vis d'eux que l'auteur de la *Chronique de Saint-Brieuc* au XVe siècle.

A Nantes, au sein de son couvent, il ne se sentait pas en pleine communauté d'esprit, soit au point de vue monastique, soit au point de vue breton. La réforme dominicaine venait d'y être introduite, mais les plus fortes têtes parmi les moines opposants, les PP. Longuespée et Richard étaient demeurés dans la ville, au sein même de la Faculté de théologie ; ils furent chargés d'examiner son œuvre. Aux Nantais, Albert Le Grand reprochait de n'être pas d'assez sûrs partisans de la Bretagne. Il aimait à raconter sur leur compte une vieille légende. Rencontrant un jour à Pont-Rousseau, le voyageur Dubuisson-Aubenay, il lui fit remarquer que certains clochers, celui de Saint-Nicolas, celui des Clarisses, portaient en guise de girouette une main d'acier; il lui révéla que les Nantais avaient été contraints d'arborer cet insigne par Jean le Conquérant, parce que gagnés par les Français ils leur avaient livré pour argent comptant son père Jean de Montfort. On le devine, les Nantais goûtaient médiocrement pareille explication. Au nom de ses compatriotes, Pierre Biré crut bon d'en proposer une autre. A ses yeux, cette main ainsi tendue rappelait la déesse Vénus et n'était autre qu'un signe de bienveillance, de l'hospitalité polie qu'aimaient à pratiquer les Namnètes primitifs.

Quand Albert Le Grand vint à Nantes, au début de 1633, il était précédé d'une grosse réputation. Sa renommée d'orateur était acquise. Il n'avait pas prêché moins de dix carêmes à la satisfaction de tous, mais telle n'était pas le motif de sa réputation au sein des couvents dominicains et parmi le clan des lettrés. On savait qu'il travaillait à écrire les *Vies des Saints de Bretagne*. On réclamait une telle œuvre depuis longtemps : elle était liée à la question même des origines de la nation bretonne. On s'en doutait quelque peu, mais sans voir clair en cette affaire. Un savant de mérite, le P. du Paz, avait promis de combler cette lacune ; hélas ! il mourut ayant réuni beaucoup de matériaux, et n'ayant rien publié. Albert Le Grand était jadis entré en relations avec lui ; il sollicita communication de ses papiers, il ne les obtint qu'en partie. Le vieux moine n'avait que demi-confiance dans son jeune confrère. Force fut donc à notre jacobin de se mettre seul au travail.

Il nous a raconté lui-même comment il conçut son projet et l'exécuta. Peu de temps après sa profession au couvent de Bonne-Nouvelle, à Rennes, il fut envoyé à celui de Saint-Dominique de Morlaix, sa ville natale. Il fut chargé de faire la quête dans l'évêché de Léon. Enfant, il avait parcouru les paroisses autour de Morlaix, il était allé en pèlerinage à Saint-Jean-du-Doigt, il avait prié dans les innombrables petites chapelles, qui, au bord de la mer sauvage, sur une colline, au coin d'une lande, près d'un menhir, en plein champ, rappellent le souvenir des amis de Dieu, des solitaires venus d'Irlande ou de la lointaine Cornouaille, en compagnie des premières colonies bretonnes. Il avait entendu raconter leurs légendes maritimes et champêtres. Quand il revit ces modestes sanctuaires, quand il revit dans la gloire de leur parure encore neuve les merveilles du Folgoët, de Saint-Pol-de-Léon, les dentelles granitiques que le règne de la reine Anne avait jetées sur les murs de tant d'oratoires, quand il se fut agenouillé au pied des calvaires qui se multipliaient çà et là, qu'il eut goûté l'eau des fontaines saintes, revu les monuments des morts tombés pour la cause de la patrie, il comprit mieux toute la poésie de la Bretagne.

Au presbytère, où, le soir, la quête finie, il recevait l'hospitalité, il se faisait redire l histoire de toutes ces précieuses reliques. Il s'enquérait des anciens manuscrits, des bréviaires, et légendaires que les livres imprimés avaient relégués dans les greniers. Il en trouva çà et là au Folgoët, à Saint-Pol-de-Léon, à Landevennec, à Saint-Vougay, à Plougrescant, etc. Les lettrés ne manquaient pas dans le voisinage : tel Guillaume Le Roux, directeur d'un petit collège à Plougaznou où après un long séjour à Paris il s'était retiré et chantait en curieux vers latins les événements du jour et les saints locaux; tel le chanoine Pierre Calloët de Trofos, doyen de Notre-Dame-du-Mur, un Morlaisien, tel encore Messire Rolland Poulpiquet, recteur de Sizun. Albert Le Grand les interrogeait, copiait les notes qu'ils avaient recueillies. Au retour, il compulsait dans la bibliothèque conventuelle les publications hagiographiques qui pullulaient depuis soixante ans. Elles n'avaient rien de savant, elles ne visaient qu'à l'édification. Quand il revenait ensuite dans les paroisses visitées, le prédicateur avait soin d'entretenir les paysans des histoires de leurs patrons, de ces ermites, de ces moines, de ces évêques venus de la Grande-Bretagne ou d'Irlande au temps lointain des grands exodes. On peut être sûr qu'il n'omettait aucun miracle.

A Morlaix même, il avait retrouvé son oncle, le frère aîné de son père, Vincent Le Grand de Kerscao, sénéchal de Carhaix. Membre du conseil de la Ligue à Morlaix, il avait paru aux Etats assemblés par Mercœur, puis rallié à Henri IV, il avait figuré aux assemblées royalistes de Rennes dans le tiers état. Ce bourgeois aimait l'histoire : il avait lui-même recueilli beaucoup de légendes locales. Dans ses dossiers il avait conservé toute une collection de notes sur les églises du pays de Léon, maintes vies de saints, toutes plus légendaires les unes que les autres. Elles provenaient d'un grand-oncle, chanoine de Saint-Pol et du Folgoët, ancien conseiller et premier aumônier du duc François II. Cet ex-recteur de Ploudaniel et de Plounéventer, Yves Le Grand de son nom, avait été le correspondant, le collaborateur attitré de Pierre Le Baud dans la composition de ses *Chroniques*, du moins frère Albert nous le dit, mais son tèmoignage est sujet à caution car personne n'a jamais trouvé la trace de cet Yves Le Grand, premier aumônier de François II. Avant de mourir M. de Kerscao communiqua cet amas de notes à son neveu qui se hâta de les transcrire. Son trésor prenait ainsi corps peu à peu.

La vogue était alors aux vies des Saints. Le jésuite flamand Rosweide avait publié les *Vies des Pères du Désert* avec un incroyable succès. Un compagnon de saint Ignace, l'espagnol Ribadeneira venait de donner à Paris une traduction de son recueil des *Fleurs de la Vie des Saints*. Un avocat angevin, serviteur de la grande abbaye de Fontevrault, un ami de sainte Thérèse, s'était voué à ce travail. Leur œuvre commune (augmentée et adaptée à l'usage des Français par le docteur André Duval) avait été accueillie avec faveur. Bollandus rassemblait en Brabant les éléments de l'immense publication des *Acta Sanctorum*.

La Bretagne n'offrait aucun ouvrage analogue. Aucun historien n'avait abordé l'histoire touffue des vieux saints celtiques. C'est à peine si dans le voisinage d'Albert Le Grand certains auteurs avaient essayé de défricher quelques points du champ de l'hagiographie bretonne : le chanoine La Devison, de Saint-Brieuc, avait fait imprimer la vie de saint Guillaume; Pierre de la Haye de Keringhant avait publié la biographie de saint Yves à Morlaix même; Yves Arrel, doyen de Lanmeur, la Vie de saint Melaire.

L'ordre dominicain, cantonné dans l'étude de la théologie, de l'éloquence sacrée ou de la controverse, n'avait que bien peu de choses à offrir dans le domaine des études hagiographiques. Il désirait qu'on mît en lumière les exemples de vertus qu'avaient donnés les fondateurs de ses couvents.

Lorsque le P. Noël Deslandes visita Saint-Dominique de Morlaix, en qualité de vicaire de la Congrégation Gallicane, Albert Le Grand lui présenta son recueil. Il fut charmé, il approuva le dessein de ce jeune confrère, il lui commanda d'achever et de publier son travail. Depuis deux ans notre Morlaisien avait parcouru le diocèse de Tréguier, muni d'une approbation de Mgr Champion de Cicé. Les lettres de son supérieur l'investirent d'une sorte de mission officielle pour toute la Bretagne. Désormais il put aller de couvent en couvent, sûr d'y trouver des hôtes et des collaborateurs. Il étendit aussitôt ses recherches dans les diocèses de Léon et de Cornouaille. Mgr de Rieux, évêque de Saint-Pol, dont il a raconté les mésaventures à propos des Carmélites, Mgr Le Prestre de Lézonnet, évêque de Quimper, l'autorisèrent la même année à parcourir leurs diocèses. Nulle part il ne reçut meilleur accueil qu'à Dol près de Mgr Hector Douvrier. Ce prélat ouvrit toute grande sa bibliothèque au jeune dominicain, qui lui demeura fort attaché. On le voit bien par les strophes qu'il lui offrit, par l'hommage qu'il lui adressa de la vie de saint Budoc. Mgr Douvrier, un Toulousain, à l'exemple de Mgr de Revol, un Dauphinois, croyait à l'archiépiscopat de saint Samson. Fier d'un aussi hypothétique primatiat, il entendait avoir le pas sur les évêques de Bretagne et tout particulièrement sur celui de Rennes, lors de la session des Etats. Un gros procès, difficilement tranché, roulait sur ce point depuis vingt ans. Albert Le Grand flatta la douce manie du prélat, par reconnaissance, sans doute, mais aussi par chauvinisme breton; Mgr Douvrier le soutint pécuniairement dans ses recherches.

Après divers séjours dans les couvents dominicains bretons, Rennes, Morlaix, Quimperlé, Guingamp, notre Morlaisien vint à Nantes. Il ne connaissait encore que le cycle des saints celtiques, il avait besoin d'étudier les bienheureux de la Haute-Bretagne. Tour à tour, il obtint l'approbation des évêques de Saint-Malo, de Saint-Brieuc, de Vannes et de Nantes. Seul, celui de Rennes, un Nantais, Mgr de Cornulier, qui cependant avait été à Tréguier le successeur de saint Tugdual, s'abstint pour des raisons que l'on devine et pour d'autres qu'on ne tardera pas à entrevoir. Curés, chanoines, archivistes diocésains s'empressèrent de communiquer au jeune hagiographe les documents qu'ils avaient en main. Pour achever sa gerbe, il visita les collectionneurs fameux, M. de Rosmadec, le marquis de Rieux d'Assérac, le comte de Lannion qui mit à sa disposition les papiers du P. du Paz dont il venait de se rendre acquéreur, triste exemple du sort réservé aux manuscrits des curieux de l'histoire : un prieur ignorant avait cédé pour quelques écus ces dossiers qui feraient aujourd'hui la renommée d'une bibliothèque. Albert Le Grand sollicita même audience des fureteurs isolés, des généalogistes terrés dans leur coin à l'affût de nouveaux blasons, d'une pièce capable d'illustrer la famille à l'ombre de laquelle ils vivaient, tels à Hennebont MM. de la Coudraye, père et fils, les premiers généalogistes des Rohan.

Le diocèse de Nantes fournit à l'actif dominicain de nombreux documents, en particulier, la plus copieuse, la plus soignée de toutes ses notices, celle de la Bienheureuse Françoise d'Amboise. Le Catalogue des évêques de Nantes est également le plus fouillé. La plus grosse part des matériaux qui ont servi à le composer lui a été communiquée par un chanoine de Saint-Pierre, son collègue dans la société qui nous occupe, Vincent Charron. Nulle part également frère Albert ne trouva autant de collaborateurs bénévoles : M. Jacques Bridon de l'Auberdière, M. Padioleau de Launay, M. le recteur de Saint-Viaud, les prieurs de Saint-Nicolas de Redon et de Besné.

Une discrète réclame fut organisée en faveur de son œuvre par ses confrères et par ses amis. A peine les chapitres en étaient-ils imprimés qu'ils étaient communiqués aux évêques, aux personnages en renom, aux bibliophiles, à M. de Rosmadec, par exemple. Albert Le Grand venait en personne en faire la lecture à l'hôtel de M. de Launay-Padioleau. Il sut intéresser les villes mêmes à son livre. La mairie de Morlaix vota les fonds nécessaires pour qu'un plan de la ville ornât l'œuvre de son illustre « nourrisson », c'est ainsi que notre jacobin se qualifiait lui-même. A Nantes, la mairie, dont le secrétaire ne connaissait pas même son nom, prit semblable décision sur la suggestion d'un ami. Cependant aucun exemplaire connu de la *Vie des Saints* ne parut orné du plan d'aucune ville. Comment expliquer cette absence après ces exemples de sollicitations bien constatées ?

Inutile d'en chercher la raison ailleurs que dans un conflit d'amour-propre suscité par la rivalité des différentes villes de Bretagne. A la suite des *Vies des Saints*, Albert Le Grand avait décidé de publier un catalogue des évêques de la province. Or, tous les évêchés aspiraient à la première place. Trois surtout se la disputaient : Nantes, Rennes et Dol, pour des motifs différents. Comment trancher un tel procès ? Pour se tirer d'embarras, Albert Le Grand imagina d'insérer l'histoire des évêques à la suite du dernier saint de l'évêché dont il traitait l'histoire : « Ce que j'ai fait » à dessein, dit-il, pour ne sembler attribuer la préséance » à l'un au préjudice des autres que je révère, respecte et » honore également ». Il confiait au Calendrier le soin de le mettre hors de cause. Pour prévenir les suspicions de

Rennes et de Tours au sujet de Dol, il ajoutait : « Si en » celuy de Dol, je qualifie du titre d'archevêque ceux qui » tinrent ce siège jusques à la décision de ce procès, je le » fais en pur historien et n'entends préjudicier à notre » illustre Métropolitain ni à Messeigneurs ses suffragants ». Nantes fut placé en premier lieu par un véritable tour de faveur, car si l'auteur eût tenu rigoureusement compte de ses propres règles, le catalogue historique de ses évêques eût été placé au septième rang, après la biographie de saint Hermeland ; Dol suivit, puis Saint-Pol-de-Léon : Rennes vint en quatrième lieu : les autres évêchés subirent le rang du sort. Pour redresser la balance, en leur faveur, Albert Le Grand releva leurs titres de gloire. Dol et surtout Tréguier lui doivent sous ce rapport une particulière gratitude. Rennes fut mécontent. Comprend-on maintenant pourquoi Mgr de Cornulier n'approuva pas l'œuvre du moine de Bonne-Nouvelle ? Ni ses diocésains, ni le Parlement ne le lui eussent pardonné.

L'œuvre enfin achevée fut pompeusement dédiée aux Etats de Bretagne, le 1er novembre 1636. Ainsi avaient agi d'Argentré et le P. du Paz à l'occasion de leurs travaux. L'ouvrage était demeuré deux ans sous les presses de Pierre Doriou.

J'ai rappelé au début de cette étude l'enthousiasme et les critiques que souleva l'apparition du *Cid* dans les milieux parisiens. Toute proportion gardée, si l'on tient compte de la nature différente des sujets, le sort de la *Vie des Saints de Bretagne Armorique* fut analogue. Il souleva les applaudissements des uns et les récriminations des autres. Au point de vue littéraire, il méritait le succès. Il était écrit avec simplicité, sans longueur, d'un style aisé et pittoresque. Depuis Nicolas Coëffeteau, l'ordre dominicain n'avait pas eu de meilleur écrivain. Aucun Breton ne l'égalait. Dans le genre hagiographique, il était comparable aux meilleurs. Il ouvrait des horizons nouveaux ;

pour la première fois le monde celtique se dévoilait aux regards des lecteurs curieux, aux Bretons eux-mêmes qui s'ignoraient. On y sentait le parfum des landes, le grand air du large, le bruit des grandes eaux sur les rochers et les grèves. On y retrouvait l'air vétuste et sauvage des sanctuaires primitifs des moines d'Hibernie ou de Cornouaille, la grâce agreste et mélancolique des chapelles nées sous le règne finissant du dernier de nos ducs. L'écrivain n'est jamais meilleur que quand il s'inspire des souvenirs du pays natal.

Les Bretons de langue l'ont bien compris, ils lui ont été reconnaissants. Ils l'ont réédité quatre fois, dont deux fois au siècle dernier, l'enrichissant de copieuses notes relatives aux saints vraiment celtiques, laissant en paix ceux de la Haute-Bretagne. N'a pas des amis qui veut : Albert Le Grand en eut beaucoup, depuis ce Nantais qui l'appelait *la Perle de Bretagne*, jusqu'au marquis de Missirien qui préférait le culte de l'histoire à celui des plus ravissantes tulipes, jusqu'à M. de Kerdanet et à M. Peyron, enthousiastes de leur ami au point d'être un peu aveuglés sur ses licences à l'égard de l'histoire. Ils lui ont tout pardonné, non sans quelque raison : nul n'a mieux rendu la physionomie spirituelle de l'antique Bretagne, nul n'a su rappeler avec autant de charme les âmes des saints bretons; leurs ombres flottent encore grâce à lui autour de leurs sanctuaires agrestes ou maritimes, voltigent près des mélancoliques silhouettes de leurs chapelles solitaires, à l'ombre des chênes qui les ombragent.

Ce succès ne satisfit pas l'auteur. En dépit de ses affirmations, il avait visé autre chose qu'un succès d'édification ou même de littérature. Il escomptait les applaudissements des savants. Il éprouva sur ce point de cruelles déceptions et s'il eût atteint la vieillesse il eût ressenti de bien plus cuisantes blessures d'amour-propre. Il eut d'abord contre lui les esprits forts. Ils étaient peu nombreux à cette époque en Bretagne. D'autre part, Albert Le Grand « se faisait » gloire d'être persécuté de tels libertins, et antibretons, » rendant service à l'Eglise et à sa patrie, à la confusion » des uns et des autres ». Mais ils n'étaient pas seuls : la critique commençait à naître, et beaucoup trouvaient excessive la naïveté de l'excellent dominicain. Ce sont eux qu'ils visent quand il écrit : « En ce siècle se trouvent des esprits » bizarres et mal faits à qui rien ne plaît, esprits critiques » qui trouvent à tondre sur un œuf... La presse n'avait » qu'à demi roulé sur mon œuvre que telles gens jappoient » à l'encontre ». Qu'eût-il dit s'il avait connu le jugement sommaire sous lequel dom Lobineau a écrasé *La Vie des Saints* : « œuvre moins propre à édifier qu'à réjouir les libertins ». Sans impiété, il est permis de sourire des miracles dont furent l'objet l'œil de sainte Clervie, sœur de saint Guénolé, le moine marin saint Riok et son curieux vêtement, la dent de saint Hervé; il est permis, en dépit des anathèmes de frère Albert, de ne pas ajouter une foi absolue aux aventures de saint Efflam, de saint Budoc, de sainte Triphine, aux incartades de saint Ronan, à la botte de saint Paterne, à l'irrédentisme bien exalté de saint Sané, etc.

A ces misérables dont Albert Le Grand avait prévu les boutades se joignirent les ennemis de la patrie Bretonne. Aux yeux de notre Morlaisien, ils ne se distinguaient pas des premiers : « Il les méprisait à un égal degré ». Ils étaient cependant en droit les uns et les autres de relever les étranges libertés que le nouvel hagiographe prenait avec l'histoire. Non seulement le roman de Conan Mériadec n'était point accepté de tous, mais le catalogue des princes souverains de Bretagne était visiblement fabriqué aux yeux de quiconque était quelque peu familiarisé avec la lecture des auteurs originaux : l'archiépiscopat de saint Samson était une pure imagination, la parenté de saint Corentin avec saint Martin de Tours était une affirmation bien gratuite; le catalogue des évêques de Tréguier était appuyé de bien faibles étais. Partout éclatait l'absence de critique, la négligence, l'oubli même de se relire. Certaines allégations n'avaient pas d'autre motif que d'en imposer. Que dire de cette *Descriptio utriusque Britanniæ* de Conrad de Salisbury, conseiller du roi Henri II Plantagenet, qui avait jusqu'alors échappé à tous les yeux et qui depuis lors n'a jamais été vue par personne ? Mauvais certificat d'origine pour un ouvrage ! Et cependant c'est de cette source plus que douteuse que sont sorties les merveilleuses origines de Morlaix et de Tréguier, le roman du Dieu *Boulianus*. Le compte des obsèques du roi Grallon, l'an 405, un an après l'engloutissement de la ville d'Is, trouvé par Albert Le Grand, le jour de saint Mathias 1629, à l'abbaye de Landevennec, faisait froncer les sourcils aux moins exigeants des lecteurs. Pour prouver l'authenticité de l'archiépiscopat de saint Samson, Albert Le Grand recourait à un argument de ce genre : « Saint Grégoire de Tours » quoique fort jaloux des prééminences de son église et » mordant en ses écrits (aussi était-il Anvergnac), n'en » parla jamais et ne contesta-t-il cette qualité à notre » saint Samson ». Comment l'eût-il fait s'il n'a jamais connu l'existence même d'un archevêque de Dol ?

De l'origine de l'émigration bretonne en Armorique, de ses causes, de la manière dont elle s'est produite, pas un mot. Albert Le Grand ne semble même pas avoir soupçonné l'existence de ce problème historique. Il en est resté au roman de Maximin, à la conquête de Conan Mériadec et autres fables que tous les chroniqueurs bretons acceptaient alors comme vérités.

Deux principes paraissent seuls l'avoir guidé dans la rédaction de son travail : glorifier la mère patrie, accorder à chacun de ses évêchés une part suffisante de mérite. On dit qu'ils ne suffisent plus aujourd'hui pour fonder la réputation d'un historien. Albert Le Grand eut le tort de les suivre sans y apporter ni mesure, ni discernement, égaré par l'amour de la petite patrie.

Les beaux esprits Nantais ne se montrèrent pas satisfaits de la part d'éloge accordée à leur cité. Elle n'était pas en harmonie, d'autre part, avec les pensées de certains d'entre eux. Ils reprochaient à frère Albert d'avoir accordé aux Rennais des titres d'honneur auxquels ils n'avaient point droit. Rennes de son côté trouvait que Dol était trop exaltée. Bref *La Vie des Saints de Bretagne* dut subir l'examen des « immortels » Nantais, tout comme le *Cid* avait subi la critique des quarante de l'Hôtel Séguier.

III

PIERRE BIRÉ DE LA DOUCINIÈRE

Quand je parle d'immortels, je sacrifie à une vieille coutume, je n'entends point exprimer une scrupuleuse réalité. Les noms de tous les Académiciens de Paris ne passent point à la postérité, nul ne l'ignore. Mais qui se souvient des Nantais dont je veux réveiller la mémoire ? Pour leur malheur, ils ont fait gémir la presse, voilà pourquoi je parle d'eux, plusieurs siècles après leur mort. Pierre Biré, Vincent Charron me pardonneront de ranger leurs noms au nombre des critiques d'Albert Le Grand, alors que tant de points de ressemblance, tant de services mutuels les rapprochent.

Pierre Biré était le doyen d'âge et très probablement le président effectif de la réunion littéraire qui se tenait en l'hôtel de M. Padioleau. Les deux amis habitaient la même rue en la paroisse Saint-Laurent. M. de la Doucinière nous a transmis lui-même le récit de ses querelles avec Albert Le Grand et autres écrivains nantais dans un ouvrage rarissime dont le seul titre manifeste clairement les manies de l'auteur. Il parlait grec en français : *Episemasie ou Relation d'Aletin le Martyr concernant l'origine, antiquité, noblesse et sainteté de la Bretagne Armorique et particulièrement des villes de Nantes et Rennes.* A Nantes, par Sébastien de Hucqueville, 1637. *Episemasie* veut dire *Relation ; Aletin le Martyr* signifie *vrai témoin.* C'était le pseudonyme nouveau de Pierre Biré, qui en a pris plusieurs; il a signé certains sonnets : *le recteur de Bretaigne*, d'autres : *le Général de Passay*. Il a daté sa dernière œuvre du manoir de Créance, le 1er août 1636, trois mois avant qu'Albert Le Grand eût dédié son gros volume aux Etats de Bretagne.

Il importe de crayonner la silhouette peu banale de ce bizarre adversaire.

Pierre Biré avait derrière lui une longue carrière littéraire. Il était originaire de Cugand; il prenait le titre de seigneur de la Doucinière, gros village situé sur la rive la plus haute de la Sèvre. Il appartenait à une famille de plume dévouée aux Penthièvre et à la maison de Lorraine. Un de ses parents, à Ancenis, était scribe ou secrétaire de Suzanne de Bourbon, la baronne du lieu ; les marquis d'Elbeuf ont tous servi de parrains à ses enfants. M. de la Doucinière et ses frères servaient Mercœur avec dévouement : ils faisaient partie de son entourage immédiat. C'est au sein de la petite cour princière que notre auteur recrute les parrains de ses premiers enfants. Dans la famille tout le monde sacrifiait à la muse de la poésie et faisait des vers : la maladie était commune, d'ailleurs, dans le corps des officiers de Mercœur.

Jean, un des frères de M. de la Doucinière, était d'église; mais sans ambition, il demeura au pays à Cugand, confiné dans l'étude. C'était un collectionneur de chroniques bretonnes; il en possédait une fort curieuse provenant du château de Vitré. Un moment, il tenta d'obtenir la cure de Drain, attiré peut-être par les larges horizons de la Loire, mais sans succès. Il ne s'obstina pas dans sa poursuite. Une autre branche des Biré, leurs cousins de la Sénaigerie, ne se signalaient pas moins par leur goût pour les choses de l'esprit. M. de la Sénaigerie, conseiller à la Cour des comptes, cultivait la physique et la chimie. Il était en correspondance avec Galilée. Il avait un cabinet de médailles et d'antiquités qu'il goûtait et expliquait fort bien. De même que cet honorable conseiller, M. de la Doucinière cultivait les sciences naturelles, et, si j'en juge par les comparaisons qu'il emploie, il versait dans l'alchimie et la recherche de la pierre philosophale.

A l'époque de la Ligue, il était le personnage le plus considérable de la société littéraire groupée autour du duc de Mercœur. Il y représentait l'histoire. Il avait composé la *Généalogie de la Maison de Lorraine*, œuvre de vaste érudition destinée à appuyer les prétentions de Mercœur, Philippe-Emmanuel de Lorraine, à la descendance des anciens Carolingiens et celles de sa femme à la couronne ducale de Bretagne. Son travail est demeuré inachevé. Il n'a même, je le pense, jamais vu le jour. On n'en connaît que deux exemplaires. L'un, celui de la Bibliothèque de Nantes, est, croyons-nous, l'exemplaire même de l'auteur. De nombreuses pages sont demeurées blanches attendant un complément qui n'est pas venu. A certains folios, l'auteur a inséré, soit en marges, soit dans le texte, des notes d'une écriture menue, presque indéchiffrable. Au revers de la première page il a dessiné ses armes : *trois grenades sur fond d'azur*, suivies de sa devise, son anagramme, *Stirpi suæ ebur*, « *l'honneur de sa race* ». Il arrêta son panégyrique à l'année 1593, attendant pour l'achever des jours meilleurs. La capitulation de Mercœur coupa court à ses espérances, grosse déception pour un auteur !

Toutefois, si le triomphe d'Henri IV mit obstacle à sa carrière dans la magistrature, il ne lui ferma pas toute espérance d'avenir. Il était avocat du roi au Présidial avant et pendant la Ligue; il quitta Nantes à l'époque de l'Edit de Nantes pour se réfugier à Cugand. Il ne s'y fit pas oublier pendant longtemps; il revint en ville dès 1601 et abandonna l'exercice de la procédure pour l'enseignement de la jurisprudence. Il professa le droit à l'Université de Nantes. Il grandit en considération : à partir de 1615, il prend le titre d'écuyer. C'était une âme honnête, d'une intégrité parfaite, fidèle à ses principes religieux, attachée à la justice.

Lui et sa femme Jacquine Chrétien font figure de patriarches; ils affectent une profonde respectabilité : leurs enfants ont essaimé, leurs neveux qu'ils ont en partie élevés, se sont multipliés, ils sont entrés par alliance au sein des familles nantaises de la meilleure noblesse. On leur demande d'être parrain et marraine un peu partout, aux Touches, à Abbaretz, à Couffé, à Saint-Similien, à Saint-Donatien, dans les manoirs traditionnels et quelque peu fermés de la campagne nantaise. Je me représente M. de la Doucinière-Biré, comme on disait alors, pour indiquer son origine bourgeoise, membre du conseil paroissial, assis au banc d'œuvre, président de confrérie, consulté par son curé, par les supérieurs de couvents, jaloux des droits de l'Eglise autant que de ceux de la province ou du Roi. Ils n'étaient point rares alors ces vieillards qui unissaient le culte des lettres à celui de la religion; tel à Angers, Pierre Le Loyer, un étymologiste presque aussi étrange que M. Biré; tel M. Mesnard, ancien prévôt de police qui demeuré veuf à soixante ans se fit prêtre, n'ayant que deux passions : l'amour de l'Eglise et l'amour des vieilles monnaies et des vieilles chroniques; tel, enfin, M. de la Guibourgère, sénéchal, puis maire de Nantes, qui fut sacré évêque de Saintes par Mgr de Cospéan, sous les yeux de ses administrés et de ses enfants, tous aussi riches de vertus qu'ornés des dons de l'esprit, hommes d'action aussi bien que d'étude.

En 1636, M. de la Doucinière est le prince des archéologues nantais. Il n'a rien perdu, malgré ses soixante-quatorze ans, de sa lucidité d'esprit, de sa prodigieuse mémoire, de sa ténacité; à peine sent-on en lui un peu de la lenteur du vieillard. Il n'ignore rien de ce qui a été publié soit en français, soit en latin. Il est au courant des études allemandes et italiennes, sur les médailles, les inscriptions, l'histoire. Il les possède dans sa bibliothèque. Ecrivains sacrés, profanes, érudits et poètes, grammairiens et historiens, il a tout lu, je ne dis pas tout bien compris. Albert Padioleau, son confrère et son voisin, écoutait en écrivant « le démon d'Armorique favorable à tous ceux qui travaillent pour la patrie ». Biré, en outre de ce génie breton, en écoutait un autre moins sage et moins réservé. Il voyait tout en archéologie à travers les étymologies grecques, latines, bretonnes, voire même hébraïques. A. Le Loyer, d'Angers, qui lui ressemble comme un frère avait trouvé dans l'*Iliade* d'Homère le nom de son Anjou, de son village et l'anagramme de son propre nom.

IV

LE DIEU VOLIANUS

La découverte en 1580 d'une inscription romaine trouvée en remaniant les fortifications de la porte Saint-Pierre, donna surtout l'éveil à ce génie intime. Pareilles inscriptions sont rares en Bretagne. On n'en connaissait qu'une jusqu'ici, à Rennes, celle de la porte Mordelaise, publiée l'année même par le président d'Argentré. La nouvelle était plus remarquable encore par son étendue, la beauté de ses caractères. Faute de moyens de comparaison, par suite également d'un accident arrivé pendant l'extraction, on ne parvint pas à la lire correctement. Elle était ainsi conçue :

NVMINIB. AVGVSTOR.
DEO VOLKANO
M. GEMEL. SECVNDVS ET C. SEDAT. FLORVS
ACTOR. VICANOR. PORTENS. TRIBVNAL CM.
LOCIS EX STIPE CONLATA POSVERVNT.

Ce qui veut dire : « Aux divins empereurs et au Dieu » Vulcain, M. Gemellus Secundus et C. Sedatus Florus, » agents des habitants du quartier du port, ont bâti ce » tribunal et ses dépendances avec l'argent fourni par le » public. »

Au lieu de lire *Volkano*, Biré et tous les archéologues de son temps lurent *Voliano*. La haste du K très brève ayant été endommagée par un coup de pic, on prit cette lettre pour un I, d'où la lecture *Voliano* au lieu de *Volkano*. Plus loin, Biré, faute de rétablir l'abréviation habituelle entre les lettres CM attribuait au tribunal maritime de Nantes une juridiction de cent mille pas, au lieu de voir dans ces deux lettres la préposition *cum* régissant les mots suivants. Ces circonstances, surtout la première, suscitèrent la curiosité générale des archéologues et firent couler des flots d'encre.

M. de la Doucinière s'empara de cette inscription : il en fit sa chose. Il n'eut de cesse qu'elle ne fût transportée dans la basse galerie de la maison de ville où elle se trouve encore. Il y parvint avec l'appui du maire M. Harrouys. Les érudits du monde entier furent invités à l'expliquer : M. Boucaud, M. Mesnard, régent de la Faculté de droit de Poitiers; M. Rouillard, avocat à Paris, un Chartrain, y consacrèrent leurs veilles. Mgr de Bourgneuf, évêque de Nantes, M. Cohon, son scholastique, régent du collège

Saint-Jean, écrivirent en Brabant à Juste Lipse, la lumière des latinistes du temps. Nul ne discerna sous le déguisement de *Volianus* l'époux de Vénus, le patron des maîtres de forges. Le savant professeur de Louvain suggéra que *Volianus* pourrait bien être une divinité locale, un dieu nantais oublié. Cette réflexion combla de joie M. Biré, elle cadrait avec ses propres vues : Juste Lipse fut à ses yeux l'aigle des savants. Dès lors, il s'abandonna à son génie familier. « *In rebus incertis sola opus est divinatione* », telle fut sa devise, suivant un texte emprunté à Servius.

Il décomposa ce nom *Volianus :* il lui parut fait de deux mots hébraïques : *Vol* et *janus*. Le premier voulait dire *ancien*, le second désignait *le buveur de vin, le planteur de vigne*, l'antique Noë, d'où l'habitude des Nantais d'appeler *volier* l'humble cep qui décore leur maison. De là à prétendre que Nantes avait été fondé par le patriarche Noë, en personne, lors de son second voyage autour du monde, que de Noë sont sortis les Bretons, les Gaulois et les habitants de la Grande-Bretagne, il n'y avait qu'un pas, il fut vite franchi. Le temple de *Volianus* consacrait le souvenir du grand Patriarche que nos ancêtres honoraient d'un culte parfaitement légitime que n'entachait aucune idolâtrie. Il était le centre religieux des Druides, ils y avaient leur université.

Voit-on la conclusion de toutes ces belles trouvailles? Nantes est la première ville de Bretagne, la plus ancienne de France et même d'Europe, son université, la plus antique des Gaules, la Bretagne la plus noble des contrées. Je ne suivrai pas Biré dans ce rôle de distributeur de la gloire bretonne. Il ne la réserve pas uniquement à Nantes. Chassés de cette ville par Jules César, les Druides transportèrent leurs dieux, sur l'avis des Etats provinciaux, à Vannes d'abord, puis menacés de nouveau par la flotte romaine, à Rennes où l'on retrouve le souvenir de leur dernier asile dans le petit sanctuaire des *Yeux Bieux*.

autrement dit les *Anciens Dieux*. Pour preuves de ses assertions, Biré alléguait l'hébreu, le grec, le breton, trois langues primitivement parlées à Nantes. L'hébreu et le breton étaient même si proches parents qu'on retrouvait en l'un et l'autre les mêmes racines. Il n'est pas jusqu'au P. Anastase, un capucin, censeur des publications de Biré qui ne se porte garant de cette identité primitive chère aux cœurs des Bretons qui n'ont jamais étudié la langue de Moïse et d'Isaïe.

Biré n'était point un isolé. Ses élucubrations, en dépit de leurs bizarreries, ne lui étaient pas uniquement propres. Un moine italien du nom d'Annius avait bien avant lui soutenu l'identité du dieu Janus avec Noë; il avait même raconté qu'il était mort en Italie en revenant de son second voyage autour du monde. D'autres admettaient que Nantes, en breton *Nanneff*, avait été fondé par Noë, car son nom voulait dire *nef de Noë* et le vaisseau qui figurait dans ses armes n'était autre qu'un lointain souvenir de l'arche diluvienne. On trouve la trace de ces rêveries jusque dans la *Cosmographie de Munster*, éditée par Belleforêt. J'ai déjà dit comment de graves auteurs, comme Le Loyer d'Angers, s'adonnaient à de semblables recherches et dans leur enthousiasme pour Homère, renouvelé des scholiastes grecs, entendaient trouver dans les œuvres du chantre d'Achille et d'Ulysse l'origine de tous les peuples. Quand Biré se décida à faire imprimer ses rêveries après les avoir longtemps exprimées à qui voulait l'entendre, les meilleures têtes de Nantes, un archidiacre de la Mée, P. Couprie; un capucin, le P. Anastase; un oratorien, le principal du nouveau collège de Saint-Clément, n'y trouvèrent rien à redire, mais y virent, au contraire, « *plu-* » *sieurs choses rares et curieuses dignes d'estre cogneues* » *par tous ceux qui chérissent la gloire et l'honneur du* » *pays de Bretaigne* [1] ».

(2) Les rêveries de P. Biré furent longtemps en faveur à Nantes. En 1718, le 9 mars, le général des Monnaies de Nantes écrivait au Garde des Sceaux

Remarquons, toutefois, que tous les archéologues nantais n'acceptaient pas de telles billevesées. Celui qui leur donnait asile, Albert Padioleau, l'intime ami de Biré, n'hésitait pas à s'élever dans son *Histoire de Jérusalem* « contre les » fables, l'absurdité et l'imposture d'un bloc d'historiens » à la douzaine qui nous supposent deux voyages de Noë » tout autour du monde pour le voir, le montrer à ses » enfants et les y partager ». Le conseiller à la Cour des comptes avait pour le seconder un jeune oratorien de grand talent qui, lui aussi, avait son opinion sur le dieu Volianus. Mais qu'en pensait Albert Le Grand ? Il intervint dans cette question pour des motifs qui ne s'inspiraient en rien de la saine raison.

On sait quelle était sa préoccupation, tenir la balance égale entre les différentes villes de Bretagne : admettre les idées de M. de la Doucinière, c'était vraiment donner une part trop belle à Nantes ! N'en pas parler ? Il n'y pouvait songer, l'opinion savante ne lui eût pas pardonné son silence. Il eut une idée. Au retour d'un voyage en Bretagne, il apporta un grimoire « d'une fort vieille et ancienne escriture », dont on peut voir le principal extrait au début de son Catalogue des Evêques de Nantes, à l'article *Eumélius*. Dans ce texte, le dieu Volianus était appelé *Boulianus*, du breton *Boul* et du mot *Janus*. Le manuscrit offrait le dessin d'une médaille à l'effigie de cette étrange divinité. Elle présentait un Janus non plus *bifrons* mais *à trois faces* marquées de trois lettres grecques *Alpha*, *Nu* et *Oméga*, α, ν, ω, un pied sur la mer, un autre sur la terre, de la main droite tenant la foudre, de l'autre assemblant les nuages (3). Le texte décrivait le culte qui lui était rendu

à Paris, pour lui demander certaines mesures de précaution contre les incendies en faveur de l'Hôtel des Monnaies à Nantes : « Cette Monnoye qui est la première monnoye établie dans l'Europe selon Aletin le Martyr, Biré et autres auteurs..., mérite par cette raison et par le grand et beau travail qui s'y fait une considération particulière. » (Arch. de la Ville de Nantes, DD, 310).

(3) On peut voir un premier crayon de ce texte dans la vie de Saint-Clair.

à Nantes; il déclarait que son temple avait été détruit sous l'évêque Eumélius, le consulat de Probus, par ordre de Constantin. Il se terminait enfin, ô merveille! par l'inscription même conservée à la mairie nantaise, le nom de *Boulianus* était seul substitué à celui de *Volianus*. Après un solide coup d'encensoir à M. Biré « dont les doctes et » riches écrits étaient extrêmement désiréz du public », Albert Le Grand s'en prenait au panégyriste nantais. Il consentait à reconnaître que Janus était peut-être l'antique Noë et que le culte qui lui était rendu rappelait d'une façon lointaine les dogmes de la Trinité et de l'Incarnation, mais il déclarait qu'il n'était au fond qu'une grossière idole dont il fallait abattre le temple.

Le moins qu'on puisse dire de ce texte, c'est qu'il dépasse en extravagance les imaginations de Biré et prouve de la part d'Albert Le Grand une forte dose de naïveté ou d'inconscience. Chose curieuse, Biré, au lieu de rejeter purement et simplement un pareil texte dont le caractère apocryphe ne lui échappait point, accepta de le discuter avec l'historien des saints de Bretagne dans l'hôtel de M. Padioleau, en présence d'un chanoine de Nantes. La plus grosse part de l'*Episemasie ou Relation d'Aletin le Martyr* est consacrée à cette discussion. Frère Albert dut avoir bien chaud pendant cette longue séance, car il ne devait pas avoir l'âme tranquille!

Mais, je l'ai déjà dit, le président d'âge des archéologues nantais n'était plus suivi de ses collègues. M. Padioleau, leur hôte commun, avait nettement dit adieu aux fables nantaises de Noë. M. de la Doucinière le reprit avec douceur et lui montra que Melchisédech, roi de Jérusalem, ne pouvait être un Chananéen enveloppé dans la malédiction du patriarche, qu'il n'était autre que Sem en personne. Il se retourna ensuite contre un troisième adversaire, bien oublié depuis, mais digne d'un meilleur sort.

V

PIERRE BERTHAULT

Il y avait alors à Nantes, dans le jeune collège de l'Oratoire, un professeur remarquable, le Père Pierre Berthault. Il était originaire de Rugles près d'Evreux. Il avait enseigné la rhétorique à Marseille. Il fit d'abord à Nantes le cours d'histoire et de belles lettres, puis il fut envoyé à Troyes, d'où il revint à Nantes. Dans son ambition savante, il n'aspirait à rien moins qu'à devenir le Virgile et le Tite-Live de la France. Il publia d'abord, en 1629, à Nantes, chez Doriou, un poème latin sur la prise de Casal, dédié au cardinal de Richelieu, magnifique plaquette sur grand papier, ornée d'une splendide eau-forte. La jeunesse studieuse ne possédait encore aucun manuel d'histoire. Le P. Berthault se mit à l'œuvre, il composa à l'usage de ses élèves nantais deux résumés latins, l'un de l'histoire de la Gaule, l'autre de la France, qu'il décora du titre de *Florus Gallicus* et de *Florus Francicus*, en souvenir de l'abréviateur de Tite-Live. Il les dédia au cardinal de Richelieu, protecteur de l'Oratoire qui inscrivait alors tant de pages capitales dans les Annales de la France. Nul ne contestera le mérite des travaux du P. Berthault. Sans doute, ils ne répondent pas aux exigences de nos modernes professeurs, ils présentent l'histoire des batailles où parut le nom français, mais fruits d'immenses lectures (les marges de ces deux volumes sont bourrées de références), ils satisfont à tous les désirs des critiques modernes. Ce manuel eut un réel succès; il fut en usage pendant près de cinquante ans, belle carrière pour un livre d'écoliers ! Les Jésuites l'adoptèrent, le P. Paulin le recommanda à ses élèves du collège de Clermont à Paris. Un des auditeurs du

P. Berthault, à Nantes, le P. Lamy, en fit une traduction française qu'il publia sous son propre nom, sans même indiquer celui du véritable auteur.

Le jeune oratorien aspirait encore à d'autres gloires. Sur les conseils de M. de Bérulle et du P. de Condren, il avait entrepris un vaste ouvrage d'érudition intitulé : *De Ara, de l'Autel*. Il le publia en 1635 chez Doriou. C'était une description de tous les genres d'autels en usage dans les diverses religions payenne, judaïque et chrétienne, composée à l'aide d'innombrables textes latins et grecs, dans le genre du *De Asse* de Budée, du *De re vestiaria* de Baïf, ces illustres savants de la Renaissance. Ses confrères de l'Oratoire et ses amis saluèrent l'apparition du nouveau livre de nombreux sonnets, parmi lesquels j'en signalerai deux, l'un de Gabriel Hulin de la Gaubretière, l'auteur du *Marcheton*, un voisin de Biré, et un autre d'Albert Le Grand, unique spécimen connu de la poésie française de ce dominicain.

Il est facile de voir en lisant son œuvre de quelle considération jouissait dans la société nantaise le jeune oratorien. Il avait pour amis des médecins, M. A. de Mello, des jurisconsultes, d'imposants chanoines : Vincent Charron, Sébastien Cohon. Pour honorer la cité qui lui donnait asile, il aborda, lui aussi, la fameuse question du dieu *Volianus*. Il le fit avec circonspection. Il ne voulut pas reconnaître en lui Vulcain quoiqu'on lui soufflât cette lecture. Plusieurs avaient déjà remarqué le coup de pic qui avait mutilé la haste du K. Il est des rêves qu'il faut savoir ne pas dissiper trop brutalement. Il était religieux et étranger, double motif pour ne pas froisser les opinions courantes. Il s'inclina donc devant *Volianus*, mais il refusa de saluer en lui l'antique Noë. Il écarta l'opinion de ceux qui voyaient en lui Mercure en dépit des girouettes en forme de mains enlacées qu'ils alléguaient à l'appui de leur hypothèse. Les Nantais les arboraient sur leurs toits comme le symbole de la confiance qui doit régner entre gens qui vivent sous la tutelle du dieu des commerçants. Invoquant l'autorité d'Ausone et de Tertullien, Berthault salua en *Volianus* l'Apollon gaulois *Belenus*. Il proposait cette explication destinée à ménager l'amour-propre des tenants de *Volianus* et de *Boulianus*. Peine perdue, Biré lui démontra, clair comme le jour, à l'aide du Chaldéen Bérose, ses confusions au sujet de Bélenus.

Pierre Berthault avait assisté aux conférences des savants nantais. Il envisagea leur inscription sous un nouvel aspect. Il voulut en fixer la date. Quels étaient les deux Auguste à la divinité desquels était dédié le tribunal? Les uns proposaient les noms d'Arcadius et d'Honorius, fils de Théodose, à l'époque de l'invasion franque. D'autres avançaient les noms de Caracalla et de Géta, fils de Sévère. Le P. Berthault écarta ces deux hypothèses, il en proposa une troisième, l'époque de Dioclétien et de Maximin, l'un se faisait appeler Jupiter, l'autre Hercule. Il voyait dans l'inscription une relique contemporaine de la dernière persécution, du martyre de saint Donatien et de saint Rogatien. Il saisissait cette occasion pour proclamer son affection à l'égard de Nantes et remercier les Nantais de leur sympathie à son égard.

VI

VINCENT CHARRON

Cette fois, j'en ai fini avec *Volianus*, mais non pas avec Biré et Albert Le Grand.

Dans la mémorable séance dont j'essaie de rappeler les péripéties se trouvait à côté du patriarche des archéologues nantais un chanoine fort animé, très désireux d'entrer en lice. Aletin Le Martyr ne nous a pas dit son nom, mais l'ardeur avec laquelle cet ecclésiastique incite Biré à relever les erreurs du Jacobin de Morlaix montre que lui aussi s'intéressait à l'histoire. Ce chanoine, il est facile de le découvrir, c'est Vincent Charron, autre type curieux du savant de province à cette époque.

Vincent Charron est un fils de la cathédrale de Nantes; il a vécu à son ombre et de sa vie: tour à tour choriste, chapelain, puis chanoine, il fut pendant sa carrière l'homme de la tradition nantaise qu'il avait étudiée à ses meilleures sources dans le trésor à peu près intact de ses archives. Vers 1636, c'était à Nantes une grosse autorité religieuse et scientifique. Homme de piété, il allait de communauté en communauté porter l'édification de sa parole. Il aimait à l'appuyer d'exemples cueillis dans la forêt touffue des légendes hagiographiques. Il n'était pas de ces chanoines au luxe excessif dont les calottes de marocain excitaient l'indignation d'Albert Le Grand. Quand Mgr de Cospéan partit de Nantes pour aller à la cour, il lui confia le soin de ses chères Calvairiennes.

Vincent Charron nous a laissé quelques preuves de son savoir historique. Il a rédigé sous forme d'éphémérides l'histoire des papes et celle des évêques de Nantes. Il a, en outre, compilé un énorme *Calendrier Historial en l'honneur de la Vierge Marie* imprimé chez Doriou. Sous la rubrique des trois cent soixante-cinq jours de l'année, il a patiemment épinglé près de trois mille historiettes en l'honneur de la Mère de Dieu, empruntées à toutes les sources : vies des saints, histoires des couvents, révélations de mystiques, recueils de miracles. Inutile de dire qu'un tel assemblage fait plus d'honneur à la piété du bon chanoine qu'à son discernement critique. Nul n'a songé à le réimprimer : des auteurs facétieux y cueilleraient à pleines mains trop de traits susceptibles d'éveiller les sourires. Une œuvre toutefois fait plus d'honneur à son érudition : il a rédigé le Propre du Bréviaire nantais édité sous Mgr de Bourgneuf.

Albert Le Grand et Vincent Charron étaient frères par le talent littéraire et la crédulité. On pourrait cueillir dans leurs recueils des bouquets de fleurs narratives aussi dignes d'être exposées à l'admiration des lecteurs que des émaux de Limoges. Dans leur amitié, ils s'étaient communiqué les fruits de leurs recherches. Vincent Charron avait ouvert ses dossiers sur les évêques et les saints nantais à frère Albert; en retour, il en avait reçu force renseignements sur les miracles opérés par Notre-Dame de Bonne-Nouvelle, à Rennes. Voilà pourquoi Vincent Charron n'est pas nommé parmi les contradicteurs du Jacobin de Morlaix. Il ne pouvait décemment prendre en public parti contre lui. Mais son amour pour Nantes, plus fort que son amitié, le portait à soutenir Biré. Ce dernier, d'ailleurs, a fait au *Calendrier Historial de la Vierge Marie* l'honneur de le favoriser d'un sonnet signé : « *Le recteur de Bretaigne* ». D'un autre côté, l'amour-propre d'auteur que le camail canonial n'éteint pas toujours, faisait peut-être croire à maître Vincent que frère Albert en lui empruntant les plus précieux détails de ses œuvres les avait gâtés en les enchâssant dans les scories des dynasties bretonnes.

Il attira donc les yeux de Biré sur une faveur faite à tort à la ville de Rennes par Albert Le Grand : celui-ci avait cru bon d'allonger le catalogue des évêques Rennais. Les annalistes, ses prédécesseurs, d'Argentré, du Paz avaient placé à leur tête Modéranus qui vivait l'an 388; les premiers auteurs de la *Gallia Christiana*, Chenu, Cl. Robert les avaient suivis. C'était trop peu pour cet âge assoiffé d'antiquité ! Afin de rehausser le prestige de la capitale bretonne, pour se faire pardonner le tort de ne lui avoir donné que le quatrième rang dans son œuvre, Albert Le Grand fit précéder Modéranus de huit autres noms d'évêques, dont trois décorés du titre de saints. Le premier n'était autre que saint Maximin, disciple de saint Philippe, compagnon de saint Lazare et de Marie Madeleine; le même esquif miraculeux qui conduisit sur les côtes de Provence les amis du Christ y conduisit également l'évêque de Rennes. Le mérite de saint Clair, disciple de saint Lin, même porteur du clou de la croix de saint Pierre était bien éclipsé en présence d'un tel personnage !

Les noms de Maximin et des sept évêques, ses successeurs, parurent aussitôt fort suspects aux yeux des Nantais. Albert Le Grand ne les avait cependant pas inventés. Du Paz, son confrère, qu'il était allé voir dans son exil, à Quimperlé, les lui avait communiqués. Mais le flair aiguisé du vieux dominicain avait deviné le caractère apocryphe de cette liste; il l'avait écartée. Albert Le Grand l'ayant de nouveau reçue d'un chanoine de Rennes, qui lui-même l'avait trouvée dans les papiers de son oncle, il n'en fallut pas davantage pour qu'il en fît état. Biré reconnut sans peine l'erreur de son adversaire. Les habitudes qu'il avait de la procédure, le chauvinisme aidant, lui permirent de relever cette atteinte à l'honneur de la cité nantaise.

S'il eût poussé plus loin ses recherches, il lui eût été facile de relever bien d'autres inventions ou bévues, sorties de la plume inconsidérée de l'imaginatif dominicain. Mais il n'avait rien d'un dénicheur de saints. Il ne dénonça même pas le frauduleux diptyque des évêques de Lexobie, successeurs de Drennalus, disciple de saint Joseph d'Arimathie, l'église mère de Tréguier. Ce Catalogue était cependant apparenté à la fameuse *Descriptio utriusque Britannie* de Conrad de Salisbury dont le caractère plus que douteux ne lui avait point échappé.

On a reproché aux derniers éditeurs d'Albert Le Grand de ne pas en avoir donné une édition critique : reproche inutile, ce travail est au-dessus des forces humaines. Il faut prendre cet auteur tel qu'il est, c'est un conteur, nullement un historien. Il faut le lire pour connaître l'âme poétique et religieuse de la Bretagne au début du XVIIe siècle. D'autre part, tout déprécié qu'il soit comme historien,

Albert Le Grand s'impose à tous ceux qui étudient le passé de la Bretagne. Il a beaucoup vu, il a beaucoup retenu, nul n'a parcouru avec tant d'affection les chemins défoncés de la province. On trouve dans son œuvre de véritables paillettes d'or, ainsi s'exprime le janséniste Travers à son endroit. Hélas ! pourquoi les a-t-il noyées au milieu de tant de sable inutile ? Cas typique dans nos Annales littéraires bretonnes : le plus déprécié de nos historiens est encore celui qui a conservé le plus d'amis ! Aucun autre n'a trouvé tant de rééditeurs, trois siècles après sa mort. Or, c'est avoir des amis que de trouver des éditeurs.

Je pourrais encore tracer, en me jouant, la silhouette de bien d'autres Nantais amis du petit cénacle de l'hôtel Padioleau : Mgr Cospéan, Jacques Bridon de l'Auberdière, auteur d'une histoire manuscrite de Bretagne; M. Christophe Juchault du Blotereau, poète à ses heures, ami des Pères du Paz et Albert Le Grand, auteur d'une histoire de Nantes dont le manuscrit ne saurait être à jamais perdu; M. Poulain du Housseau, un poète jurisconsulte; M. Gabriel Hullin, un autre légiste, les pères du Clercq et Lecointe de l'Oratoire, poètes et historiens tour à tour. Mais il est temps d'arrêter cette étude qu'on ne saurait parcourir qu'un jour de pluie. Ma plume serait incapable de rajeunir tant de gloires effacées.

De ces pages qu'on me permette de tirer quelques conclusions. Pour écrire l'histoire, il ne suffit pas d'aimer son pays, il faut savoir choisir entre les documents qui prétendent raconter son passé. Choisir, c'est aussi comprendre. S'il suffisait d'aimer son pays et de lire, Biré et Albert Le Grand seraient certainement au nombre des grands historiens de la Bretagne. Ils en sont exclus, au contraire, d'un jugement unanime et sans appel. Ils n'ont su ni choisir, ni comprendre. Ils ont suivi les travers de leur époque faute de savoir s'élever au-dessus d'elle. A côté d'eux, Padioleau et le P. Berthault font presque figure de modernes. Ils ne sont pas parfaits, mais ils ont un grand mérite : ils savent user d'un document et s'y tenir. Ils étaient dans la bonne voie; il leur a manqué d'y accomplir un plus grand nombre de pas. Il était réservé aux Bénédictins de progresser vigoureusement dans la voie qu'ils avaient ouverte.

Une seconde observation s'impose. Parmi les causes d'erreur, le chancelier Bacon en a désigné une sous le nom typique d'*idola tribus*, le chauvinisme, l'amour de la patrie mal compris. Nos ancêtres nantais et bretons n'ont pas su s'en préserver. Ils ont sacrifié sans mesure à cette idole. Aujourd'hui, elle n'a plus de prestige, nous sommes tous réunis par le même culte de la vérité historique. Il faut s'en réjouir. La *Société d'Histoire et d'Archéologie de Bretagne* est dans la bonne voie. Elle étudie le passé sans parti pris, elle veut le faire revivre à la lumière des documents afin de le saisir dans sa réalité complexe, physique et morale. Elle unit dans un même amour la Bretagne et la France, chacune à sa place dans leurs rapports mutuels. Il n'y a pas trop de Rennes et de Nantes, de Dol et de Morlaix, de toutes les villes bretonnes pour embellir et servir la petite et la grande patrie.

A. Bourdeaut.

VOYAGE

DE

MIGNOT DE MONTIGNY

DE L'ACADÉMIE DES SCIENCES

EN BRETAGNE

1752

INTRODUCTION

I

DE QUELQUES ANCIENNES RELATIONS DE VOYAGE EN BRETAGNE

« La Bretagne est une médaille précieuse à consulter, écrivait Cambry en 1794 dans son célèbre *Voyage dans le Finistère* ; aucun bouleversement, aucune conquête, de mémoire d'homme, n'a pu changer ses idées, ses mœurs et ses coutumes ». Avant le XIXe siècle, peu d'écrivains essayèrent de décrire cette « médaille ». Les Bénédictins de Saint-Maur et quelques érudits écrivirent l'histoire de la Bretagne, mais l'aspect de la province, les coutumes et les mœurs de ses habitants n'intéressaient personne. La Bretagne fut plus rarement visitée et décrite que la plupart des autres provinces françaises. Les voyageurs qui descendaient la vallée de la Loire s'arrêtaient à Nantes ; ceux qui parcouraient la Normandie et visitaient le Mont Saint-Michel franchissaient le Couesnon pour aller voir Saint-Malo; mais généralement les uns et les autres ne poussaient pas plus loin leurs pérégrinations dans un pays que le mauvais état des routes et l'insuffisance des gîtes rendaient peu attrayant.

Les voyageurs furent peu nombreux : les relations de voyage sont par conséquent très rares ; elles doivent être recherchées et étudiées, du moins lorsqu'elles sont l'œuvre d'écrivains attentifs et suffisamment informés. Est-il besoin d'insister sur l'intérêt que présente le témoignage de voyageurs tels que Jouvin de Rochefort ou Young qui avaient paricouru d'autres régions de la France et qui ont su reconnaître les particularités, les traits vraiment caractéristiques de la Bretagne ? Si l'auteur est un breton, son œuvre est également pleine d'intérêt, car on peut y trouver des renseignements précis et l'on y discerne le sentiment que l'auteur et ses contemporains avaient de l'état de leur pays, de ses avantages ou de ses inconvénients.

Il convient toutefois de remarquer que les relations et les descriptions d'autrefois présentent toutes certains défauts. Les voyageurs ont cru la Bretagne plus pauvre qu'elle ne l'était en réalité : c'est une erreur que commettent encore de nombreux touristes de notre époque, fâcheusement impressionnés par les landes monotones que traverse la ligne sud de Bretagne entre Questembert et Hennebont. Cambry protestait déjà contre ce dédain pour sa province d'adoption. « Ceux qui traversent la Bretagne (car personne, je crois, n'y voyagea pour l'étudier ou par curiosité), ne se doutent ni de sa fécondité, ni de sa population : les landes immenses qu'ils aperçoivent ne leur donnent que des idées de sécheresse, de misère ou d'aridité. Les maisons cachées derrière les fossés, dans des fouillis d'arbres et de buissons, toujours dans les lieux les plus bas pour que les eaux se rassemblent auprès d'elles et servent à la putréfaction des pailles, des landes, des genêts dont ils font leurs fumiers, ne sont aperçus que des chasseurs... ».

Ce n'est pas tout : nos rares visiteurs des siècles passés furent complètement insensibles à la beauté des sites, à l'originalité de la population, aux coutumes, aux monuments anciens... en somme à tout ce qui fait pour nos contemporains le charme et la beauté de la Bretagne. A peine peut-on citer trois écrivains qui ne furent pas atteints de cette insensibilité : Mme de Sévigné qui a exprimé en quelques phrases charmantes la beauté des rives de la Loire ou le charme sévère des bois des Rochers ; Bernardin de Saint-Pierre qui décrivit en deux pages magnifiques le port de Lorient et les couraux de Groix; Cambry qui « découvrit » en 1794 tous les sites gracieux ou grandioses du Finistère.

Cette incompréhension de la nature, qui chez beaucoup d'auteurs antérieurs à Jean-Jacques Rousseau et à Bernardin de Saint-Pierre était plutôt l'inhabileté à décrire des paysages, diminue l'intérêt de leurs œuvres. Par contre, on doit leur reconnaître un mérite qui manque à une bonne partie des innombrables impressions de voyage en Bretagne publiées au XIXe et au XXe siècle : elles sont vraies et personnelles ; elles n'ont rien de « livresque », l'auteur n'est pas dominé par le souvenir de lectures antérieures. Peu d'écrivains contemporains ont assez d'originalité et de personnalité pour ne pas rééditer les types désormais immuables de la Bretagne et des bretons, tels que les ont établis nos romanciers, nos peintres, nos poètes et nos bardes (1). Mais avant le XIXe siècle, on avait très peu de livres traitant de la Bretagne, et il n'en existait aucun qui prétendît expliquer le caractère breton. Les voyageurs qui rédigeaient leur journal connaissaient tout au plus le *Mémoire sur la Généralité de Bretagne* de Nointel ou la *Description de la France* de Piganiol de la Force : ce sont leurs propres sentiments,

(1) Certains aspects de la vie bretonne et certains traits du caractère breton ont été ignorés, ou bien dissimulés, par les écrivains contemporains. On doit citer comme une brillante exception la *Chanson du Cidre*, de Frédéric LE GUYADER, œuvre littéraire charmante qui est aussi un véritable document historique. L'auteur décrit, en effet, la Basse-Bretagne joyeuse et plaisante et la gaîté, parfois un peu grosse, de nos paysans. Les historiens de l'avenir qui se donneront le plaisir de lire la *Chanson du Cidre* sauront que le Finistère n'était pas exclusivement peuplé au XIXe siècle de paysans mélancoliques et rêveurs, mais que la vie des campagnes avait de très joyeuses journées.

leurs impressions plus ou moins intéressantes qu'ils ont notés avec plus ou moins de bonheur.

Descriptions et relations sont de valeurs très diverses et ne présentent pas toutes un égal intérêt. En tous les temps, il y eut des voyageurs ignorants ou superficiels qui notaient seulement des remarques sur l'état des routes et des auberges; d'autres étaient curieux et observateurs et savaient saisir les traits intéressants ou les détails instructifs; d'autres encore étaient en quelque sorte des « spécialistes » qui voyageaient dans un but déterminé : commerce, travaux militaires, enquête administrative... A cette catégorie appartenait le savant Mignot de Montigny dont nous publions la Relation de voyage ; comme beaucoup d'autres « spécialistes », il a eu le bon esprit de noter quelques renseignements sur des questions qui ne rentraient pas dans le cadre de sa mission.

En se plaçant à un autre point de vue, on pourrait distinguer les voyageurs qui sont animés d'un esprit hostile à l'égard du pays qu'ils visitent et ceux que pousse une bienveillante curiosité. L'hostilité peut s'expliquer par le sentiment national — par exemple chez des chroniqueurs du moyen âge appartenant à des nations en lutte contre la Bretagne, — ou par le caractère de l'auteur. Les remarques malveillantes qui abondent dans certains écrits, tels que le rapport du trésorier J.-B. Babin ou les mémoires de la Baronne d'Oberkirck, ne doivent être considérés que comme des témoignages répétés du fâcheux état d'esprit de l'écrivain.

Il faut bien reconnaître qu'en Bretagne, la patience du voyageur était mise à de rudes épreuves. Mignot de Montigny mit quatorze heures pour faire sept lieues par une route difficile et dangereuse ; on doit lui pardonner d'avoir consacré à la Cornouaille quelques lignes acerbes. Mme Cradock, logée dans un grand hôtel de Nantes, passa ses nuits à lutter contre d'affreux insectes : il faut la louer d'avoir conservé de Nantes un souvenir agréable et d'avoir noté quelques traits charmants de la traditionnelle affabilité nantaise [2]. Au XVIIIe siècle, les voyageurs en Bretagne pouvaient craindre d'être dévalisés par des brigands. Le P. Toussaint de Saint-Luc signale ce danger en 1664 ; Jouvin de Rochefort vers 1672 fut attaqué près de Guingamp ; il réussit à mettre un de ses agresseurs hors de combat mais il s'empressa de prendre la fuite dans la crainte d'avoir affaire aux gens de justice presqu'aussi redoutés que les brigands. Au XVIIIe siècle, les routes étaient sûres mais elles étaient souvent impraticables ; ce n'est que dans les relations de voyage postérieures aux grands travaux ordonnés par le duc d'Aiguillon, telles que la relation de Desjobert, que l'on trouve quelques éloges des grands chemins de Bretagne.

Mais les écrivains qui surent rester justes et porter sur les Bretons un jugement bienveillant sont heureusement assez nombreux. Le premier voyageur qui ait consigné par écrit ses impressions est peut-être le trouvère normand Wace ; doué d'un esprit curieux, mais en la circonstance un peu naïf, il voulut voir la forêt de Brocéliande et la fontaine de Barenton tant célébrées dans les Romans de la Table Ronde ; il vit la forêt et la fontaine mais ne fut témoin d'aucun prodige. Les vers dans lesquels il avoue sa déception sont exempts d'amertume :

> La allai-je merveilles querre (*chercher*).
> Vis la forest et vis la terre,
> Merveilles quis (*cherchai*), mais ne trovai ;
> « ... Fol y allai, fol m'en revins
> Folie quis, pour fol me tins » (*tiens*).

(2) Mme CRADOCK a consigné dans son *Journal* les détails les plus précis que nous reproduisons « à titre de document » ; le 25 août on tua dans son lit 64 punaises ; le 26, près de 400 ; le 30 août, 140.

Il est bien rare que la Bretagne ait donné des déceptions à ses visiteurs. A l'époque même où écrivait Wace (XIIe siècle), l'arabe Edrisi énumérait tous ses meilleurs ports et vantait sa fertilité, mais il était moins élogieux en ce qui concerne les habitants. Gilles Le Bouvier, dit le héraut Berri, au XVe siècle, le navigateur Jean Fonteneau, dit Alphonse de Xaintonge, au XVIe, ont noté avec une remarquable précision les traits caractéristiques du pays où l'on trouve « grant foison de ports de mer, grant foison de bœufs et vaches et de bons petits chevaux, grans landes et foretz et petites rivières... ; les habitants font moult de bœurre qu'ils vendent aux estranges pais... (Il y a) de fortes gens et bons lutteurs... et sont bonnes gens de mer. Et ces gens sont rudes gens et grans plaideux » (Gilles Le Bouvier). « La Basse Bretagne est une nation de gens sur soy et n'ont amitié à aultres nulles nations. Sont gens de grant peine et travail. La terre est quelque peu montagneuse et est fertille de bled et de bestial... Cette nation de gens, par la plus grande part, sont petites gens trappuz et fortz, et adonnés à travail et peine, mesmement à l'art marin... » (Alfonse de Xaintonge) [3].

Mais devant nous borner à présenter le Journal d'un économiste du XVIIIe siècle, nous rappellerons seulement aujourd'hui les principales relations qui font connaître l'état de la Bretagne à cette époque et pendant le siècle précédent.

Le comte de Souvigny a narré les déplacements de son régiment en 1626 et 1627 de Saint-Aubin-du-Cormier à

(3) Le texte d'Edrisi a été reproduit d'après la traduction d'Amédée Jaubert (Paris, 1840) dans *Géographie ancienne de la Bretagne*, par J. TRÉVÉDY (*Bull. de la Soc. d'Emulation des Côtes-du-Nord*, 1896). Le texte est tronqué dans l'*Histoire de Bretagne* (t. III, 148-151) de A. DE LA BORDERIE, qui a supprimé les reproches peu graves adressés aux Bretons, mais surtout certaines histoires fantastiques qui diminuent la valeur du témoignage du géographe arabe. — Georges MUSSET, *La cosmographie..., par Jean Fonteneau dit Alfonse de Saintonge*, Paris, 1904, in-8°, p. 155, 160.

Morlaix, à Brest et à Auray ; il a décrit les parties de chasse des gentilshommes du Léon; il a révélé aussi les intrigues relatives au gouvernement de Brest et les pratiques des naufrageurs du Conquet [(4)].

François-René Baudot, seigneur du Buisson et d'Ambenay, parcourut la Bretagne à la fin de l'année 1636. Ce gentilhomme normand était officier, diplomate, ingénieur, archéologue, naturaliste : peu de branches du savoir humain lui étaient étrangères, mais, en Bretagne, il s'intéressa surtout aux monuments anciens. Son *Itinéraire* est un document de premier ordre, trop connu des archéologues et des historiens bretons pour qu'il soit utle d'en faire l'éloge [(5)].

Le Père Toussaint de Saint-Luc a essayé de faire connaître l'état de sa province natale en 1664 : trop laudatif en ce qui concerne le commerce maritime et les ports qui tous, même les plus infimes, auraient été peuplés de riches marchands, il est au contraire beaucoup trop pessimiste lorsqu'il écrit qu'un dixième seulement des terres peut être mis en culture [(6)].

En 1665, le conseiller d'Etat Charles Colbert fut chargé par son cousin, l'illustre ministre, de faire une enquête sur l'état des juridictions, du commerce, des ports, des bénéfices ecclésiastiques, de la valeur morale et de la fortune de la noblesse locale. Le programme était vaste : le voyage fut très rapide. En quatre ou cinq semaines, Colbert fit le tour de la province, s'arrêtant un jour, ou quelques heures seulement, dans les principales villes, recueillant les notes que lui remettaient des informateurs inconnus. Son rapport est

(4) *Mémoires du comte de Souvigny, lieutenant général des armées du Roi*, publ. par la Soc. de l'Histoire de France, par le Baron DE CONTENSON, Paris, 1906, in-8°, t. I, p. 145-159.

(5) *Dubuisson-Aubenay. Itinéraire de Bretagne en 1636* publ. pour la Soc. des Bibliophiles bretons, par Léon MAÎTRE et P. DE BERTHOU, Nantes, 1898 et 1902, 2 vol. in-4°.

(6) *Recherches générales de la Bretagne gauloise*, Paris, 1664, in-18. Cet ouvrage a été réédité à Saint-Brieuc en 1880 en même temps que l'histoire de Conan Mériadec à laquelle il fait suite.

plein de renseignements curieux [7], mais on doit regretter que plusieurs historiens aient choisi pour faire connaître les mœurs de la noblesse de Bretagne, le chapitre consacré au pays de Dol. Dans cette ville, le conseiller reçut les confidences d'un anonyme qui était en difficulté avec tous les gentilshommes des environs, probablement à l'occasion d'empiètements commis par des juges seigneuriaux ; il se vengea en les accusant de tous les crimes et de tous les vices. Dans les autres villes, les renseignements recueillis furent moins défavorables : il n'y a aucune raison de penser que la noblesse doloise fût dans un état moral inférieur à celui des évêchés voisins.

Dès 1663, J.-B. Babin, trésorier de France et général des finances de Sa Majesté en Bretagne, avait envoyé à C. Colbert un mémoire renfermant des renseignements administratifs d'un grand intérêt, mais l'auteur a exercé sa verve aux dépens de ses administrés. Il est très sévère, très mal disposé pour les bretons et même pour les bretonnes : (« à Vannes, les femmes n'ont pas communément ce picqueron qui touche et qui émeut; aussi s'attache-t-on moins à les cajoler qu'à vider des bouteilles »). Son rapport ne peut guère être considéré que comme une diatribe, d'ailleurs amusante. Babin était un prosateur agréable; on a publié un sonnet signé de lui qui nous le révèle comme un bon poète [8].

Le P.. Alexandre, religieux carme de Rennes, était un versificateur bien médiocre; il a raconté un peu longuement mais avec une aimable naïveté les péripéties d'un voyage en Basse Bretagne en 1669, sa visite de l'arsenal de Brest,

(7) Ce rapport inédit est conservé à la Bibliothèque nationale, dép. des Manuscrits, n° 291 des Cinq Cents de Colbert.

(8) Le mémoire conservé à la Bibliothèque nationale (Mss. 6 des 500 de Colbert, f°s 38-47) a été analysé par S. Canal, *La Bretagne au début du gouvernement personnel de Louis XIV* (*Annales de Bretagne*, t. XXII, 1907, p. 393-401). Cf. *Anthologie des poètes bretons au XVIIe siècle*, par S. Halgan, O. de Gourcuff, etc. (publication des Bibliophiles bretons), Nantes, 1884, in-4°, p. 117, 157, 168, et Kerviler. *Bio-bibliographie bretonne*, t. II, p. 7.

son pèlerinage au pardon de Kerdevot et ses séjours dans divers couvents et dans des maisons amies [9].

Albert Jouvin de Rochefort était un intrépide voyageur; les pages consacrées à la Bretagne qu'il a publiées en 1672 dans *le Voyageur d'Europe* mériteraient d'être réédités. C'est la plus intéressante relation et surtout la plus complète que nous connaissons pour le XVIIe siècle [10]. Les descriptions de Rennes, de Dol et de Saint-Malo en 1691 remplissent quelques pages des Mémoires du janséniste Thomas du Fossé, voyageur plus intelligent et plus instruit que Jouvin, mais d'humeur sévère et même grondeuse [11]. M. de Herbais de la Hamaide, élève des jésuites de La Flèche, fit le tour de Bretagne en 1699 sous la conduite de l'un de ses maîtres ; il admira docilement les églises des maisons de la Compagnie à Rennes, à Quimper et à Vannes et nota quelques menues anecdotes [12].

Le maréchal de Vauban inspecta à plusieurs reprises les travaux des fortifications de Saint-Malo, de Brest et de Belle-Isle ; il organisa en 1694 la défense des abords de Brest. On doit lire avec attention ses lettres pleines d'observations, parfois sévères, sur le pays où l'appelait son service [13]. Est-il besoin de rappeler l'intérêt historique de nombreux passages des lettres de Mme de Sévigné. Qui ne

(9) Mss. original aux Arch. d'Ille-et-Vilaine, 1 HL : 47. — Les passages les plus intéressants ont été publiés par A. DE LA BORDERIE dans l'*Anthologie des poètes bretons au XVIIe siècle*, p. 265-271.

(10) Albert JOUVIN, de Rochefort, *Le voyageur d'Europe, où sont les voyages de France, d'Italie, d'Espagne*..., Paris, 1672, in-12, t. I, p. 196-221. — Les pages relatives à la Loire-Inférieure sont reproduites dans *Nantes ancien*..., par DUGAST-MATIFEUX, p. 166-178.

(11) *Mémoires de Pierre Thomas, sieur du Fossé*, publ. pour la Soc. de l'Histoire de la Normandie, par F. BOUQUET, Rouen, 1879, in-8°, t. III, p. 23-24; t. IV, p. 61-72.

(12) Voyage de Richelieu et de Bretagne..., mss. de la Biblioth. de Tours, publ. par le P. C. DE ROCHEMONTEIX, *Le Collège Henri IV de la Flèche*, Le Mans, 1889, in-8°, t. IV, p. 419-434.

(13) Quelques lettres de Vauban ont été reproduites par LEVOT (*Histoire de Brest*, t. II) et par G. TOUDOUZE (*La défense des côtes de Dunkerque à Bayonne au XVIIe siècle*, Paris, 1900, in-8°). — Cf. une lettre au maréchal de Chateaurenault publ. par DUGAST-MATIFEUX dans *Nantes ancien*..., p. 178.

connaît les portraits de la petite fermière de Bodégat et du jardinier Pilois, la description des fêtes de Rennes et des réunions des Etats, du château de la Seilleraye et des bois de Buron et des Rochers, ou bien encore la lettre dans laquelle l'épistolière peint avec une malice mêlée d'un peu d'attendrissement la gaucherie et la bonne volonté des jeunes soldats bretons ?

Béchamel de Nointel, dont Mme de Sévigné célébrait les « magnifiques repas en maigre » est surtout connu par la sauce qui porte son nom et qui fut, dit-on, inventée à Rennes, mais ce titre de gloire ne doit pas faire oublier le *Mémoire sur la généralité de Bretagne* qu'il présenta au duc de Bourgogne en 1698 en qualité d'intendant de la province. Le mémoire est une œuvre beaucoup plus complète et plus utile que les médiocres essais de Mercator et de B. d'Argentré. Bien qu'il renferme quelques erreurs surprenantes chez un auteur en situation d'être exactement informé, on doit regretter que, maintes fois copié au XVIIIe siècle [14], il n'ait jamais été imprimé; il a formé le fonds de tout ce qui a été écrit jusqu'à la Révolution sur l'organisation de la Bretagne, sur les villes, sur le commerce; il a été largement utilisé par le comte de Boulainvilliers dans son *Etat de la France...* (Tome V) et par Piganiol de la Force dans sa *Nouvelle description de la France* (1754, T. VIII). Le mémoire sur la Bretagne, rédigé en 1733 par l'un des successeurs de Nointel, l'intendant des Gallois de la Tour, est au contraire demeuré inconnu; de nos jours seulement on en a signalé l'intérêt [15].

(14) Des copies existent par exemple aux Archives d'Ille-et-Vilaine (F. 1004) et à la Bibliothèque de Saint-Malo (Mss. 8). L'exemplaire de la Bibliothèque de Rennes (Mss. 317) présente un caractère particulier : c'est une copie modifiée et mise au point, peut-être dans les bureaux de l'intendance, vers 1714.

(15) Bibl. nat., mss. français 8153. — Le Mémoire a fait l'objet des deux études suivantes : 1° C. de Calan, *La Bretagne agricole, industrielle et commerciale au début du XVIIIe siècle* (*Bull. de l'Assoc. Bretonne*, session de 1895, Saint-

Le bailli de Mirabeau, chargé d'inspecter les milices gardes-côtes, visita un grand nombre de villes et de paroisses du littoral à l'époque du voyage de Mignot de Montigny. On a publié de trop courts passages (16) des lettres qu'il écrivait à son frère « l'ami des hommes ». Le bailli remplit consciencieusement sa mission, mais il regarda, ou plutôt il étudia les bretons avec une sympathique attention. Sans méconnaître certains défauts, il loua leurs qualités : leur docilité, leur simplicité, leur attachement aux vieilles coutumes et traditions. Le comte de la Noue, inspecteur des gardes côtes en 1766, résuma ses observations sur chacune des capitaineries en quelques lignes qui paraissent exprimer très-exactement les caractères particuliers, souvent assez dissemblables des habitants de nos divers cantons côtiers (17).

Les honneurs de l'impression qui n'ont pas été accordés aux *Mémoires de Nointel* et de Des Gallois ont été également refusés à la magnifique *Description historique, topographique et naturelle de la Bretagne* achevée vers 1756 par Christophe-Paul de Robien, président à mortier au Parlement de Bretagne (18). Une étude très complète sur Nantes et quelques bonnes notices sur d'autres villes sont perdues dans le *Dictionnaire géographique, historique de*

Brieuc, 1896, p. 55-80); 2° H. Sée, *L'industrie et le commerce de la Bretagne dans la première moitié du XVIIIe siècle d'après le Mémoire de l'intendant Des Gallois de la Tour* (*Annales de Bretagne*, t. XXXV, 1922-1923, p. 187-208, 433-455). — Les chapitres correspondant au département actuel de la Loire-Inférieure ont été publiés par Dugast-Matifeux, *Nantes ancien et le pays nantais*, Nantes, 1879, in-8°, p. 228-237. L'auteur de *Nantes ancien...* a reproduit in extenso toutes les descriptions de Nantes depuis le Moyen Age jusqu'à la Révolution qu'il a pu découvrir.

(16) L. de Loménie, *Les Mirabeau; nouvelles études sur la Société française au XVIIIe siècle*, Paris, 1879, in-8°, t. I, p. 243-270. — Quelques-uns de ces passages sont reproduits dans l'introduction du t. III de l'*Inventaire sommaire* des Archives du Finistère, p. XLII, XLV à XLVIII.

(17) Publ. par C. de Calan, *Les milices garde-côtes de Bretagne* (*Rev. de Bretagne, de Vendée et d'Anjou*, t. VI, 1891, p. 459-471).

(18) Bibl. de Rennes, mss. 309-312. — Une copie partielle du texte, sans les planches, corrigée par l'auteur, existe aux Archives d'Ille-et-Vilaine (série F). — Un seul chapitre de la *Description*, concernant la pêche, a été publié (*Bull. de la Soc. polymathique du Morbihan*, 1887, p. 12-25).

la France d Expilly, publié en 1766 (19). Des articles assez bien faits sont consacrés aux villes dans les diverses *Etrennes* — étrennes bretonnes, étrennes nantaises, étrennes de Rennes, étrennes malouines — publiées pendant la seconde moitié du XVIIIe siècle. L'ingénieur Ogée eut le rare courage d'entreprendre une œuvre générale comprenant toutes les paroisses de la province. Le *Dictionnaire historique et géographique de Bretagne*, dédié à la nation bretonne, publié en quatre volumes in-folio de 1778 à 1780, fut jugé sévèrement par les représentants de la « Nation bretonne », par les Etats qui refusèrent une récompense à l'auteur. De nos jours, des érudits se sont fait une joie d'y relever des erreurs, joie facile, car les erreurs abondent dans ce vaste répertoire auquel collaborèrent des écrivains médiocres. Le *Dictionnaire* d'Ogée est cependant consulté quotidiennent; pour beaucoup de localités, par exemple Auray et Josselin, c'est le seul ouvrage où l'on puisse trouver le tableau des mœurs d'autrefois (20). Ogée donna aussi en 1768 une carte du comté nantais, en 1769, un *Atlas itinéraire* et en 1771 une carte de Bretagne que la belle carte de Cassini publiée à partir de 1784 a fait oublier (21).

Pendant le règne de Louis XVI, les voyageurs en Bretagne furent plus nombreux; quelques auteurs de mémoires ont raconté leurs séjours dans la province, le chevalier de Mautort, de 1778 à 1780, à Belle-Isle-en-Terre, à Brest, à Quimper et à Lorient; le duc des Cars, en 1780, à Lannion (22).

(19) Cette remarquable « Description de Nantes », par GRESLAN, HUBELOT et D..., est reproduite in extenso dans *Nantes ancien*..., par DUGAST-MATIFEUX, p. 349-585.

(20) On sait que le *Dictionnaire* d'OGÉE a été réédité à Rennes en 1843 en deux vol. in-8° sous la direction de Marteville, assisté de nombreux collaborateurs.

(21) L'*Atlas itinéraire* illustre très utilement les relations des voyageurs; l'auteur a marqué tous les relais et inscrit les curiosités, églises, châteaux... et potences, que l'on pouvait apercevoir de la route.

(22) *Mémoires du chevalier de Mautort..., 1752-1802*, publ. par le Baron TILLETTE DE CLERMONT-TONNERRE, Paris, 1895, in 8°. — *Mémoires du duc des Cars*, Paris, 1890, in-8°, t. I.

Ces récits attestent que nos plus petites villes suivaient l'exemple de Paris ; la vie de salon, le goût du théâtre étaient singulièrement développés. La description des réceptions mondaines et des salles de comédie et les appréciations sur les acteurs et les actrices occupent une place notable dans les très curieuses *Notes d'un voyage en Bretagne effectué en 1780 par Louis Desjobert* [23] et dans le *Journal* de Madame Cradock [24]. Cette anglaise vint à Nantes en 1785 après avoir visité Paris, Marseille, Toulouse, Bordeaux ; on regrette qu'elle n'ait pas poussé son long voyage jusqu'à l'extrémité du royaume. Ses observations sont souvent un peu futiles, mais elle savait noter de curieux détails négligés par des témoins plus graves. Elle n'avait pas l'aigreur de la baronne d'Oberkirck, compagne ennuyée du grand-duc et de la grande-duchesse Paul de Russie dans leur voyage de 1786 [25], ni l'esprit chagrin de Young (1789) toujours prêt à critiquer les usages ou les procédés contraires à ses opinions ou à ses théories [26].

Bien peu de temps après, l'ancien régime s'écroulait. Il ne restait rien de l'ancien duché ou de la province de Bretagne remplacée sur la carte de la République par cinq départements. Ce fut alors, en l'an VII, que par une contradiction singulière fut publié l'ouvrage qui appela pour la première fois l'attention sur la Bretagne d'autrefois et sur ses vieilles coutumes. L'auteur du *Voyage dans le Finistère ou état de ce département en 1794 et 1795* [27], le citoyen

(23) Publ. par le Marquis DE GROUCHY dans la *Revue de Bretagne* en 1909, p. 190 et 250, et en 1910, p. 38, 94, 143, 221 et 318.

(24) *Journal de Madame Cradock, voyage en France (1783-1786)*, traduit d'après le manuscrit original et inédit, par Mme O. Delphin-Balleyguier, Paris, s. d., in-12, p. 246-270.

(25) *Mémoires de la Baronne d'Oberkirch*, publ. par le Comte L. DE MONTBRIZON, s. d., in-18, t. I.

(26) Arthur YOUNG, *Voyages en France pendant les années 1787, 1788, 1789 et 1790*, traduit de l'anglais par F. S., Paris, 1793, in-8°, t. I.

(27) Publié à Paris en 3 vol. in-8° avec gravures du quimpérois Valentin représentant des paysans et des pêcheurs; réédité à Brest en 1835 par SOUVESTRE, en un vol. in-4°, et en 1836, par le Chevalier DE FRÉMINVILLE, en un vol. in-8°.

Cambry, n'était pas monarchiste : il manifestait même avec une certaine ostentation un dédain supérieur pour les traditions de l'ancien régime et pour les croyances chrétiennes, mais il aimait sincèrement son pays d'adoption, le Finistère, qu'il connaissait bien. C'est lui qui, le premier, a signalé ou décrit tant de sites inconnus et destinés à devenir célèbres : l'enfer de Plogoff et la pointe du Raz, Penmarch, Quimperlé et la vallée de la Laita, la cascade de Saint-Herbot, les bois du Huelgoat, la vallée de l'Elorn... ; il essaya aussi de révéler les coutumes et les croyances des paysans, voire même les principes de la langue bretonne. Son livre a eu une influence considérable, immédiate ou médiate, reconnue ou dissimulée, sur les écrivains qui, en un style meilleur, ont décrit la Basse Bretagne.

Le nom obscur de Cambry clot la liste des voyageurs en Basse Bretagne avant le XIXe siècle; la même liste pour la Haute Bretagne se termine par le nom de Chateaubriand. On a pu contester la véracité de ses récits de voyage et la fidélité de ses descriptions de l'Amérique, mais les monuments qui subsistent et les sites qui n'ont pas changé attestent qu'il a respecté ses souvenirs d'enfance. Après avoir raconté qu'il avait assisté à Combour aux courses de la quintaine, il ajoutait : « Je suis le dernier témoin des mœurs féodales ». Il fut aussi le dernier témoin de la vie d'autrefois dans les petites villes et dans les châteaux campagnards, à Plancoët et à Monchoix; avec un talent inouï, insoupçonné de tous les voyageurs que nous avons énumérés, il a fixé pour aussi longtemps que durera la langue française, les aspects anciens de Combour et de ses landes, de Dol et du marais planté de peupliers, de la route montueuse qui passe par Plesguen et l'abbaye du Tronchet, de Saint-Malo et de sa population affairée et bruyante.

II

ETIENNE MIGNOT DE MONTIGNY

Il ne faut pas chercher dans le *Voyage* de M. de Montigny des descriptions pittoresques, des traits de mœurs ou des récits anecdotiques ; l'auteur était un mathématicien et un chimiste et fut un des précurseurs de la chimie industrielle; il fut aussi le collaborateur dans l'administration des manufactures et du commerce de Denis-Charles Trudaine (1703-1769) et de son fils Jean-Charles-Philibert Trudaine de Montigny (1733-1777) avec lequel il peut être parfois confondu (28).

Ce savant est aujourd'hui bien oublié ; la *Biographie universelle* dite *Biographie Michaud*, vieille de plus d'un siècle, est le dernier dictionnaire qui ait cité son nom. La notice, que nous reproduisons en partie, est un résumé de l'*éloge* prononcé par Condorcet à l'Académie des Sciences (29).

Etienne Mignot de Montigny, trésorier de France, commissaire du Conseil au département des tailles, des Ponts et Chaussées, du commerce et du pavé de Paris, de l'Académie des Sciences, en 1740, associé étranger de l'Académie des Sciences et Belles-Lettres de Berlin, fils de Jean-François Mignot de Montigny, trésorier de France, et de Louise Gaillard, naquit à Paris le 15 décembre 1714. « Il annonça dès l'enfance un goût marqué pour la géométrie et la méca-

(28) Nous avons commis cette erreur dans l'*introduction* du t. III de l'*inventaire sommaire des Archives du Finistère*. — Mignot de Montigny et Trudaine de Montigny collaborèrent tous deux à l'administration du commerce; ils furent, l'un et l'autre, membres de l'Académie des Sciences, le premier en 1740, le deuxième en 1764. Daniel-Charles Trudaine (1703-1769), le père, fut parfois appelé, comme son fils, M. de Montigny; il fut reçu à l'Académie des Sciences en 1743.

(29) *Histoire de l'Académie des Sciences*..., *année 1782*, Paris, 1785, in-4°, p. 108-121. — Cet éloge a été reproduit dans les *Œuvres complètes* de CONDORCET, édition O'Connor, t. II, p. 580.

nique [30]. Le P. Tournefort essaya de l'attirer chez les Jésuites : mais sa famille n'y voulut jamais consentir. Au retour d'un voyage qu'il fit en Italie avec l'abbé de Ventadour, il donna, en 1741, le seul mémoire de mathématiques qu'il ait imprimé. Ce mémoire a pour objet de déterminer le mouvement d'une verge inflexible chargée d'un nombre quelconque de masses animées de vitesses aussi quelconques. Il résolut ce problème avec beaucoup d'élégance et de simplicité par une méthode qui lui appartenait.

« Trudaine, le père, l'associa à ses travaux en lui faisant accorder la place de commissaire du Conseil au département des tailles, des Ponts et Chaussées, du commerce et du pavé de Paris, Montigny contribua en cette qualité à l'établissement des manufactures de drap et de velours de coton, à l'introduction de l'usage des cylindres pour calandrer les étoffes, à la perfection de nos quincailleries et de nos fabriques de gaze. Il mit ses soins à perfectionner les teintures en fil et en coton, à rétablir les manufactures de Beauvais et d'Aubusson.

» En 1760, il fut envoyé en Franche-Comté pour dissiper les préjugés populaires contre le sel de Montmorot : il y réussit ; son travail à ce sujet se trouve dans les *Mémoires* de l'Académie de 1768. Il s'occupa de divers autres objets d'administration dans lesquels il fit paraître sa modération, son équité et l'esprit philosophique qui le caractérisait.

» Montigny mourut le 6 mai 1782, ayant fondé par son testament un prix dans l'Académie des Sciences pour une question de chimie immédiatement appliquable à la pratique des arts.

» Il a traduit en français l'exposition faite par La Bélye des méthodes qu'il a employées pour fonder les piles du pont de Westminster. Outre les mémoires qu'il a fournis

(30) Les paragraphes entre guillemets sont empruntés à la notice donnée par TABARAUD à la *Biographie universelle ancienne ou moderne*, Paris (Michaud), 1821, in-8°, t. XXIX, p. 585-586.

à la collection de l'Académie des Sciences, on cite de lui des *Instructions et avis aux habitans des provinces méridionales de la France sur la maladie putride et pestilentielle qui détruit le bétail*, 1775, in-8°, et une *Méthode à apprêter les cuirs et les peaux, telle qu'on la pratique à la Louisiane*. Ce dernier mémoire a été traduit en allemand... ».

L'*éloge* rédigé par Condorcet loue les qualités mondaines et l'esprit philosophique de Montigny ; il n'était pas marié et laissa sa fortune à ses nièces, la comtesse de Mellet et la comtesse de Sabran. Son cachet apposé sur le manuscrit 2840 de la Bibliothèque Mazarine, renfermant le texte du voyage en Bretagne, porte ses armes : *d'azur au chevron d'or surmonté d'une étoile d'argent et accompagné de deux grappes de raisin d'argent et en pointe d'une main senestre de même*. Ces armoiries sont les mêmes que celles du beau-frère de Voltaire, père de Madame Denis et de Alexandre Mignot, abbé de Sellières, qui tinrent une si grande place dans la vie de l'écrivain-philosophe.

Ainsi qu'il a été dit ci-dessus, Mignot de Montigny fut un des savants choisis par le gouvernement pour éclairer le Bureau du Commerce sur les questions qui présentaient un caractère scientifique [31] ; ce fut peut-être à ce titre qu'il fit, en 1752, un voyage d'études dans la vallée de la Loire et en Bretagne. Trudaine, directeur général du commerce, était à cette époque fort occupé d'une demande de concession des mines de Montrelais présentée par divers spéculateurs [32] : on peut supposer qu'en outre de l'enquête officielle confiée à un agent de l'administration des mines, Mathieu, il chargea le savant Montigny d'une enquête officieuse. On a vu qu'à plusieurs reprises, le Directeur du

(31) *Archives nationales. Conseil de commerce et Bureau du commerce... Inventaire analytique... Introduction*, par Eugène LELONG, Paris, 1900, in-4°, p. XXVIII. — CONDORCET, *Eloge...*, p. 111, 117.

(32) Arch. d'Ille-et-Vilaine, C. 1493. Le 13 octobre 1752, quelques jours après le passage de notre voyageur à Montrelais, Trudaine père, par une lettre datée de Montigny (près Provins), demandait à l'intendant de lui envoyer des échantillons du charbon de la mine qu'il voulait faire analyser.

Commerce eut recours à ses services pour des questions très diverses : manufactures de drap ou de tapisserie et Salines de Franche-Comté.

Le manuscrit qui renferme le récit des voyages et plusieurs mémoires est conservé à Paris, à la Bibliothèque Mazarine, sous le n° 2840. C'est un volume in-4°, relié, ainsi composé :

1° Voyage dans l'Orléanais, le Blésois, la Touraine, l'Anjou et la Bretagne, fait en 1752 depuis le 9 septembre jusqu'au 23 octobre : 205 pages.

2° Mémoire sur l'exploitation en général des mines de charbon de Montrelais, situées à une lieue au couchant d'Ingrandes-sur-Loire avec l'explication des plans ci-joints (les plans manquent). Fait aux mines de Montrelais, le 27 mars 1756. Signé : Jars, Duham et Grimot : 30 pages.

3° Mémoire tendant à multiplier et perfectionner les fabriques de France (en faveur de la manufacture Holkers : 29 pages.

4° Mémoire tendant à perfectionner les fabriques de France et à faciliter les nouveaux établissements : 25 pages.

5° Projet tendant à perfectionner les fabriques de France. Signature et date autographe. : De Montigny, Paris, le 28 novembre 1752. En marge, une note d'une autre écriture datée du 30 janvier 1754 : 11 pages.

6° Toileries de Rouen : 13 pages.

7° « Route de Rouen à Bolbec » (notes sur les manufactures de Caudebec et de Bolbec) : 15 pages.

8° Manufacture de Vernon (visitée le 28 août...) : 12 pages.

9° Observations des syndics de la chambre de commerce de la province de Normandie sur la teinture du Sr François Gonin : 7 pages.

10° Cotoniers, cotons (de Saint-Domingue, de Malte, de Siam, etc.) : 61 pages.

11° Suite d'un mémoire sur l'établissement des fontaines publiques et la distribution des eaux dans la ville de Dole, par F.-R. Fery, 5 juin 1750 : 19 pages.

La plupart de ces mémoires n'ont aucun rapport entre eux : ils ont été groupés par une fantaisie de relieur. Par contre, il faut chercher dans le mss. 3723, qui provient aussi de la bibliothèque de Montigny, et porte son nom, aux pages 41-80, une notice qui complète un long chapitre du Voyage : *Mémoire sur l'exploitation en général des mines de Basse Bretagne*... Il voisine avec des mémoires sur les manufactures du Languedoc et du Lyonnais et sur les manufactures royales de tapisserie de Beauvais et des Gobelins [(33)].

Les cent-deux premières pages de la relation du *Voyage* concernent le pont d'Orléans, la navigation de la Loire, le commerce de la généralité, les villes de Blois, Amboise, Tours, Saumur, Angers et leur commerce [(34)] ; on trouvera ci-après le texte des pages 103 à 205 relatives à la Bretagne. En les lisant, on ne doit pas oublier que l'auteur est un technicien et un spécialiste ; il n'a vu ou regardé en Bretagne que les manufactures et les signes extérieurs de l'état économique du pays. Les monuments l'intéressent peu : il ne loue que le palais du Parlement et la mairie de Rennes et surtout l'abbaye de Prières ; il a remarqué les clochers à jour du Léon, mais ils ne lui ont paru que singuliers. Les sites le laissent indifférent ; il a décoché à la jolie ville de Quimper une phrase d'une rare injustice ; et c'est à peine s'il veut bien accorder, en suivant la route que domine Chateaulin et la profonde vallée de l'Aune, que « ce point de vue est sauvage, mais agréable ». Par contre Montigny signale et étudie tous les établissements industriels particuliers à la région, tels que les mines de Montrelais et de Poullaouen, les marais salants du Croisic, les magasins de la Compagnie des Indes à Lorient, l'arsenal de Brest, la manufacture des

(33) Le catalogue des manuscrits de la Bibliothèque Mazarine note pour trois autres volumes qu'ils viennent de la bibliothèque de Montigny; le n° 2350 (pièces concernant les attributions du Parlement) et les n°° 3596 et 3597 (travaux présentés à l'Académie des Sciences par divers savants de 1750 à 1756).

(34) Une analyse et quelques extraits des premiers chapitres ont été publiés par M. HERLUISON, *Voyage dans l'Orléanais, le Blésois...., fait en 1752* (*Bull. de la Soc. Archéol. de l'Orléanais*. t. XII, 1898-1901, p. 665-669).

tabacs de Morlaix. Il a longuement parlé de l'état des routes : on ne doit pas le ranger toutefois parmi les voyageurs si nombreux (et de nos jours ils le sont plus que jamais) qui ne pardonnent pas à notre pays d'imposer à eux-mêmes ou à leurs voitures des fatigues exceptionnelles. Montigny avait les meilleures raisons de noter l'état des chemins puisqu'il était attaché au conseil des Ponts et Chaussées et qu'il fut dans une certaine mesure le collaborateur de Trudaine, créateur des grand'routes de France. Ajoutons que le *Voyage* a été écrit après le retour de l'auteur à Paris ; cette rédaction tardive a pu faire disparaître le caractère original et spontané qu'auraient présenté des notes prises au jour le jour [35].

Ce document ne présente pas une assez grande importance pour qu'on dût songer à l'enrichir d'une annotation comparable à celle dont MM. Maître et de Berthou ont doté *l'Itinéraire de Bretagne en 1636* de Dubuisson-Aubenay. Nous nous sommes bornés généralement à présenter en note les impressions consignées par des voyageurs contemporains de Mignot de Montigny.

Peut-être, sur les grands chemins de Bretagne, rencontra-t-il M. de Montullé, parti de Paris le 7 septembre 1752, deux jours avant lui. Ce gentilhomme fit aussi le tour de la province, mais en sens inverse, commençant par le Nord et terminant par le Sud. Son journal, conservé à la Bibliothèque de Rouen [36], fournit peu de renseignements ; Montullé, voyageur moins instruit, moins « averti » que

35) Montigny a dû prendre des notes très précises, mais il ne les mit en œuvre qu'après la fin de son voyage. La relation renferme souvent des comparaisons entre un aménagement décrit et un aménagement analogue vu quelques jours plus tard; voir par exemple au chapitre de Lorient les comparaisons avec Brest.

(36) Collection Coquebert de Montbré, n° 1765. — L'auteur rapporte qu'allant du Mont Saint-Michel dans ses terres (le château de Monthorin en Louvigné-du-Désert), il ne vit rien de digne de remarque, sinon une pierre, grosse comme trois barriques de vin, placée en équilibre sur un autre rocher et que l'on pouvait faire remuer en la poussant de la main. — C'est la plus ancienne mention de la pierre branlante du Haut-Montlouvier.

Montigny, ne fit que des observations assez banales ; on verra plus loin l'aménagement qui attira surtout son attention dans la visite du port de Brest [37]

A la même époque, ou peut-être en 1751, un belge qui avait parcouru une partie de l'Europe, visita la Bretagne. Il n'égara pas sa curiosité dans les mêmes réduits que M. de Montullé, mais il jugea bon de consigner dans ses papiers [38] qu'à l'abbaye de la Joie, près d'Hennebont, on lui avait montré le parloir très proprement orné de coquillages.

De telles relations de voyage, enfantines et superficielles, ne méritent pas d'être publiées. Il nous a semblé au contraire que le mémoire d'Etienne Mignot de Montigny, si technique qu'il soit, si aride peut-être, pourrait intéresser les érudits bretons.

H. Bourde de la Rogerie.

(37) Voir *infrà*, note 73.

(38) Relation (anonyme) de mon voyage d'Angleterre, de France, Italie, Allemagne et Hollande, en 1751, 1752 et 1753 (Biblioth. nat.; Mss. franç. nouv. acq. 6281).

VOYAGE EN BRETAGNE
1752

I

ROUTE D'ANGERS A NANTES

Les chemins deviennent désagréables et difficiles au delà d'Angers; à peine a-t-on commencé à faire quelques parties d'empierrements sur cette route d'autant plus pénible pour les voyageurs qu'ils viennent de quitter les chemins superbes des levées de la Loire.

On rencontre beaucoup de rochers d'ardoise depuis Angers jusqu'au château de Serran, actuellement possédé par un négociant de Nantes, frère de M. Welsh (39). On voit encore de l'ardoise par delà jusqu'aux environs d'Ingrande, bourg assez considérable au bord de la Loire. Une partie d'Ingrandes est en Anjou, l'autre en Bretagne. On y perçoit des droits d'entrée et de sortie sur les marchandises qui passent d'une province à l'autre.

Mine de charbon [*de Montrelais*]. — Au village de Monstrelais (40) situé à une lieue et demie d'Ingrandes, on

(39) François-Jacques Walsh (1704-1782), armateur à Cadix, acquit Serrant de la duchesse d'Estrées le 29 juin 1749. Son fils épousa sa cousine germaine, fille de Antoine-Vincent Walsh (1703-1763), négociant à Nantes, que Montigny mentionne plus loin. Le beau château de Serrant (Maine-et-Loire) appartient à l'un de leurs descendants, M. le duc de la Trémoille. Sur la famille Walsh, voir *The foreign branches of the family of Walsh*, par HUSSEY WALSH, Exeter, s. d., in-8°, et *Une famille royaliste irlandaise et française* [par le duc de la TRÉMOILLE], Nantes, 1901, in-4°.

(40) La mine ne se trouve pas sur le territoire de Montrelais mais sur celui d'une ancienne *trêve* de cette paroisse, appelée jadis la chapelle de Montrelais

exploite depuis un an une mine de charbon de terre qui a été anciennement ouverte et travaillée à la superficie de la terre. On fouille actuellement cette mine sous la direction du Sr Mathieu, intéressé dans celles d'Issigny (41) et de Valenciennes. Il est intéressé dans celle-cy pour un tiers avec M[rs] de Ch [*sic*] et d'Hérouville (42) qui font les avances de ses travaux. Le Sr Mahieu (43) prétend que cette mine s'étend de l'orient à l'occident dans toute la France passant sur Nort (44) et sur Moulins. Il compte que la fouille de Monstrelais, poussée à 250 pieds de profondeur, rendra par jour quatre ou cinq fournitures de 21 pipes chacune, la pipe pesant 1.100; que la fourniture sera livrée au prix de 260 livres rendue à Nantes où pareille mesure de charbon d'Angleterre se paye à présent 460 livres. Il propose d'établir l'année prochaine sur les puits une machine à feu semblable à celle de Poullawen pour rendre les épuisemens moins dispendieux. Enfin, il a en vue d'établir une verrerie dans le voisinage où le cent de bouteilles qui vaut 21 livres en Bretagne pourroit revenir au plus à 15 francs (45).

et érigée en commune sous le nom de La Chapelle de Saint-Sauveur (arrondissement d'Ancenis, canton de Varades). — Sur ces mines, voir Arch. d'Ille-et-Vilaine, C. 1472, 1491-1494, et Arch. de la Loire-Inférieure, C. 138.

(41) Isigny-sur-Mer (Calvados, arr. Bayeux), port où était embarqué le charbon extrait des mines voisines de Littry.

(42) Le duc de Chaulnes et le comte d'Hérouville de Clayes, colonel au régiment de Haynaut. Quelques documents mentionnent un autre directeur, le chevalier d'Arcy, membre d'une famille d'origine irlandaise bien connue dans l'histoire des mines de France. D'Arcy était intéresssé dans les mines du Poullaouen et tenta d'exploiter les gisements de charbon du cap Sizun. Le comte d'Hérouville fut associé à plusieurs entreprises industrielles et agricoles, notamment au dessèchement des Moëres, près de Dunkerque. Michel Ferdinand d'Albert d'Ailly, duc de Chaulnes, fut gouverneur de Bretagne de 1750 à 1753.

(43) Inspecteur des mines chargé d'étudier les gisements dont Chaulnes et Hérouville demandaient la concession (Arch. Ille-et-Vil., C. 1491).

(44) Chef-lieu de canton de l'arrondissement de Châteaubriant; nous ne savons où se trouve Moulins. Entre Nort et Montrelais existe le gisement de Mouzeil (arrondissement d'Ancenis, canton de Ligné). La concession des mines de Nort fut accordée à Simon Jarie, de Nantes, par lettres patentes du 15 juillet 1746.

(45) La verrerie fut établie tout près de Montrelais, mais dans la commune d'Ingrandes (Maine-et-Loire); elle fut dirigée par les familles de Muller et de Raspieller et par des verriers venus d'Alsace, de Suisse et de Franche-Comté.

Depuis que l'on a repris l'exploitation de cette mine, on a déjà creusé cinq puits de 150 pieds de profondeur ; on travaille présentement à les joindre par des galeries souterraines de 50 à 60 toises de longueur. J'ai été dans la première galerie d'un des puits, dans celle qui sert à la décharge des eaux, ouverte d'un côté dans un vallon et de l'autre dans le puits à 40 pieds de profondeur environ. J'ay vu les veines de charbon de terre, elles n'ont en cet endroit que cinq à six pouces d'épaisseur, à la profondeur de 150 pieds. Les veines de charbon sont ici presque verticales, mais un peu inclinées (?) elles sont comprises entre deux bancs de rocher. On tire à présent du charbon par un puits qui suit la direction de la veine et dont l'inclinaison est peu considérable. Au haut de ce puits est un tas de charbon de terre en magasin estimé 2.400 livres. L'apportoir de charbon pesant 150 livres se vend 30 sols sur la mine aux forgerons d'Ingrandes et du voisinage.

Les puits de ces mines ont cinq à six pieds d'ouverture en carré; ils sont intérieurement garnis de cadres de bois placés les uns au-dessus des autres et appuyés sur des pièces de bois debout dont les quatre angles sont garnis du haut en bas; les parois sont garnies au pourtour de fascinage et de planches pour la sûreté des travailleurs. On enlève les eaux et le charbon par des machines semblables à celles du puits de Bicêtre ou des ardoisières d'Angers dont les câbles portent des seaux pour les épuisements ou des caisses carrées qu'on nomme « apportoirs » pour tirer le charbon de terre.

Cette mine manque à présent de débouché, les chemins d'Ingrandes à Monstrelais étant presque impraticables pour les voitures (46).

(46) Un mémoire de 30 pages sur l'état de la mine de Montrelais, daté du 27 mars 1756, est relié à la suite du *voyage* que nous publions dans le Mss. 2840 de la Bibliothèque Mazarine; il vient comme le *voyage* du chartrier de Montigny.

Avant qu'on eut entamé cette exploitation, quelques particuliers d'Angers ont formé une compagnie et commencé à mettre en valeur de pareilles mines de charbon de terre sur les paroisses de Saint-Aubin et de Luigné [47] en Anjou séparées d'Ingrandes par la Loire. Ces particuliers espéraient obtenir un privilège. Ils sont aujourd'hui traversés par les concessionnaires de la mine d'Ingrandes et portent des plaintes au Conseil, représentant que le charbon de terre est fort cher dans la province d'Anjou ainsy que dans la Bretagne, qu'il seroit avantageux pour le public de faire travailler les mines de Saint-Aubin et des environs en concurrence avec celles de Monstrelais et que si l'on arrête leurs travaux pour favoriser l'exploitation de la mine de Bretagne, on leur fera perdre 12.000 livres d'avances.

II

ROUTE D'INGRANDES A NANTES

On trouve encore des roches ardoisées au delà d'Ingrandes et quelques roches blanches plus dures qui ressemblent au spat. Dans ces cantons et dans presque tout le territoire de Bretagne toutes les roches se débitent par feuilles [47 bis]. On en trouve communément une espèce toute talqueuse qui semble être métallique par la quantité de paillettes dorées qu'elle contient, mais elle est très légère quoique dure. Les chemins d'empierrement en sont couverts et la plupart des maisons en sont bâties.

A quatre lieues d'Ingrandes on traverse la petite ville d'Ancenis où l'on a tenu plusieurs fois les Etats de Bretagne.

(47) Saint-Aubin-de-Luigné (Maine-et-Loire, arrondissement d'Angers, canton de Chalonnes).

(47 *bis*) L'auteur ne paraît pas avoir connu exactement l'état géologique de la Bretagne; les roches schisteuses qu'il semble vouloir décrire ici ne se rencontrent que dans certaines parties de la province.

A quelques lieues au delà du côté de Nantes, on passe la prairie de Mauve au bord de la Loire dont la traversée est fort agréable.

Les Etats de Bretagne ont fait travailler dans beaucoup d'endroits sur la route d'Ingrandes à Nantes, mais les empierrements ne sont point encaissés. Ce sont de grosses pierres étalées sur la surface du chemin. On ne casse point ces pierres à la masse; elles se présentent sur la pointe et rendent le chemin impraticable, aussy n'a-t-on garde de s'engager sur ces pierres. Elles sont presque partout couvertes d'herbe et d'épines et les accotements des deux côtés sont en ruines. Il en est de même de la plupart des autres routes de Bretagne, excepté celle de Rennes à Saint-Malo et celle de Rennes à Brest jusqu'à Morlaix qui toutes deux sont un peu mieux faites. Tous les autres chemins de la province ont coûté beaucoup de dépenses et de travaux en pure perte. Tout se fait à la corvée excepté les ponts.

III

NANTES

Nantes est une ville florissante par son grand commerce tant au dedans qu'au dehors du royaume. Ses principaux objets sont le commerce de Cadix et celui du Nord, la traite des nègres, celle des blés, les productions de nos colonies américaines, le sucre, l'indigo, le coton, le café des îles. On y fait aussi commerce d'eau-de-vie, de vin nantais, de vin d'Espagne et de Bordeaux.

Les nantais envoient tous les ans vingt ou trente vaisseaux à la traite des nègres, chargés de cotonnade, de tabac, de cauris et d'eau-de-vie. On les oblige de porter sur la côte d'Afrique du tabac des fermes qu'ils payent 20 sols au lieu du tabac d'Hollande qu'ils achetoient deux sols la livre.

La ville de Nantes a 190.000 livres de rente en deniers patrimoniaux. Elle est partagée en deux parties ou plutôt en deux villes qui ne se ressemblent point du tout pour le coup d'œil. L'ancienne, entourée de fossés et de murs est mal bâtie et mal percée; la nouvelle ville qui s'étend au long de la Loire et qu'on appelle le quartier de la Fosse est toute composée de maisons neuves à quatre ou cinq étages, bâties en pierre de taille et passablement ornées au dehors. Le plus bel édifice de Nantes est la Hollande ou la Bourse [48], bâtiment isolé, d'assez bon goût, accompagné d'une terrasse plantée d'arbres, au bord de la Loire, à l'entrée du quai. A la vue de cette terrasse est l'isle Feydeau, quartier tout neuf, où l'on élève de tous côtés des maisons considérables sur des rues bien alignées et sur des quais dont la vue est très belle.

Le bas de ces maisons jusqu'au premier étage est bâti en granit, pierre très-dure qui ne peut se tailler qu'à coups de pointe. On la tire dans les faubourgs de Nantes; sa principale carrière est à l'extrémité de la Fosse; elle y vaut environ 30 sols le pied cube mais la taille la rend beaucoup plus chère. On parvient à y tracer au ciseau des moulures assez nettes. Je n'ay pas vu de coin dans la Bretagne où je n'ai trouvé des rochers de granit, matière qui manque absolument dans d'autres provinces.

Les ponts de Nantes qui rejoignent un grand nombre d'isles et dont la longueur est d'environ trois quarts de lieue sont aussy presqu'entièrement construits en granit; c'est de cette matière que sont faits les revêtements et les tours du château bâti par les ducs de Bretagne. Les murs de la ville sont partie de granit et partie de pierres noires schisteuses rangées par couches alternatives. Au-dessus

(48) La Hollande est le nom de la place sur laquelle la Bourse fut bâtie de 1723 à 1733 par l'ingénieur Delafond et les entrepreneurs Jean et Louis Laillaud.

du premier étage toutes les maisons des nouveaux quartiers sont bâties en pierre blanche des bords de la Loire.

La main-d'œuvre est chère à Nantes; cette ville ne convient point aux manufactures. Le Sr Sousrobert, fabricant de Lyon, le premier qui ait présenté au Conseil des échantillons de velours de coton fabriqués en France, a voulu former dans cette ville une fabrique d'étoffes nouvelles en coton, mais son projet a très-mal tourné. Je l'ay trouvé n'ayant pour toute fabrique que deux métiers sur lesquels il essayait des cotonnades rayées pour meubles, et j'ai été peu satisfait de ses essais. Il m'a dit qu'il était à la veille de quitter Nantes.

Je me suis informé à Nantes du prix des cotons des isles : on m'a dit qu'ils étaient tombés depuis un mois à 50 écus le quintal et qu'ils valaient en Amérique 210 livres. Cette différence de prix vient de ce que notre argent augmente aux îles en valeur numéraire : notre écu de 6 francs s'y compte pour 9 livres.

Constructions. — On construit à Nantes au bord du quay, au long des maisons. On y fait de petits bâtiments qui portent jusqu'à 500 tonneaux et qu'on arme de huit canons. Mais ils ne peuvent être équipés qu'à Paimbeuf, où l'on charge et décharge les marchandises pour la ville de Nantes.

On parcourt le chantier en allant à l'Hermitage, couvent de capucins très célèbre pour sa belle vue. J'ai vu avec plaisir en me promenant sur ses terrasses arriver avec la marée montante un très grand nombre de gabarres et autres petits bâtiments à la voile qui remontent tout le jour, quand le vent est bon, et qui arrivent presque tous à la fois pour déposer dans les magasins de Nantes les marchandises qu'ils apportent de Paimbeuf. La charge de ces gabarres est de deux à trois cent tonneaux.

Leur grand concours, dont la durée est de deux ou trois heures au plus, rend assez difficile l'exécution d'un projet formé par les fermiers généraux tendant à établir à l'entrée du quai un bureau de douane pareil à celui qu'ils ont à Rouen, où les négociants seraient obligés de décharger leurs marchandises pour les faire peser dans la cour. Les négociants de Nantes assurent que cette sujétion porterait à leur commerce un préjudice de plus de 500.000 livres par année.

Les principales maisons de commerce à Nantes sont celles de Mrs Welsh, Grow, Michel, Montaudouin, etc. (49).

Un assez grand nombre de négociants nantais ont des possessions en Amérique.

IV

ROUTE DE NANTES A LORIENT

La route de Nantes à Lorient traverse un pays peu fertile. A la Roche-Bernard, on est arrêté par la Vilaine dont le lit est resserré entre deux rochers d'où elle s'écoule vers la mer; on y passe cette rivière dans un bac sans corde, assez près de son embouchure. L'envie de voir des marais salants nous a conduits à Prières, riche abbaye régulière de bernardins de la filiation de Clairvaux. La maison est vaste, bien bâtie et bien distribuée; elle est accompagnée d'un jardin spacieux dont une partie s'élève en terrasses à la vue de la mer. L'église qui est très grande est d'une architecture moderne, simplement et noblement ordonnée. Les grilles du chœur sont de très beaux ouvrages de serrurerie.

(49) Guillaume Grou de la Villejean (1696-1774), armateur, construisit le magnifique hôtel appelé aujourd'hui hôtel de la douane; il légua 200.000 l. aux hôpitaux pour fonder un orphelinat. L'armateur Gabriel Michel fut aussi directeur de la Compagnie des Indes et trésorier général du corps d'artillerie et du génie maritime. La famille Montaudouin donna pendant plus d'un siècle à Nantes et à la France des négociants et des économistes remarquables) Mignot de Montigny veut probablement parler de Jean-Gabriel Montaudouin qui provoqua en 1757 la fondation de la Société d'agriculture de Bretagne (cf. LEVOT, *Biographie...*; KERVILER, *Biobibliographie...*; EXPILLY, *Dictionnaire...*). — Sur Walsh, voir ci-dessus note 39.

Cette église est à tous égards la plus belle qui soit en Bretagne, et le couvent peut servir de modèle à tous les moines qui voudront bâtir [50].

Marais salants. — Les religieux de Prières possèdent et entretiennent sur la plage deux cents œillets de marais d'où ils tirent une partie de leur revenu.

Le sol de ces marais est une espèce de glaise de couleur grise; on la dresse avec soin en un plan presque horizontal, que l'on divise ensuite en un assez grand nombre de compartiments de figure carrée plus ou moins allongée. Ces carrés séparés les uns des autres par de petits rebords ou sentiers bien dressés qu'on nomme des ponts sont autant de bassins qui reçoivent successivement l'eau de la mer et se déchargent l'un dans l'autre. On ne fait que rompre le pont d'un coup de bèche pour ouvrir la communication de deux bassins.

La mer au temps des marées montantes s'élève contre les glacis extérieurs du marais. On la reçoit dans des cuvettes qu'on nomme étiers d'où elle coule par une bonde dans un grand réservoir où elle se repose et s'échauffe au soleil pendant quelques jours. De ce réservoir qu'on nomme la vasière, elle coule dans le cobabier, canal pratiqué à la tête du marais; c'est de là qu'elle coule dans les appartenances, premiers bassins rangés au pourtour de la saline; après qu'elle s'est échauffée et considérablement évaporée, dans ces bassins, on la fait couler dans les adhernes, autre suite de bassins qui la déchargent enfin dans les œillets lorsque le sel est prêt à se cristalliser. Les œillets occupent le centre de la saline et peuvent se dégorger par de petits ruisseaux qu'on nomme les délivres.

(50) L'église avait été construite de 1716 à 1726 par Olivier Delourme, de Vannes, sous le controle de De Cotte, architecte des bâtiments du Roi, elle a été démolie en 1857. Piganiol de la Force (Edition de 1754) donne une description de ce monument très admiré au XVIIIe siècle.

L'ensemble de tous ces bassins entretenus avec la plus grande propreté et distribués avec beaucoup d'art et de symétrie présente aux yeux un parterre d'eau dont l'effet est très agréable.

Le sel est environ dix jours à se former par évaporation dans ces labyrinthes lorsque le temps est favorable; il ne faut que sept jours lorsque l'air est bien sec. Ce travail commence à la mi-mars et finit ordinairement en septembre. Quand il est une fois commencé, si le temps reste serein, on retire tous les jours du sel. Les paludiers le ramassent deux fois par jour à midy et à cinq heures du soir. Ils tirent le sel avec des rateaux et l'accumulent sur de petites plate-formes rondes qu'on nomme ladures, ménagées exprès à tous les angles des œillets. Chaque marais contient 30, 40 et jusqu'à 50 œillets de 30 pieds de long sur 50 de large et 5 à 6 pouces de profondeur. On ramasse dans des corbeilles le sel accumulé sur les ladures et l'on en fait, hors du marais, des meules de plusieurs milliers de muids que l'on couvre de paille ou de jonc marin pour les garantir de la pluie.

S'il vient de la pluie pendant que les eaux sont en évaporation dans le marais, tout est perdu. Il faut vuider la saline, et, lorsque le temps redevient sec, recommencer l'opération. On estime que chaque œillet de marais peut fournir de sept à huit cents livres de sel, année commune. Le sel de Prières s'est vendu cette année 12 francs le millier.

Les principales salines de Bretagne sont celles de Bourgneuf, de Saint-Nazaire, de Guérande et du Croisic. Elles fournissent presque tout le sel que les Anglois et les Hollandois consomment pour leurs salaisons; ces nations préfèrent le sel de Bretagne à ceux d'Espagne et du Portugal, parce que ces derniers ont une acreté qui les rend moins propres aux mêmes usages.

Le Roy se réserve chaque année sur toutes les salines du royaume 15.000 muids de sel, mesure de Paris, pour remplir ses greniers à sel, tant dans les provinces libres et de vente volontaire que dans les provinces d'impôt. Ce sel est taxé à 20 francs la charge du poids de 6.720 livres. Le muid de sel, mesure de Paris, pèse environ 2.800 livres.

*
* *

En sortant de Prières, on reprend le grand chemin à Musillac qui n'en est éloigné que d'une demie-lieue. Rien de remarquable jusqu'à Vannes, ville qui paroit grande et peuplée, mais dont la traversée est très-pénible tant par la grande inégalité de son terrain que par le détestable pavé dont les rues sont hérissées. On le croiroit fait par des sauvages. Les bâtiments de Vannes ne présentent rien qui invite le voyageur à s'arrêter.

On passe les petites villes d'Auray et d'Hennebont dans les petites villes auxquelles elles donnent leurs noms [51] sur des ponts placés à la tête de leurs embouchures. On trouve d'Hennebont à Lorient une partie de chemin assez belle en empierrement. Enfin l'on passe dans un bac la rivière de Pontscorf sous le canon de Lorient.

V

LORIENT

Cette ville naissante est fort jolie, bien percée, bien peuplée et proprement bâtie [52]. Elle semble destinée à devenir très considérable. Les embouchures réunies des

(51) L'auteur a voulu dire : on passe les rivières d'Auray et d'Hennebont dans les petites villes qui leur donnent leurs noms...

(52) Les rues régulières et les maisons neuves de Lorient plaisaient aux voyageurs fatigués des pavés et des vieux logis bretons. En 1780, Desjobert coucha à l'hôtel de l'Epée Royale dans le meilleur lit « que j'aie eu depuis mon départ de Paris »; il soupa « avec le meilleur merlan que j'aie mangé de ma vie »; au café de l'Union, beau et très proprement tenu, il but une

rivières de Pontscorf et d'Hennebont en forment le port et la rade, tous les deux bien vastes et suffisamment défendus.

La Compagnie des Indes renferme à Lorient sa marine, ses troupes et tout son commerce. Elle y jette les fondements d'un des plus beaux arsenaux du royaume; ses magasins totalement achevés remplis de marchandises de l'Inde dans le temps des ventes offrent un spectacle intéressant. Ils sont distribués en de longues galeries fort élevées dans l'intérieur de quatre corps de logis immenses qui renferment une cour très vaste. A l'intérieur ils sont entourés d'une autre enceinte de bâtimens plus bas dont la Compagnie fait des magasins particuliers et des dépôts à l'usage des commerçans qui viennent aux ventes. Tous ces bâtimens s'étendent au long du port. A quelque distance, sur la même ligne, on élève les magasins du port destinés à contenir les armemens et désarmemens de chaque vaisseau. Assez près, et toujours à la vue du port, est l'hôtel de la Compagnie qu'on va rebâtir : c'est la maison qu'habite le commandant. Plus loin sont les chantiers de construction et les ateliers de toute espèce qui travaillent pour la marine

Derrière ces bâtimens, en face d'une belle place carrée plantée d'arbres où l'on exerce les troupes de la compagnie, est situé l'hôtel des ventes qui n'est pas encore achevé. Il est séparé de la place par une longue grille et n'est à présent composé que de deux ailes bien bâties aux deux côtés d'une grande cour. On doit les rejoindre dans la suite par un grand corps de logis en face de la grille.

On continue ces édifices à proportion des fonds que la Compagnie peut y fournir; mais, tout ce qu'on exécute par parties dépend d'un projet général dont j'ai vu les plans et

fort bonne carafe d'orgeat. Il jugea les magasins de la Compagnie superbes et réguliers, « cette ville est une des plus propres que j'aie vue, on y peut aller en bas de soie blancs, malgré la pluie parce qu'elle est fort bien pavée, en dos d'âne et qu'il ne s'y amasse point de crotte. »

dont la distribution m'a paru très belle. C'est l'ouvrage de M. Guillois, ingénieur [53].

Marine. — Les vaisseaux de la Compagnie sont au nombre de soixante-cinq, dont dix-huit ou vingt sont employés à faire le commerce d'Inde en Inde. Les plus forts vaisseaux à Lorient sont de 74 canons; le plus grand nombre est de 64; ceux qu'elle occupe dans les Indes sont beaucoup plus petits. Les vaisseaux de 64 portent quatorze à quinze cent tonneaux. Ils reviennent avec leur artillerie à 1.500.000 livres; le seul corps du vaisseau revient à 250.000 livres.

Un navire ne fait guère que six voyages d'Europe aux Indes. Ceux qui vont en Chine mettent ordinairement dix-huit mois à leur voyage dont ils passent quatre ou cinq mois à Canton. Ceux qu'on charge pour l'Inde vont et reviennent en moins de dix mois.

Les vaisseaux qui séjournent dans les rades des Grandes-Indes sont fort sujets à être endommagés par les vers. Pour les en garantir on est obligé de leur faire un doublage qui les rend plus pesans. On applique une toile cirée sur toute la surface des bordages et, par-dessus cette toile, on couvre toute la partie qui doit plonger de planches de sapin garnies de bourre de poil de bœuf. On maillette ces planches avec le bordage : c'est-à-dire qu'on chasse de l'un à l'autre un prodigieux nombre de cloux à tête très large si serrés que la carène paraît revêtue d'une cuvette de fer. Par dessus ce doublage on étend un enduit de couleur jaune composé de colophane, de soufre et d'huile bouillis ensemble. C'est le seul moyen qu'on ait encore trouvé pour conserver les vaisseaux dans les mers des Indes. J'ay vu les opérations

(53) En outre de ses grands travaux pour la Compagnie des Indes, l'ingénieur-architecte Guillois collabora à la construction de quelques édifices religieux du pays : l'église d'Arzano en 1753, le chœur et les voûtes de la cathédrale de Vannes en 1768 et années suivantes.

du doublage et du mailletage, opérations particulières au port de Lorient.

On charge les vaisseaux dans le port d'une façon très-simple et très-commode au moyen de plusieurs pontons établis à demeure au long du quay. Ce sont de vieux vaissaux rasés au-dessus de leur pont et rangés près du quay, à sa hauteur. De l'un à l'autre passent de grosses pièces de bois couvertes de madriers : le ponton et le quay se trouvent de niveau. On amène près de ces pontons les navires qu'on veut mettre en charge. Ils trouvent à la hauteur de leurs sabords une vaste plate-forme sur laquelle on amène commodément les ballots, les barriques et tout ce qui doit entrer dans leur chargement. J'ay été surpris de ne point trouver cette avantageuse disposition établie dans les ports du Roy. Tous les chargements s'y font par des canots ou par des barques de port avec plus de peine et plus de risque pour tous les objets qu'on embarque. Les navires ne peuvent pas prendre toute leur cargaison dans le bassin de Lorient; on achève de les charger en rade.

La machine à mâter du port de Lorient est à peu près la même que celle de Brest, mais beaucoup moins composée. Elle est faite de trois pièces de mâts, deux debout mais inclinées, rejointes vers le haut par la troisième, toutes trois étayées à droite et à gauche par des haubans. La machine à curer le port est la même à Lorient et à Brest. Toutes deux portent de grandes cuillères qui s'ouvrent par le fond et qu'on enlève par le moyen d'un tambour où marchent des hommes.

Les trois cales de construction sont plus solides et mieux disposées que celles de Brest. On n'y voit point arriver d'accident lorsqu'on lance les vaisseaux à la mer.

J'ay eu le plaisir de voir à Lorient des navires en toutes sortes d'états, les uns en chantier, d'autres nouvellement lancés à la mer, quelques-uns en chargement, un en carène, deux en rade tout équipés et montés de leur équipage, l'*Auguste* et le *Lys*. J'ay été à bord du *Lys* où j'ay examiné la distribution du chargement, des munitions de bouche et de guerre. Nous étions conduits par M. d'Après [54], capitaine des vaisseaux de la Compagnie.

J'ay vu avec le Sr Cambry, constructeur [55], tout l'intérieur d'un vaisseau déchargé et toute la charpente d'un vaisseau en construction. J'ay appris de lui le nom et l'usage des principales pièces qui forment le corps d'un vaisseau, comment les *couples* ou les *membres* sont boulonnés sur la quille, comment s'assemblent sur les côtés les parties qui composent les couples, les *varangues* qui portent sur la quille, les *genoux* qui s'ajoutent aux varangues, les premières, secondes et troisièmes alonges, enfin les *alonges de revers* qui terminent les membres par en haut. Tous ces membres sont entièrement revêtus au dehors par le *bordage*, au dedans par le *vaigrage;* dans l'intérieur du vaisseau, à sa partie la plus basse, est une espèce de quille intérieure qu'on appelle *carlingue*; c'est dans cette pièce qu'est reçuë l'extrémité inférieure du grand mât. Elle est traversée de distance en distance par les ponts de grosses pièces de bois qui servent à fortifier les flancs du navire. Les poutres qui soutiennent les ponts se nomment *beaux*, ils sont fortifiés par des pièces en console connues sous le nom de *courbes*. On nomme *apôtres* les grosses pièces qui sont rangées en rayons près de l'étrave et qui forment avec elle la proue du vaisseau. Ces *membres* de l'avant sont intérieurement appuyés sur de très-grosses pièces horizontales qu'on nomme *couronnes* et *guirlandes*. Celles qui leur répondent à la poupe se nomment *barres d'arcasse* et *lisses d'ourdis*. On donne le nom de *galerie* au balcon saillant de la proue et celui de *bouteille* aux cabinets de commodité

(54) J.-B. Nicolas-Denis d'Après de Manevillette (1707-1780), auteur en 1745 du célèbre *Neptune Oriental*, conservateur en 1767 du dépôt des cartes et plans de la navigation des Indes.

(55) Gilles Cambry, constructeur entretenu des vaisseaux de la Compagnie, père de Jacques, auteur du *Voyage dans le Finistère*,

qui l'accompagnent. Les pièces qui reçoivent les abouts des mâts de beaupré et d'artimon s'appellent *carlingue de beaupré*, *carlingue d'artimon*. On nomme [*en blanc*] les grosses pièces qui servent à arrêter le câble de l'ancre. Les *dunettes* sont les plates-formes des deux gaillards ou châteaux à l'avant et à l'arrière. Les *épontilles* sont des pièces debout qui servent d'étais sous les beaux; plusieurs sont attachées en bas par des charnières qui donnent la facilité de les abattre pour la commodité des manœuvres. Les ouvertures supérieures des ponts se nomment *écoutilles*. On appelle *croissant* une pièce ronde de l'entrepont qui traverse le vaisseau d'un bord à l'autre; c'est sur cette pièce que tourne l'extrémité de la barre du gouvernail.

Le plus grand angle que puisse faire le gouvernail avec la quille est ordinairement de 30 degrés de chaque côté. La plus grande longueur d'un vaisseau de 74 canons est de 180 pieds et sa plus grande largeur est égale à la plus grande hauteur du vaisseau, c'est-à-dire à la distance comprise entre sa quille et le dessus de sa dunette d'arrière.

Les vaisseaux de la Compagnie ont toutes leurs courbes en bois. Sur les vaisseaux du Roi, les courbes sont en fer; les courbes de bois me paraissent préférables à cause de leur élasticité, et d'ailleurs elles rendent le navire plus homogène. C'est la rareté des bois courbes qui les a fait abandonner dans la marine du Roy. La Compagnie rapporte de l'Ile de France les bois qu'elle emploie à cet usage.

Les cordages se distinguent en manœuvres de *haubans* et manœuvres de *grelins :* ces derniers sont de trois fils commis sur un toupin, les autres sont roulés à l'ordinaire.

Les roulettes des poulies que l'on distingue en *caps de moutons*, *caliornes* et *garcettes* sont toutes faites de bronze ou de bois de gayac.

Lorsque j'ai visité dans la rade de Lorient toutes les parties du *Lys*, vaisseau presqu'entièrement chargé qui se disposait à partir pour les Grandes-Indes, j'ay été saisi de la chaleur et de la mauvaise odeur de la cale. Il serait à souhaiter qu'on établit sur les vaisseaux de la Compagnie et sur ceux du Roy des cheminées à l'anglaise propres à renouveler l'air de la cale par une disposition très-simple de quelques tuyaux échauffés par le feu de la cuisine. Cette précaution rend les vaisseaux beaucoup plus sains; elle est présentement en usage sur un grand nombre de vaisseaux nantais; et M. Hocquart, capitaine des vaisseaux du Roy, m'a dit à Brest qu'il s'en étoit très bien trouvé au premier essay.

Le bassin ou le port de Lorient est séparé de la rade par une chaîne flottante amarrée sur des ancres ou corps morts; cette chaîne s'ouvre et se ferme tous les jours. Les principales défenses de Lorient du côté de la mer sont le Port-Louis et la batterie de Larmor, situés de part et d'autre de la rade. On pourrait y ajouter un fort situé sur l'isle Saint-Michel que la Compagnie n'a point encore pu acheter des Pères de l'Oratoire. La rade est bien garnie, au temps des ventes, de vaisseaux anglois, hollandois, suédois, de vaisseaux de Nantes, de Saint-Malo, de Marseille, de Bourdeaux et de Bayonne.

Commerce. — Quelques jours avant la vente, les échantillons de toutes les espèces de marchandises apportées par la Compagnie sont exposées dans les magasins. Les ventes se font dans une salle très-vaste où tous les commerçants sont rangés sur un amphitéatre. Les commissaires de la vente assis dans un bureau vis-à-vis d'eux ordonnent les criées et marquent les adjudications en frappant un plat d'un coup de baguette. Ces adjudications se font très promptement et très noblement : on voit vendre dans une matinée pour deux ou trois millions de marchandises. Une vente de vingt à vingt-cinq millions dure quinze jours ou trois semaines au plus [56]. La Compagnie envoie tous les ans douze à quinze navires aux Grandes-Indes, dont deux sont chargés pour la Chine. Cette année, les vaisseaux ont rapporté deux millions pesant de thé, beaucoup de café de Moka et de Bourbon, beaucoup de soie de Chine et des Indes, une très grande quantité de mousselines et d'étoffes des Indes, mais peu de porcelaines et point de Perses. Le café de Moka de 1751 s'est vendu à l'ouverture de la vente 40 sols 6 deniers, celui de cette année 38 sols 6 deniers. Le café de Bourbon 17 sols 9 deniers, le poivre 22 sols, les cauris 16 sols 6 deniers. Le prix du café de Moka est baissé de 10 sols depuis l'année dernière; celui de Bourbon s'est soutenu au même prix [57].

Coton. — J'ai rapporté de Lorient des échantillons de cotons de l'île de France et de l'île Bourbon qui m'ont été donnés par M. d'Apres. Sur l'avis de M. de la Bourdonnaye, les colons de ces deux îles se sont adonnés à la culture des cotoniers; ils vendent avec bénéfice à la Compagnie leurs cotons épluchés 6 sols la livre, et ceux qui ne sont pas épluchés 3 sols. La Compagnie les porte à Bengale où elle les vend 20 sols la livre. Ces plantations auraient pu s'étendre et devenir un assez gros objet de commerce, mais plusieurs particuliers n'ayant point eu de réponse des directeurs de la Compagnie sur la destination de leur coton

(56) Un jeune commerçant d'Orléans qui faisait en Bretagne un voyage d'affaires, Boucher de Mézières, a décrit dans une lettre du 11 novembre 1766 la fièvre et l'émotion des marchands en gros qui venaient de tous les points du royaume prendre part aux ventes des *retours* faites par la Compagnie (TECHAM, *Trois lettres de 1766*, dans le *Fureteur Breton*, n° de février-avril 1922, p. 101).

(57) Le voyageur anonyme belge a noté qu'à Lorient la Compagnie envahit tout et empêche les habitants de faire aucun commerce. Au contraire, M. de Montuilé dit que tout le monde fait le commerce et s'intéresse aux pacotilles, même les femmes d'officiers de la Compagnie des Indes. C'est aussi ce qu'écrit Bernardin de Saint-Pierre : « Les honnêtes gens s'entretiennent de l'Ile de France et de Pondichéry comme s'ils étaient dans le voisinage. Vous pensez bien que les tracasseries de comptoir arrivent ici avec les pacotilles de l'Inde, car l'intérêt divise encore mieux les hommes qu'il ne les rapproche ».

ont mis le feu aux plantations qu'ils avaient faites. On dit que c'est par la négligence de M. David.

Tous les cotons qui se travaillent à Bengale viennent de Surate. Plusieurs officiers des vaisseaux de la Compagnie m'ont assuré qu'on ne connaissait point l'usage des cardes aux Grandes-Indes, et que tous les cotons filés, ceux mêmes qui s'emploient dans les plus belles mousselines sont acconnés ou simplement divisés avec les mains. La Compagnie devrait s'attacher davantage à favoriser la culture des terres dans ses colonies; le moyen le plus simple et le plus efficace serait d'assurer d'avance aux colons l'emploi d'une certaine quantité de chaque espèce de denrée qu'ils cultivent. La canelle croît naturellement dans les bois de l'île de Bourbon; toute sauvage qu'elle est, elle a beaucoup de parfum. On la rendrait sans doute meilleure par la culture et l'on ne pense point à en faire usage.

Les troupes de la Compagnie des Indes montent à six ou sept mille hommes, dont quatre cent sont employés à Lorient pour la garde du port et de la ville. Elle embarque incessamment 300 hommes pour l'isle de France et 1.200 hommes pour Pondichéry.

La ville est défendue du côté de la campagne par une enceinte de murs garnis de bastions et de demies-lunes bien entretenues. M. Le Godeux [58] qui commande dans la ville et dans le port gouverne lui seul les constructions, les armemens, les désarmemens, les chargemens des vaisseaux et les troupes de la Compagnie.

Le Port-Louis. — Les fortifications de cette place importante et de son château sont nouvellement rétablies sous la

(58) Les archives de la Compagnie des Indes conservées au port de Lorient comprennent 3.000 lettres des années 1748 à 1761 provenant du directeur Godeheu. Il appartenait à une famille qui fournit plusieurs directeurs ou employés supérieurs à la Compagnie; le plus connu est celui qui fut chargé en 1753 de relever Dupleix dans le commandement des établissements français des Indes orientales.

direction de M. de la Sauvagère, ingénieur du Roy [59]. Le château peut contenir trois bataillons; il est bien garni d'artillerie. Les rochers qui l'environnent du côté de la mer en rendent l'accès très difficile. La ville est défendue par quelques ouvrages extérieurs du côté de la campagne, et la côte par quelques batteries [60]. Le Roy n'a point de marine au Port-Louis.

L'isle de Grouais scituée à quatre lieues de Lorient, en face de la rade, a deux lieues de longueur d'une pointe à l'autre; elle appartient toute entière à M. le prince de Guéméné auquel elle rapporte 20.000 francs par an. Les habitans qui sont au nombre de 2.000 vivent en commun; ils connaissent à peine l'usage des portes et point du tout celuy des serrures; c'est moins l'effet de leur confiance réciproque que celuy de leur pauvreté. Ils font commerce de poisson salé et d'huile de poisson. La pêche est abondante dans les anses de cette isle où j'ay vu prendre de fort beau poisson en quantité. La pêche des sardines fait le principal commerce de l'isle de Grouais [61].

(59) Sur Félix-François Le Royer d'Artezet de la Sauvagère (1707-1787), voir la *Biographie universelle* dite de MICHAUD, t. XL, p. 481-484, et H. BOURDE DE LA ROGERIE, *Notes et documents* (*Bull. de la Soc. Archéol. d'Ille-et-Vilaine*, t. XLVIII, année 1920, p. 103-106). Cet ingénieur fut aussi un historien, un archéologue et un naturaliste; ses œuvres renferment beaucoup de théories et d'hypothèses très aventurées; cependant on peut trouver des renseignements curieux sur l'état au XVIIIe siècle des monuments mégalithiques de Belle-Isle et de Carnac dans ses *Recherches sur les antiquités de Vannes* publiées en 1755.

(60) L'officier d'administration Sevin de Chantgale écrivait en 1775 : Port-Louis « n'est plus qu'une malheureuse bicoque où se retirent les gens affamés et ruinés de toutes les parties du monde ». On entretenait les fortifications pour la protection de « la ville de Lorient si nouvellement établie et qui s'est accrue comme un champignon pour périr de même. » (*Bull. Soc. Archéol. du Finistère*, t. VIII, année 1880-1881, p. 76-79).

(61) Bernardin de Saint-Pierre : « J'ai vu des murs de la citadelle [de Port-Louis], l'horizon bien noir, l'île de Groix couverte de brumes, la pleine mer fort agitée : au loin de gros vaisseaux à la cape; de pauvres chasse-marées à la voile entre deux lames; sur le rivage des troupes de femmes transies de froid et de crainte; une sentinelle à la pointe d'un bastion, tout étonnée de la hardiesse de ces malheureux qui pêchent, avec les mauves et les goëlands au milieu de la tempête ».

VI

ROUTE DE LORIENT A BREST

Les chemins sont praticables, mais le pais est assez stérile entre Lorient et Quimperlay. Au sortir de cette petite ville, il faut franchir une montagne très-haute et très-longue. Elle est suivie d'un grand nombre d'autres jusqu'à Kimper-Corentin où l'on arrive à peine à la nuit en partant de Lorient de fort bonne heure. Kimper n'a de remarquable que la difficulté d'y arriver, celle d'en sortir et le peu d'envie que l'on a d'y rester [62]. Au delà sont des montagnes très hautes, hérissées de pointes de rochers sur lesquelles nous avons fait sept lieues en quatorze heures d'une marche très-pénible

(62) Quimper est une ville charmante; le séjour y est agréable; toutes les personnes qui l'ont habitée en gardent un souvenir excellent. La sévérité, ou plutôt l'iniquité, du jugement de Mignot de Montigny ne peut s'expliquer que par la fatigue d'un voyage pénible et par le souvenir des doléances des particuliers qui furent relégués en cette extrémité du royaume. En 1638, le P. Caussin, jésuite, renvoyé de la Cour pour d'assez bonnes raisons et relégué dans le couvent de son ordre à Quimper, envoyait ces plaintes à Rome et à Paris : il avait voyagé au milieu d'effrayantes forêts, de montagnes escarpées, de vallées disparaissant sous la neige, au milieu de tout ce que la nature a d'horrible en ce pays. Dans son exil, « Il ne voit que déserts et rochers; il entend les flots de l'Océan qui grondent aux fenêtres de sa chambre [à Quimper!]. La population articule je ne sais quels sons barbares plutôt qu'elle ne parle... » (Lettres citées par le P. DE ROCHEMONTEIX, *Nicolas Caussin, confesseur de Louis XIII*..., Paris, 1911, in-8°, p. 356-357). A la même date, un Quimpérois écrivait : « je ne puis nier que nostre langage n'esgorge la luette et que, dans nos isles, il ne se trouve des demi-sauvages, aussi nous a-t-on envoyé le P. Caussin comme si l'on l'avoit voulu reléguer parmi les Hurons et les Hiroquoiz, mais j'espère qu'à son retour à Paris, il pourra publier que le navire qui le portoit en exil a fait naufrage dans le Pérou ou aux isles Fortunées » (Comte DE ROSMORDUC, *Guy Autret de Missirien*..., Saint-Brieuc, 1899, in-4°, p. 26). Malheureusement, le P. Caussin ne publia rien de pareil, non plus que le janséniste Duhamel, exilé en 1654, ou le parlementaire Roquesante, exilé en 1665. — On a expliqué par les plaintes de ces exilés, le fâcheux renom du voyage à Quimper attesté par quelques vers bien connus de La Fontaine.

et souvent dangereuse[63]. Du haut de ces montagnes, on découvre la petite ville de Locronan et toute la rade de Douarnenez. Plus loin, on traverse la petite ville de Chateaulin perdue dans le fond de la Basse Bretagne. Le vallon étroit où elle est cachée et le torrent qui la divise offrent à ceux qui sont sur la hauteur un point de vue sauvage mais agréable.

Après avoir fait quelques lieues, on passe à Pont de Bouis, petit village où sont établis des moulins à poudre pour le service de la marine et l'on arrive avec bien de la peine au bourg nommé le Faou, situé tout au fond de la rade de Brest à sept lieues du port. Les cinq lieues qui restent à faire pour rejoindre à Landerneau la grande route de Brest ne sont pas moins pénibles que les précédentes [64].

On trouve des roches ardoisées entre Kimper et Chateaulin, entre le Faou et Landerneau. Dans cette rude et ennuyeuse traversée depuis Kimperlay, le pais est toujours désert et toujours sauvage. Il semble qu'il seroit très propre à produire du bois, denrée qui manque également à la Bretagne et à la Marine. On parviendrait vraisemblablement à le faire peupler et défricher en ouvrant des communications aux grandes routes de la province de Lorient à

(63) Piganiol de la Force (Edition de 1754, t. VIII, p. 129) signale le grand nombre de ces montagnes ou plus exactement de ces côtes, et y trouve l'explication du nom des Monts d'Arré. Les voyageurs qui traversent ces montagnes s'impatientent « et s'écrient tout despités : *Mane* ou *menetz arré*, c'est-à-dire *une montagne encore* », parce que le mot *arré* signifie encore en breton. — En 1758, le chevalier de Mautort trouva ce pays affreux et ses habitants également, mais il jugea Quimper assez joli et fort bien habité par la noblesse bretonne; on y jouait un jeu enragé (*Mémoires du chevalier de Mautort* publ. par le Baron TILLETTE DE CLERMONT-TONNERRE, Paris, 1895, in-8°).

(64) Le voyageur belge que nous avons déjà cité suivit, en sens inverse, la même route et en éprouva les difficultés; à Châteaulin, il échangea ses plaintes avec celles d'un officier qui s'ennuyait dans cette garnison un peu agreste : « On passe par Landerneau, Le Faou et Châteaulin. Ces trois endroits n'ont rien de curieux et ne sortiront jamais de ma mémoire à cause de la mauvaise route et du manque de chevaux qui m'obligea de demeurer trente-six heures dans ce dernier endroit où je reçus cependant beaucoup de politesses de M. le capitaine de cavalerie Chihy (O'Shee), irlandais, commandant dudit lieu, rempli selon son témoignage de grande canaille ».

Kimper, de Kimper à Brest par Chateaulin, de Morlaix à Lorient par Karais.

VII

BREST

Le spectacle qu'offre la marine dans le port de Brest fait bien sentir la grandeur de la monarchie française (65) : le canal est rempli de vaisseaux de toute espèce ; un peuple nombreux d'ouvriers travaille sans cesse dans les ateliers qui bordent le port. Quatre grands vaisseaux et deux frégates en construction sur les cales, deux grands vaisseaux et une frégate en armement dans le port, un vaisseau de 84 canons en réparation dans le bassin, des ateliers nombreux occupés à fonder deux nouveaux bassins dans la mer ; six cents galériens occupés à couper les rochers pour élargir les quais au long du port : tous ces grands objets réunis sous un même aspect donnent une grande idée de la puissance qui les anime. De vastes magasins solidement bâtis et simplement décorés, deux corderies immenses rangées en amphitéâtre avec le bagne et l'hôpital terminent l'enceinte où s'exécutent ces travaux.

Tout ce que la nature peut offrir de plus avantageux pour la marine se trouve réuni dans le port de Brest ; son canal est formé par une embouchure large et profonde où les plus grands vaisseaux sont toujours à flot. Il débouche dans une rade immense longue de sept lieues, large de trois, ouverte par un seul goulet dont la traversée est d'un quart de lieue :

(65) Le comte de Guibert éprouva à Brest le même sentiment : « la magnificence et la grandeur de Louis XIV y sont empreintes à chaque pas ». Par contre, Cambry regrettait que les bâtiments qui entourent le port eussent été construits sans aucun souci artistique : « Michel-Ange eût fait de Brest une des merveilles du monde; Choquet et ses prédécesseurs n'en ont fait qu'une énorme masse de pierres ».

deux armées navales pourraient manœuvrer dans cette rade. Les nombreuses et fortes batteries qui la défendent de tous côtés ne laissent qu'un seul endroit de peu d'étendue où les vaisseaux échappent à la portée du canon. La batterie de Cornouaille à l'entrée du Goulet a huit pièces de canon de 64 livres de balle. La batterie royale à l'entrée du port est de 30 pièces de canon de bronze de 48 livres qui pèsent environ huit milliers chacune. Elles avaient été fondues pour *le Royal Louis*. On compte que toutes les batteries qui bordent la rade peuvent fournir en vingt-quatre heures vingt-quatre mille boulets.

Vaisseaux. — Le plus grand vaisseau qui soit à Brest est le *Soleil Royal*, de 84 canons ; il est présentement en carène dans le bassin pour quelques légères réparations à son doublage. Sa longueur de la poupe à la proue est de 180 pieds, sa plus grande largeur est de 48; il prend 24 à 25 pieds d'eau quand il est armé. Un vaisseau de premier rang tout équipé revient au Roi à 1.500.000 francs.

Les vaisseaux de 74 canons portent du 24 et du 12 ; ceux de 64 canons ne portent que du 12 et du 6. Les pièces de 24 livres de balle en bronze pèsent environ quatre milliers à 40 sols la livre, celles de 12, deux milliers. Les pièces de 48 en bronze pèsent huit milliers et reviennent chacune à 16.000 l. mais elles ne servent qu'à terre. Le *Royal Louis* n'a jamais pu porter toute sa batterie.

Un vaisseau de 74 canons est ordinairement monté par 600 hommes dont 120 soldats commandés par douze ou quatorze officiers et par 16 ou 18 si le vaisseau est monté par un officier général. Tout le reste de l'équipage est matelots ou canoniers.

Un vaisseau de 74 canons désarmé prend ordinairement 15 pieds d'eau ; armé il en prend 20 à 22. Autrefois. les vaisseaux en prenaient généralement [*en blanc*] mais dans les constructions nouvelles on a diminué le tirant d'eau.

Le canal de Brest contient à présent 45 vaisseaux. J'en ai vu six en construction : *le Courageux* de 74, *la Comète* de 84, l'*Héroïne* de 30, et le *Héros* de 74 lancé depuis un mois dans le canal.

Les cales de construction ne sont pas situées avantageusement à Brest; elles ont trop peu de longueur; on est obligé de les allonger par des contre-cales pour lancer les vaisseaux à la mer ; et ces allonges sont rarement assez solides pour que le navire n'en souffre pas. Les cales de Lorient sont mieux faites.

Pour lancer les vaisseaux à la mer, on les embrasse par dessous et on les suspend pour ainsi dire dans un [*en blanc*] de cordages attaché à des étais qu'on nomme [*en blanc*]. Ces étais sont portés par de longues pièces de bois qu'on appelle *aiguilles*. Ces pièces glissant sur les cales entraînent à la mer le *berceau* avec le navire.

J'ai parcouru tout l'intérieur du *Soleil Royal* avec M. Hocquart et toutes les parties de *l'Actif* actuellement en chantier avec M. Salinoc, constructeur [66].

Les vaisseaux qu'on veut radouber sont reçus par un vaste bassin de pierre de taille où ils entrent au temps de haute mer ; ils s'y trouvent à sec debout sur leur quille longue, la marée est descendue. On ferme alors les portes épaisses d'une écluse qui sépare le bassin du port. Ces portes sont faites de planches obliques jointives appuyées en arrière par de fortes traverses de bois. Elles soutiennent jusqu'à 20 pieds de hauteur d'eau dans les grandes marées. On commence à construire de l'autre coté du canal deux nouvelles formes pareilles à celle-cy. Les pieux de leurs fondations sont de 30 à 35 pieds de longueur. On jette entre ces pieux de la maçonnerie à pierre perdue, et par dessus on élève les murs des formes ou des bassins. La plus grande

(66) Pierre Salicon, sieur de Salinoc, constructeur des vaisseaux du Roi, fils d'Etienne, également constructeur au Havre, puis à Brest. Le Musée de la Marine à Paris possède quelques beaux dessins de proues et de poupes du XVIIe siècle, signés Salicon du Havre.

partie de la maçonnerie est en pierre de Kersanton, espèce de granite rouge et noir très-dur. C'est un des plus beaux granits que j'aye rencontré en Bretagne.

Mâture. — J'ay visité la fosse aux mâts avec le maître-mâteur du port. Elle contient actuellement 1500 pièces de mâts rangés sur les vases dans la rivière à la tête du port. Tous les jours elles sont couvertes par la mer pendant douze heures et restent pendant douze heures à découvert ; cependant on assure qu'elles se conservent très-bien dans ces vases.

Les plus grosses pièces de mât ont deux pieds et demi de diamètre sur 95 pieds de longueur ; on les paye jusqu'à 1000 écus. Elles servent à faire les mèches des grands mâts implantés sur la quille. Le prix des pièces ordinaires est de quinze à 1800 livres. Un grand mât pour un vaisseau de 74 canons est fait de sept à huit pièces, les antennes de deux et trois ; pour les mâts de hune, ils sont toujours faits d'une seule pièce. Toute la mâture d'un vaisseau de 74 canons consomme environ 56 pièces. Ces pièces se mesurent par *palmes* dont chacune contient 13 lignes du pied de Roy. Presque tous les bois pour la mâture se tirent de Riga.

Les bois de construction sont en partie renfermés dans un chantier de peu d'étendue, en partie épars au long du port. La plupart de ceux qui s'emploient à Brest viennent de Hambourg et de Hollande; ils nous sont apportés par des vaisseaux étrangers ainsi que le chanvre et le goudron. On dit à Brest qu'il en coûterait trop au Roi s'il fallait aller chercher ces denrées dans les pays qui les fournissent, mais ce qu'il en coûteroit de plus au Roy seroit gagné par ses sujets et tourneroit au profit de l'Etat en exerçant des matelots et des pilotes.

La machine à mâter est belle, mais elle est un peu plus composée que celle de Lorient. J'ay remarqué au pied de cette machine un nouveau cabestan plus parfait que les cabestans ordinaires en ce qu'il ne choque point du tout : deux roulettes établies au pied de sa fusée servent à relever le tournevire de façon que le cordage ne s'accumule pas. Cet expédient très simple est inventé par un charpentier de Toulon. Il auroit eu le prix de l'Académie s'il avoit fait connaître son cabestan un an plus tôt. On commence à s'en servir sur les vaisseaux du Roy.

Corderie. — La corderie neuve de Brest a 230 brasses de longueur ; la brasse est de cinq pieds, ce qui fait 1200 pieds ou 200 toises. L'ancienne corderie est plus courte de 30 brasses ou 150 pieds.

Il se fait par jour dans la corderie neuve 500 livres de fil de caret sur trois roues chargées chacune de onze bobines ; le fil s'accumule sur des *tourets* que l'on charge chacun de 300 livres de fil.

Le fil de caret se file très-lâche à Brest avec très-peu de tors suivant les principes de M. Duhamel [67]. Le fil du Havre est plus serré et plus long, mais on préfère la filature de Brest.

Du fil de caret, on fait les *aussières* ; des aussières les *torons*, des torons les *cordons* et des cordons les *grelins* ou les câbles.

Les magasins de Brest contiennent beaucoup de chanvre du Nord et très-peu de chanvre de Bretagne qu'on tire de Lannion. On espadonne [68] les chanvres de Bretagne. Ceux du Nord arrivent tout purgés et n'ont plus besoin que du peigne pour être employés.

Avant que de commettre la plupart des cordages, on passe au goudron le fil de caret dans un atelier construit exprès. Quatre hommes passent dans une journée 2400 livres de fil

(67) Henri-Louis Duhamel du Monceau (1700-1781), inspecteur général de la marine, botaniste et agronome, auteur de nombreux ouvrages, dont un *Traité de la fabrique des manœuvres ou l'art de la corderie perfectionnée*.

(68) Le *Dictionnaire* de Littré ne donne pas *espadonner*, mais *espader* : battre le chanvre sur le chevalet avec l'espade, sorte de sabre de bois.

au goudron. On tient cette matière en fusion sur un fourneau ; le fil plonge dans la chaudière et se relève en faisant plusieurs tours sur une corde qui l'essuie. Il achève de se nettoyer en passant sur une large brosse de crin, et il arrive entièrement sec sur un touret.

On tient le goudron en barrique dans un magasin sous lequel sont pratiqués des puisards pour recevoir et recueillir tout ce qui s'écoule par les joints des douves.

Le magasin des goudrons touche à celui des soufres, tous deux tiennent au magasin des chanvres et sont fort près des cordages. J'ay été surpris de cette dangereuse disposition. Les goudrons et les soufres doivent être dans des souterrains éloignés de toute matière combustible ; j'ay remarqué plusieurs fautes de cette espèce au long du port.

Magasins. — On ne voit point d'ensemble, ni même rien de combiné dans la disposition des magasins et des ateliers du port [69]. On les a construits à grands frais l'un après l'autre sans aucune ordonnance à mesure qu'on a trouvé des places proportionnées à l'étendue qu'ils devoient occuper et sans prendre aucune précaution pour la garantie du feu. On ne voit pas une seule voûte sur ces édifices immenses, tous les escaliers sont de bois et tous les planchers sont à découvert. On n'a pas même évité cette faute dans le nouveau magasin général qu'on vient d'élever à la place de celuy qui s'est entièrement consumé par le feu en 1746. Ce dépôt contient cependant toutes les sortes d'agrès et d'ustensiles qui doivent entrer dans les armements de plusieurs vaisseaux. C'est le plus riche des magasins de Brest. Tout près sont les magasins des graisses et des huiles et les ateliers où l'on fait les poulies. Les huiles sont conservées

(69) « Le port m'a paru très beau ; il me semble cependant qu'il n'est fait que de pièces de rapport et que l'on n'a pas formé un grand plan avant que de le commencer ». Lettre du Baron de Secondat de Montesquieu, du 2 avril 1780, publ. par M. H. WAQUET (*Bull. de la Soc. Archéol. du Finistère*, t. LI, année 1924, p. VII).

dans un vaste bassin de pierre de taille couvert par en haut, mais elles sont environnées de matières inflammables de toute espèce et très peu éloignées des chantiers de construction. Assez près sont les petites forges rangées tout autour du bassin où l'on radoube les vaisseaux.

Vis-à-vis, de l'autre côté, tout au long du canal sont les grosses forges pour les ancres. Ces masses pesantes s'y remuent commodément par des machines. Les grosses ancres pèsent cinq à six milliers et quelquefois sept.

Tout près est le magasin des charbons d'Angleterre qui touche aux ateliers des sculpteurs, des peintres et des menuisiers. Ceux-cy joignent les magasins de mâts et de cordages, séparés de ceux des vivres par les boulangeries et par la brûlerie. A coté sont les parcs d'artillerie; il n'y manque que le magasin des poudres qu'heureusement on a placé dans un autre endroit [70].

La boulangerie neuve et la brûlerie sont des bâtiments très bien entendus et bien distribués. L'escalier de la boulangerie, ses encoignures, les calottes des portes et des fenêtres en arrière sont des morceaux d'un fort bel appareil coupés en granit de l'espèce la plus dure, ainsi que la corniche, les cadres des croisées et les cordons extérieurs de ce bâtiment. On y voit des coupes de pierre aussi difficiles et aussi belles que celles qu'on exécute à Paris en pierres d'Arcueil.

La boulangerie neuve doit être considérablement augmentée dans la suite. Présentement, elle n'a que sept fours où l'on cuit le pain des galériens en froment pur. Chaque four contient 204 pains de 30 onces chacun.

La brûlerie qui travaille continuellement pour le service du port n'a que deux fourneaux, tous deux construits en granite ainsi que les fours de la boulangerie, les alambics et les réfrigérants ou serpentins sont en cuivre sans étamage.

(70) A maintes reprises au XVIIIe siècle, en 1739, en 1742, en 1744, en 1740, etc..., des bâtiments importants de l'arsenal de Brest furent détruits par le feu.

Chaque alambic contient 80 pintes et fournit à deux distillations par jour. On brûle en quatre jours une corde de bois dans ces fourneaux. Des eaux naturelles coulent par des robinets dans la boulangerie et dans la brûlerie.

Ces deux bâtiments sont l'ouvrage du sieur Lindu (71), ingénieur du port, ainsi que le bagne nouvellement construit pour les galériens. Le Sr Lindu a 1200 fr. d'appointements et, pour avoir achevé le bagne, il a reçu du gouvernement une gratification de 500 pistoles.

Le Bagne où l'on enferme les forçats est le plus bel édifice, le plus vaste, le plus propre et le mieux entendu qu'on ait encore fait dans ce genre. La hauteur de ses longues galeries et l'avantageuse distribution d'un grand nombre de fontaines rendent ce lieu plus propre et plus sain que la plupart des maisons religieuses. Il renferme 2400 galériens qu'on emploie tour à tour aux différents travaux du port (72).

Les forçats travaillent une semaine et se reposent l'autre. On en occupe 900 à la fois dont le plus grand nombre est employé à élargir les quais au long du port. On donne à ceux qui travaillent trois demi-setiers de vin par jour qui coûtent au Roi deux sols par homme. On les ramène au bagne à l'heure du dîner. Ils sont nourris avec 30 onces de pain blanc et une soupe aux grosses fêves. Les travaux du quai ne coûtent à l'Etat que 5000 l. par an pour le vin des forçats.

(71) LEVOT a donné dans la *Biographie bretonne* et dans les *Gloires maritimes de la France* des notices sur Antoine Choquet de Lindu (1712-1790), dans lesquelles on trouvera la liste des édifices construits au port de Brest sous la direction de cet ingénieur; il fit aussi des plans pour le port de Saint-Vaast-la-Hougue, dirigea la construction de la belle chapelle du Séminaire de la Marine (1741-1743), si fâcheusement détruite, et collabora à la construction de l'église de Plouzané (1772).

(72) Le bagne de Brest fut établi en 1746; l'édifice admiré par Mignot de Montigny fut construit en 1750 et 1751. Huit ans plus tard parut la *Description du bagne pour loger à terre les galériens ou forçats de l'arsenal de Brest, projeté, bâti, dessiné et gravé* par Choquet de Lindu, ingénieur ordinaire de la marine, Brest, Malassis, 1759, in-f° avec planches.

Ils sont commandés dans le bagne par des commis dont les appointements sont de 50 l. par mois et par les sous-commis qui ont 360 l. de gages. Ils sont enchaînés sur des bancs et distribués dans quatre galeries très vastes. Ceux qui les enchaînent et les déchaînent se nomment argousins. On ne peut les employer hors du bagne que par cinq couples à la fois. Elles sont conduites par un pertuisanier qui répond des forçats sous peine d'être mis à la place du fugitif. Si quelqu'un s'échappe on avertit dans les campagnes voisines par un coup de canon tiré du rempart.

Les galériens qui travaillent pour leur compte ne sont point nourris par le Roi. S'ils sortent, ils payent un sol à l'argousin qui les déchaîne et deux sols au turc qui les accompagne.

Les galériens malades sont transportés à l'hôpital dans une salle fermée où ils sont enchaînés à leur lit. (Ceux qui sont condamnés aux galères pour 101 ans peuvent tester, ceux qui sont condamnés aux galères perpétuelles ne le peuvent pas.)

On m'a fait remarquer parmi les forçats l'abbé Le Loup, prêtre du diocèse de Rouen, un lieutenant de cavalerie, depuis sergent aux gardes, qui a contrefait la signature de M. de Montmartel, un aventurier qui se disoit évêque polonois et faisait les fonctions épiscopales.

M. Pean des Baudières est le commissaire qui gouverne le Bagne. Les forçats sont vêtus d'un gros drap rouge à un écu l'aune ; quand ils vont aux travaux, ils mettent par dessus un fouvreau de toile (73).

Les *troupes de la marine* [comprennent] 100 compagnies de 50 hommes dont 40 au département de Brest, scavoir 36 à Brest ou aux environs et quatre partagées entre Le Hâvre, Calais et le Port-Louis. Le département de Toulon a 44 com-

(73) Le bagne et les galériens excitaient spécialement la curiosité des voyageurs. Montullé fut très frappé de la perfection des *commodités* ménagées dans les dortoirs. Desjobert nomme, comme Montigny, les forçats les plus notoires qui existaient à l'époque de sa visite.

pagnies dont 12 résident à Marseille. Les 16 autres compagnies sont au département de Rochefort.

A terre, chaque compagnie est commandée par un lieutenant de vaisseau qui prend le titre de capitaine ; un enseigne fait les fonctions de lieutenant. Les lieutenants de vaisseau ont 1000 livres d'appointements en temps de paix, les enseignes 600 l. ; en temps de guerre les lieutenants ont 1500 l. et sont nourris aux dépens du Roy.

Les gardes du pavillon ont 30 l. par mois pendant la paix et les gardes de la marine 18 l.

On m'a fait connaître dans le port de Brest plusieurs officiers distingués par leurs services et par leur mérite : M. le Comte du Guay, qui commande la Marine, MM. de Choiseul, de Roquefeuil, de Vienne, capitaines des vaisseaux du Roy, MM. de Borry et des Roches du Dresnay, lieutenants de vaisseau.

Fortifications. — M. de Gonidec commande les troupes de terre en garnison dans ce château à la place de M. de Chazeron, gouverneur de Brest [74]. Le château est plus fort par sa position que par les ouvrages qui le défendent; il domine l'entrée du port. Les remparts de la ville et les ouvrages extérieurs sont en très-mauvais ordre; on commence à les relever du côté de Recouvrance sous la direction de M. Fézier, ingénieur [75], mais le Roy n'accorde par an que 1000 écus de fonds pour ces travaux. On projette au delà de Recouvrance deux ouvrages à cornes et un ouvrage couronné.

(74) D'après les *Etrennes bretonnes* de 1755, l'Etat-major comprenait : M. de Monestay, marquis de Chazeron, gouverneur; M. de Gonidec, brigadier de cavalerie, commandant; M. Lombar, major.

(75) On trouve une notice sur A.-F. Frézier dans *Gloires maritimes de la France* par LEVOT et DONAUD (Paris, 1866, in-12, p. 203). Une grande partie de sa carrière se passa en Bretagne; il travailla aux fortifications de Saint-Malo, du Taureau et de Brest, dressa des cartes et des plans de ces villes et de Port-Louis, Lorient, l'île aux Moines, les Sept Iles. Il succéda à Garengeau dans la direction de la construction de l'église Saint-Louis de Brest et donna en 1718 le dessin du maître-autel, des lambris et de la chaire de Saint-Melaine de Morlaix.

La garnison de Brest n'est à présent formée que d'un bataillon du régiment de Saintonge dont M. de la Granville est colonel.

Toiles à voiles. — La manufacture des toiles à voiles établie dans le quartier de Recouvrance a 80 métiers dont 16 sont présentement montés. Les toiles des grosses voiles pour les grands mâts sont travaillées à six fils, trois fils par chaque lisse, celles de misène, de hunier sont à quatre fils, deux par chaque lisse. Les autres se nomment mélis-doubles et mélis-simples. Elles se travaillent à un seul fil et leurs chaînes sont plus ou moins fortes.

Les grosses voiles ont 1500 fils de chaîne, les misènes 1200, les méli-doubles 1000, les méli-simples 900. Un ouvrier fait cinq aunes de toiles par jour pour les grosses toiles ; on les paye à 5 sols par aune. On donne aux voiles de grand mât 21 ou 22 pouces de largeur.

Cette fabrique m'a paru très languissante. On n'y prépare point les chanvres, on les achète tout filés, et l'on y fait des toiles chères avec du fil à fort bon marché. On monte les chaînes sur un rateau par portée de 40 fils. Ces toiles sont inégales et mal frappées, toutes couvertes de bourres et de nœuds.

Excepté le port et ses dépendances, la ville n'a rien d'agréable, elle est séparée par le canal en deux parties et presque en deux villes ; au delà du port, elle change de nom et prend celui de Recouvrance. Chacune de ces villes n'a qu'une paroisse : on rebâtit celle de Brest. Une partie des revenus de la ville qui montent à 50.000 l. est employée à cette construction. Le quartier de Brest n'est pour ainsi dire composé que de deux rues très longues, l'une élevée, l'autre basse. On communique de l'une à l'autre par des escaliers.

Expériences. — J'ai fait à Brest quelques tentatives pour reconnaître si les étincelles de la mer sont électriques ; j'ai suspendu une baguette pointue par un cordon de soie de façon que sa pointe était à deux ou trois pouces de la surface de l'eau. Cette baguette n'a donné aucun signe d'électricité pendant que l'eau agitée à coups de rames étincelait vivement au dessous. Je me suis assuré que la mer étincelait constamment dans le port de Brest, par les temps humides et chargés de brouillards, et je l'ai vu briller pendant la pluie, ce qui ne s'accorde point du tout avec le système de M. Francklin. La quantité d'algues marines qu'on voit de tous côtés dans le canal de Brest favorise l'opinion de M. l'abbé Nollet [76].

VIII

ROUTE DE BREST A MORLAIX

Les chemins sont mauvais et quelquefois dangereux dans toute cette partie de la route de Brest ; le pays est aussi peu cultivé que le reste de la Basse Bretagne [77] ; on ne voit que misère dans les villages et que joncs marins dans les champs. On appelle ainsi une sorte de genêt dont la feuille sert de paille aux habitants de ces cantons [78]. Les

(76) Une note mentionnée dans l'inventaire des manuscrits du port de Brest (p. 326), fonds de l'ancienne Académie de Marine, paraît se rapporter à cette observation : « Expérience à faire sur l'électricité proposée à Messieurs de l'Académie de Brest. Signé : De Montigny, de l'Académie des Sciences, 3 juillet 1752 ».

(77) Les voyageurs d'autrefois ne trouvaient aucun charme à la charmante vallée de l'Elorn que suit la route de Brest à Landivisiau; ils croyaient stériles les terres qui avoisinent Morlaix : « Cette Basse-Bretagne est un pays affreux », écrit la baronne d'Oberkirck toujours méprisante; « ces hommes habillés de peaux rappelaient au comte du Nord ses tartares ».

(78) Dans les landes du pays de Vannes, Bernardin de Saint-Pierre vit de l'ajonc, plante qu'il ne connaissait pas, et du genêt qui lui inspira une idée étrange : « Il n'y croît que du genêt et une plante à fleurs jaunes qui ne paraît composée que d'épines : les paysans l'appellent *lande* ou *jan* et la font manger aux bestiaux. Le genêt ne sert qu'à chauffer les fours; on pourrait en tirer un meilleur parti, surtout dans une province maritime. Les Romains en faisaient un excellent cordage qu'ils préféraient au chanvre pour le ser-

clochers des villages se font remarquer par la singularité de leur construction légère. Ils paroissent tout à jour quoique bâtis en pierre de taille ; les flèches mêmes dont ils sont surmontés sont toutes de pierre et percées à jour.

Landerneau, petite ville que l'on traverse à quatre lieues de Brest fait un assez gros commerce de toileries. Cette ville plus propre et mieux bâtie que Brest contient 12.000 habitans qui payent 6.000 livres de capitation, ils sont distribués sur deux paroisses. M. le duc de Rohan dont on estime les revenus en Bretagne à plus de 100.000 écus de revenu annuel à la seigneurie de Landerneau à laquelle il vient de joindre celle du Faou et de Landivisiau. Il perçoit ainsi que le Roy des droits sur toutes les marchandises qui entrent dans le port [79].

Ce port est à l'extrémité de la rade de Brest : on y voit des barques de 50 à 60 tonneaux, une barque de cette capacité construite en bois de chêne toute prête à partir revient à 8.000 livres, son canot à dix écus. Il y a quinze ans qu'une barque de 60 tonneaux ne coûtoit que 6.000 l. mais la cherté du bois dans la province a augmenté les constructions d'un tiers.

J'ay vu décharger au port de Landerneau une barque portant deux cent barriques de charbon d'Angleterre, tiré du païs de Galles. La barrique pesant un peu plus de cinq cents se vend six livres à Landerneau sur lesquelles on a payé 28 sols de droits, partie au Roy, partie à M. le duc de Rohan. Ce charbon est à meilleur marché que celui d'Ingrande proportion gardée.

vice des vaisseaux. C'est à Pline que je dois cette observation; on sait qu'il commanda les flottes de l'Empire. » (*Voyage à l'île de France*, lettre du 4 janvier 1768).

(79) Le duc de Rohan, prince de Léon, percevait non seulement des droits d'entrée, mais des droits d'amirauté. Ces derniers privilèges, maintes fois contestés, furent encore confirmés par arrêt du 4 mai 1775, mais ils furent supprimés, moyennant indemnité, le 29 mars 1783.

Les *toiles* qui se fabriquent aux environs de Landerneau passent à la marque trois fois la semaine au bureau d'inspection établi dans cette ville. On y compte environ chaque année 10.000 pièces marquées chacune de 102 aunes de Paris sur demie-aune deux tiers ou trois quarts de large. Ces toiles se nomment *crées*, les plus fines se vendent 160 l. la pièce; les plus communes 60 l. Elles sont toutes de fil de lin, chaque fabricant blanchit son fil avant que de l'employer ; il n'est pas permis de fabriquer en fil gris.

Ces toiles sont enlevées pour la plus grande partie par les commerçants de Morlaix qui les envoient à Cadix et dans le Nord. Quelques commerçants établis à Landerneau en portent à Bordeaux et rapportent des vins pour la consommation de Brest et des environs.

On tient toutes les semaines à Landerneau un marché considérable de lin et de fil. Le lin se vend au poids pesant 13 livres, depuis 6 livres jusqu'à 12 livres. Le fil le plus commun se vend 50 sols la livre. Le plus fin vaut jusqu'à 10 livres, mais celui qu'on emploie davantage dans les toileries du pays vaut cent sols la livre.

J'ay appris ces détails de M. Kerdaniel, contrôleur des marques. L'inspecteur du bureau réside à Morlaix et l'inspecteur général à Rennes.

Le pain du peuple est encore cher à Landerneau, il vaut deux sols et un liard la livre ; il a valu jusqu'à quatre sols pendant une partie de l'année dernière. Le plus riche commerçant est le Sr Mazurier (80) dont la fortune est évaluée à cinq cent mille livres. Huit ou dix autres commerçants ont cent mille écus dans le commerce.

Morlaix, scitué sur l'embouchure d'une rivière profonde, est avantageusement placé pour le commerce. Des frégates

(80) J.-B. Mazurié (1717-1797), d'une famille originaire de Tinchebray en Normandie, négociant et échevin à Landerneau. Ses fils pratiquèrent le commerce dans la même ville et à Morlaix (Cf. J. Trévédy, *Mémoire inédit concernant La Tour d'Auvergne-Corret* dans le *Bull. de la Soc. Archéol. du Finistère*, 1907, t. XXXIV, p. 225-255).

de 30 canons peuvent remonter par la rivière jusque dans Morlaix, et l'on construit des bâtiments de cette grandeur sur les chantiers aux portes de la ville. Ses quais revêtus en granit sont beaux et bien entretenus ; on travaille à les prolonger; j'ay veu piquer au long de ces quais la plus belle espèce de granite que j'ai rencontrée dans toute la Bretagne; elle est marquée de rouge et de noir à grandes taches entresemées de paillettes de couleur d'or.

Un des quais qui bordent la rivière de Morlaix est terminé par une longue allée plantée de beaux arbres qui s'avance jusqu'à trois quarts de lieue de la ville en suivant toujours le bord de l'eau à travers un pays assez champêtre ; c'est une des plus belles promenades que j'aie vues (81).

La manufacture de Tabac est composée de six grands corps de bâtiments considérables sur deux grandes cours. Ils sont assez récemment construits et cependant ils menacent une ruine prochaine. Malgré la grande portée des planchers et les charges qu'ils ont à soutenir, on a voulu faire les poutres de deux pièces. Ces planches crèvent de tous les côtés et sont présentement étayés partout.

A cela près les bâtiments sont vastes, commodes et bien distribués tant en ateliers qu'en magasins. C'est même une des plus belles manufactures que je connaisse quant à ses dispositions intérieures (82).

(81) Le bel aspect du port, du quai planté d'arbres, du paysage varié sur un sol inégal est célébré dans des notes de voyage écrites en 1779 par le comte de Montboissier (Bibl. de l'Arsenal, mss. 4518, p 350). L'année suivante Desjobert écrivait : « Le port de Morlaix est joli et le quai planté d'arbres d'un côté; on peut s'y faire une idée de canaux de la Hollande ». Le port de Morlaix resserré entre des collines abruptes ressemble fort peu aux canaux hollandais; la belle allée d'arbres justifie seule la comparaison du voyageur. — La *Description de la France* de Piganiol de la Force (Edition de 1754) renferme une notice très détaillée sur Morlaix.

(82) La manufacture construite de 1736 à 1740 par le célèbre architecte François Blondel, subsiste, mais des agrandissements et diverses modifications lui ont fait perdre le bel aspect qu'elle avait autrefois. Sur la manufacture de Morlaix, voir *Inventaire sommaire* des Arch. du Finistère, série B, t. III, *Introduction* par H. B. R., p. CCXIX.

Les magasins de tabac contiennent à présent sept cents boucaux du poids de neuf cents à un millier chacun. Un bâtiment anglais que j'ay vu dans le port venoit d'apporter à la manufacture deux cent cinquante milliers de tabac.

Pour fabriquer le tabac, on défait les barriques, on détache les manoques ou paquets de feuilles; on les met en tas en les rangeant par couches, de temps en temps on arrose les couches, pendant cette opération, d'une sauce faite avec de l'eau de mer, du sel marin et du sucre.

En séparant les manoques, on en fait le triage, on met à part celles qui sont moisies pour les brûler, leurs cendres se vendent pour les buanderies au profit des directeurs et contrôleurs de la manufacture.

Lorsque les bonnes feuilles sont suffisamment imbues de leur sauce, on les porte à l'atelier des fileurs. Cet atelier est composé de vingt-cinq tables dont chacune occupe cinq hommes : deux écoteurs qui séparent les côtes des feuilles, un bougieur qui tord les feuilles en rouleaux et les donne au fileur, un donneur de feuilles qui étend des feuilles de tabac d'Hollande et les donne à mesure au fileur pour envelopper les bougies, enfin un tourneur ou torgneur qui fait mouvoir par une manivelle le tour de fer qui file le tabac. A mesure que le tabac se file, on l'accumule sur un cylindre qui peut tourner quand on veut sur son axe au milieu de la cage ou du tour et qui s'arrête par un rochet.

Tables. — Chaque table fournit par jour 145 livres de tabac. Le fileur gagne trois deniers par livre ; s'il fait dans sa journée plus de 145 livres, on lui paye le surplus à raison de 30 sols par quintal. les écoteurs et les donneurs de feuilles sont des enfants qui gagnent trois sols par jour. Le fileur et le bougieur changent de fonctions tour à tour.

Rolles. — Le tabac filé se met en rolles ; on le laisse sécher au magasin pendant quelques mois.

Carottes. — Pour le mettre en carottes, on le trempe un moment dans une sauce pareille à la première ; on en coupe six bouts d'égale longueur déterminée sur celle des moules. Les moules sont de petites cases de bois arrondies par le fond et séparées par des cloisons droites. On y range les bouts de tabac six à six et, par dessus, on met des tringles de bois creusées en rond dans leur partie inférieure. On nomme ces tringles moules supérieurs.

Presses. — On porte ensemble sous la presse six rangées de quatorze moules chacune ; on serre la presse par un long levier sur lequel quinze hommes s'appliquent à la fois pour les derniers coups.

Après avoir levé les presses, on enveloppe chaque carotte d'un ruban de fil bien serré pour qu'elle ne renfle pas ; on y met le papier et le cachet des fermes; enfin on l'ébauche avec le couteau.

Andouillettes. — Le tabac à fumer se file plus fin que le précédent ; on le façonne ensuite de différentes manières. Une partie se met en andouillettes qu'on enveloppe de larges feuilles qu'on ferme avec un poinçon et sur lequel on applique le cachet des fermes. Une autre partie se met en roles et passe sous la presse, mais dans des moules différents de ceux que j'ai décrits ci-dessus. Les moules pour le tabac à fumer sont des cylindres creux dans lesquels on met les roles et par dessus un cylindre solide. La presse appuyée sur le cylindre solide façonne le role dans le cylindre creux. Tous ces moules sont de bois ; les presses et leurs écrous sont d'acier.

Mortiers. — Les rognures des carottes et des roles sont pilés et mises en poudre dans des mortiers de pierre où quatre hommes vigoureux font tourner un gros pilon suspendu par son extrémité supérieure. Le tabac pilé se débite en Bretagne par sachets de deux onces qui portent la marque et le cachet des fermes.

Cendres. — On brule les côtes séparées des feuilles et leurs cendres se vendent avec celles des feuilles de rebut.

Les frais de la manufacture de Morlaix montent au plus à 50.000 écus par année. Elle emploie par jour cinq à six cents hommes, mais la plupart sont des enfants qui travaillent à très-bas prix. On en envoie deux cent milliers à Paris ; le reste se débite dans les bureaux de Bretagne (83).

Commerce du tabac. — Les fermiers généraux tirent chaque année d'Angleterre pour cinq millions de tabac et passent deux pour cent de bénéfice à leurs commissionnaires. Les anglais gagnent aussi le fret qui leur est payé à raison de 24 ou 25 livres par quintal. Les fermiers généraux se sont engagés depuis quelque temps à prendre sur le pied de 30 francs le quintal de tabac de la Louisiane et le gouvernement a promis un écu de gratification par quintal aux marchands français qui l'apporteront dans nos ports. Ces sages mesures rendront à nos colonies un bien qui devroit leur appartenir depuis longtemps.

Charbon. — On emploie à Morlaix beaucoup de charbon d'Isigny, et tous ceux qui s'en servent le trouvent aussi bon que celui d'Angleterre.

IX

MINES DE PLOMB

On s'écarte de la grande route pour aller aux mines de Poulawen et du Huelgoit, situées dans l'intérieur de la Basse Bretagne à une lieue de Karais. Ce pays est presque inacces-

(83) Cf. lettres de Lavoisier sur la manufacture de Morlaix en juin 1778 publ. par A. DELAHANTE, *Une famille de finance au XVIIIe siècle*, Paris, 1881, in-8°, t. I, p. 337 et suiv.

sible aux voitures ; mais si le voyage est pénible, on en est dedommagé par les objets de curiosité qu'offre le travail des mines.

Poulawen. — Celle de Poulawen [84] est présentement ouverte à 180 pieds de profondeur par trente puits dont la plupart se communiquent. Mais les travaux y sont arrêtés depuis quelque temps parce qu'on n'a point assez d'eau pour faire jouer les machines destinées aux épuisements. On a pendant plusieurs années employé à cet usage une machine à feu dont j'ay veu l'effet. Deux pompes foulantes et aspirantes mues par une roue à l'eau élèvent les eaux souterraines à 80 pieds au dessus du puits qui les rassemble ; la machine à feu les reprend dans un réservoir et les élève à plus de cent pieds au dessus. Un autre réservoir placé sur le bâtiment de la machine reçoit une partie de l'eau qu'elle élève et cette eau sert à rafraîchir le cylindre où sont reçues les vapeurs chaudes dont l'élasticité produit tout le jeu des pistons. La cherté du charbon d'Angleterre et la grande consommation qu'on en fait pour le service de cette machine obligent les entrepreneurs à l'abandonner quoiqu'elle enlève à chaque coup de piston un volume d'eau très-considérable ; ils construisent à la place des pompes menées par de grandes roues à godets de 15 et 18 pieds de diamètre. Ces roues seront mues par des chutes d'eau lorsqu'on aura fini de creuser un canal de quatre lieues de longueur que l'on fait présentement pour amener sur les machines les eaux d'une petite rivière. La largeur du canal est de six pieds par en haut et de trois pieds par en bas sur une toise de profondeur.

La mine de Poullawen est fort riche : elle fournit 70 livres de plomb par quintal de mine et un once d'argent par quintal de plomb. La mine de Huelgoet est plus difficile à traiter

(84) Les mines de Poullaouen et du Huelgoat furent concédées le 17 août 1729 à Hubert de la Dazinière qui céda ses droits à une compagnie parisienne en 1733 (cf. *Inventaire sommaire* des Arch. du Finistère, série B, t. III, *Introduction*, par H. B. R., p. CCI-CCV).

que celle-ci, mais est plus riche en argent ; elle tient deux onces d'argent par quintal de mine et rend six à sept onces d'argent par quintal de plomb.

La mine de Huelgoet éloignée de Poullawen de trois quarts de lieue a été anciennement exploitée; sa principale galerie ouverte à niveau d'un vallon pénètre dans l'intérieur de la montagne et s'avance jusqu'à 1.200 toises de son ouverture; d'autres galeries, les unes plus hautes, les autres plus basses se joignent à celle-ci par des puits de mine, et toutes se communiquent par des échelles verticales; j'ai parcouru les puits et les souterrains avec plaisir et non sans peine; j'ai vu briser les roches pleines de minéral, j'ai vu transporter leurs éclats dans des caisses hautes et étroites montées en forme de brouettes sur une petite roue qu'on fait rouler entre deux planches au long des galeries. Souvent on est obligé de briser les rochers en les chargeant avec de la poudre pour en faciliter l'exploitation. On m'a fait remarquer beaucoup de pyrites et quelquefois une espèce d'ocre rouge dans les endroits où il coule de l'eau.

On porte au bocquart la mine tirée de ces galeries ; elle est écrasée en poudre assez fine sous les coups de six pilons de bois armés de fer qu'une roue à l'eau enlève successivement et qui retombent par leur propre poids de deux à trois pieds de hauteur.

On lave cette poudre mêlée de pierre et de minéral sur des grandes tables inclinées arrosées par un courant d'eau. On étend la matière et on la remue sur ces tables ; les particules métalliques y restent et la pierre plus légère est entraînée par le courant; la mine ainsi nettoyée est reçue dans des auges au pied des tables. La conduite des eaux et la façon de les gouverner sont ménagées avec beaucoup d'art dans ces lavoirs.

Avant que de fondre la mine du Huelgoit, on est obligé de la rôtir ; son plomb est minéralisé avec le soufre. Il faut consumer ce soufre avant que d'exposer la mine au feu des fourneaux, autrement le métal serait enlevé par le soufre et la mine ne rendrait presque rien.

1er Feu. On mèle la mine avec de la chaux, on l'étend sur une aire enfermée entre trois petits murs ; on arrange par dessus des lits de fagots qu'on allume, elle reste sous le feu pendant cinq à six heures. On dit que cette opération en dégage de l'arsenic, mais je n'ai point senti l'odeur d'ail auprès des fours ; l'odeur qu'ils exhalent m'a paru la même que celle qui se fait sentir pendant la calcination du vitriol.

Fourneau de fusion. — La mine de Poullawen qui contient peu de soufre n'a point à subir cette opération. On la porte du bocquart aux fourneaux de fusion ; ce sont de grands fourneaux à manche où l'on range alternativement des lits de mine et de charbon de bois. Quand ils sont tout à fait remplis, on en mure le devant avec des briques, on laisse une ouverture en bas pour allumer le feu et pour laisser couler le métal dans un petit bassin enfermé en terre. Ce bassin percé vers le fond s'ouvre et se ferme à volonté. On le décharge quand il est plein dans une espèce de gouttière où l'on ramasse le plomb avec des cuillers de fer pour le couler en saumons dans des moules. Les moules sont de fer et contiennent chacun cinquante livres de plomb.

Avant que de vuider le bassin, on enlève les scories qui nagent à la superficie ; ces scories sont un verre métallique très-noir qui s'éclate en refroidissant et ce verre est parfaitement semblable au verre noir fossile qui m'a été donné par M. Héron.

A mesure que le plomb s'écoule du fourneau, on recharge le fourneau par en haut avec de nouveau charbon et de nouvelle mine. Deux grands soufflets de bois dont les diaphragmes sont balancés par une roue à godets chassent l'air avec rapidité dans le bas du fourneau par une tuyère qui leur est commune. C'est près de cette tuyère que se vitrifient les matières étrangères au métal. Le fourneau étant une fois allumé travaille deux et trois mois sans interruption. S'il vient à se dégrader, un autre fourneau placé dans le même atelier est tout prêt à continuer l'opération.

L'Affinage ou la séparation de l'argent se fait dans un fourneau très-différent de ceux-ci. On met le plomb dans un bassin de terre à creuset construit dans un cadre de fer formé par huit grosses barres. Ce bassin ou creuset a peu de profondeur et beaucoup de superficie, on le place au milieu du fourneau sur une petite voûte; il est couvert d'un dôme ou reverbère très-plat en forme de calotte sans aucune ouverture ; à côté est un long fourneau étroit ouvert par une longue rainure entre le bassin et son réverbère. On allume un feu de bois très-vif dans ce fourneau, la flamme qu'il répand coule au long du réverbère au dessus du métal et sort dans une cheminée par une autre rainure opposée à celle du fourneau.

Sur les deux autres côtés du même bassin sont pratiquées deux autres ouvertures opposées au dessus du bassin, au dessous du réverbère, vers le milieu de ces deux calottes. Sur l'une, on place un saumon de plomb qui se fond peu à peu, et l'on fait passer à côté le porte-vent d'un gros soufflet qui forme un courant d'air très rapide sur la surface du métal en fusion. La flamme rabattue sur le plomb par le réverbère convertit le métal en litharge ; le vent du soufflet enlève la litharge à mesure qu'elle se forme et la chasse hors du bassin par l'ouverture opposée au porte-vent. On ramasse la litharge où elle s'accumule en morceaux, l'argent reste en forme de plateaux au fond du bassin.

On ne fait que repasser la litharge dans un fourneau et elle coule en un plomb plus pur que le premier, c'est ce qu'on appelle plomb revivifié de la litharge. Le déchet de l'affinage est d'environ douze livres par quintal de plomb.

On sépare aussi l'argent de la mine du premier coup par un autre affinage peu différent de celui-ci. On fond à la fois dix à douze milliers de mine en trente-six heures ; le plomb se convertit en litharge et on le revivifie par une simple fusion. On traite ainsi la mine du Huelgoat qui tient deux onces d'argent par quintal de minéral.

Les mines de Poullawen et du Huelgoat ont employé jusqu'à huit cent cinquante hommes par jour l'année dernière; à présent elles n'en occupent que cinq à six cents; la mine de Poullawen ne peut être travaillée que l'hiver, quand les eaux de pluie fournissent aux réservoirs que l'on a creusé pour le service des pompes. Cette mine est présentement noyée parce que les réservoirs sont à sec.

L'interruption des travaux est un très-grand inconvénient dans l'exploitation des mines. On n'y sera plus exposé quand on aura finy le nouveau canal.

Soixante mineurs allemands gagés par les entrepreneurs sont employés sur ces mines ; les machines sont construites et les travaux sont dirigés par M. Cunig, ingénieur allemand (85). Le Sr Caponet (86) a la direction des fontes et des affinages. Les dépenses de cette exploitation montent à 450.000 livres chaque année, tant en frais de bois et de charbon qu'en appointements, gages, paye de journaliers, entretien de machines. Les entrepreneurs viennent de bâtir

(85) Dans un mémoire présenté en 1758 (Arch. Ille-et-Vilaine, C. 1493), le saxon Konig expose qu'il est employé dans les mines de France depuis 20 ans et qu'il sert en Bretagne depuis 10 ans; il s'occupait des mines de charbon aussi bien que des mines de plomb : il portait d'ailleurs en 1754 le titre d'inspecteur général des mines de France. Dans ce mémoire, il essayait de convaincre le gouvernement de l'importance des gisements de charbon reconnus en Bretagne et des facilités que le voisinage des ports procurait pour l'exportation « si bien que les côtes de Bretagne ne céderont peut-être un jour rien aux Indes noires des Anglais ».

(86) En 1750, la compagnie était composée de D'Arcy oncle, D'Arcy neveu, capitaine de cavalerie et membre de l'Académie des Sciences; Favre, Gallois de Fins, Sollicaffre, Thélusson, Guigner de Prangins, Lortemart, Guillot, Lachaux et Hotzendorf. Patot, intéressé dans l'entreprise, résidait sur les travaux qui étaient dirigés par Konig, géomètre et inspecteur; Coponnet, inspecteur des fontes et affinages, et Belleville, secrétaire général.

une jolie maison pour loger les directeurs et les employés sur la mine même de Poullawen.

Ces mines qui sont exploitées avec profit depuis cinq ans ont rendu douze à dix-huit cent milliers de plomb chaque année et jusqu'à cent vingt marcs d'argent. Ce plomb rendu à Rouen est payé dix-sept à dix-huit livres le quintal par les entrepreneurs de la manufacture de plombs laminés [87].

Poullawen est environné de 4.000 arpens de bois en futayes épars à cinq ou six lieues à la ronde. Ces bois appartiennent au Roy et l'exploitation en est réglée à trente-neuf arpens par an. Des coupes aussi considérables produisent infailliblement une disette de bois dans le pays, et le bois manquant on sera forcé d'abandonner les mines. Il seroit important pour les conserver de réduire les coupes à six arpens par an. Ces bois qui se vendoient 500 livres l'arpent il y a cinq ans valent à présent 1.000 livres. Les paysans des villages voisins les achettent en concurrence avec les entrepreneurs pour les vendre à la marine. Un des meilleurs moyens de soutenir et de seconder l'exploitation des mines de Poullawen seroit d'accorder chaque année aux entrepreneurs trois ou quatre arpens de futaye dans les bois du Roy sur le pied de 700 francs l'arpent. Ces travaux méritent d'autant plus de protection qu'ils servent à former des mineurs pour la France. On connoit des mines fort riches dans le royaume, on a tenté plusieurs fois d'en mettre en valeur et ces entreprises ont toujours mal réussi faute d'ouvriers expérimentés dans ces sortes de travaux qui demandent des connaissances acquises par une longue pratique.

(87) On conserve à la Bibliothèque Mazarine (Mss. 3723, fos 41-80) un intéressant mémoire, provenant des archives Mignot de Montigny, sur l'exploitation des mines de Poullaouen. Ce document est trop long pour être publié; de plus, la disparition d'un plan, qui l'accompagnait jadis, rend quelques chapitres obscurs, mais nous signalons aux historiens des mines de Bretagne ce mémoire écrit probablement en 1752, où ils trouveraient des renseignements précis sur les phases de l'exploitation (ouverture des puits, construction d'une machine à feu en 1747, etc...; de machines hydrauliques et de canaux en 1749, découvertes de filons, etc.) et sur les diverses catégories des ouvriers employés à la mine, à la laverie, à la fonderie, etc., et sur leur solde.

X

ROUTE DE MORLAIX A RENNES

La route de Morlaix est la meilleure que j'aye parcouru dans la Bretagne [88]. Elle passe par la ville de Guingamp, Saint-Brieuc et Lamballe dont les traversées sont aussy désagréables que celle de Vannes par le peu de soin qu'on a d'entretenir et de réparer le pavé dans ces villes. Celle de Guingamp paroît très commercante. On y tient un marché considérable. Des hauteurs voisines de Saint-Brieuc on a la vue de la pleine mer. Lamballe n'offre rien de remarquable. Les environs de ces trois villes paroissent bien cultivés [89] ainsi que le reste du pays jusqu'à Rennes. Tous les champs sont environnés de fossés bien entretenus, dont les revers sont tous plantés en chênes. On coupe tous les cinq ans les branches de ces arbres et c'est ce qui produit presque tout le bois de chauffage qui se consume dans la Haute Bretagne où les grands bois sont très-rares. Les paysans sont obligés de se garder eux-mêmes ; c'est ce qui les détermine à enfermer leurs héritages de fossés larges et profonds. Les villages, les villes et les ponts sont tous construits en granite comme dans le reste de la Province.

(88) Montullé fait la même remarque.

(89) En 1785, Marlin remarqua le bon état des cultures entre Lanmeur et Lanvollon, mais, dans cette région plus encore que dans le reste de la Bretagne, il fut frappé du contraste entre la fertilité du sol et la misère des cultivateurs : « Cette presqu'île est une terre promise, mais pour un petit nombre d'élus seulement ».

XI

RENNES

Cette ville riche et peuplée est une des plus jolies capitales que nous ayons dans nos provinces [90]. Ses nouveaux quartiers, bien percés, bien bâtis, sont embellis par deux grandes places dont les façades régulières sont presque entièrement achevées. Ces places servent d'entrée à trois grands édifices d'architecture moderne noblement et simplement ornés. Le plus considérable est le Palais dont la façade occupe un des côtés de la grande place. Au dedans quatre grands corps de bâtiments enferment une cour carrée entourée de portiques à l'italienne. Le dessus de ces portiques forme, au premier étage, quatre grandes galeries qui se communiquent et qui distribuent aux Chambres du Parlement, toutes ornées de fort bon goût et dont quelques-unes ont des plafonds peints par Jouvenet [91].

Les autres bâtiments qui donnent sur la place sont d'une architecture peu différente de celle de la place Vendôme, mais il en reste tout un côté à décorer. Au milieu de la place est une figure équestre de Louis XIV en bronze dont le piédestal est embelli par des bas-reliefs de même métal.

Les façades du Présidial et de l'Hôtel de ville décorent la petite place de Rennes. Ces deux édifices accompagnent

(90) Ce jugement contraste avec celui de quelques voyageurs. En 1768, Bernardin de Saint-Pierre déclare la ville triste; en 1780, Desjobert parut surpris qu'on laissât en permanence sur la place publique la potence et l'échafaud, ce qui pouvait contribuer, en effet, à donner l'impression de tristesse enregistrée par Bernardin; en 1787, la maussade baronne d'Oberkirck nota qu'elle fit à Rennes un excellent souper, après quoi elle ajoute : « Nous y restâmes peu cependant, car nous ne trouvâmes guère à voir, ni à apprendre dans ce pays perdu ». Les voyageurs moins hostiles aux villes provinciales ne dédaignaient pas de voir le Palais du Parlement, la Mairie, les statues de Louis XIV et de Louis XV, la promenade du Thabor. Piganiol de la Force signale aussi le magnifique cabinet du président de Robien.

en forme de pavillon un grand corps rentrant d'architecture dont le milieu doit être occupé par le beau monument de marbre et de bronze que la province veut ériger au Roi et qu'elle fait faire par le Sr Lemoine (92).

Les Etats. — En voyant le Parlement, le Présidial et l'Hôtel de ville si bien bâtis, on croirait que les Etats de la province s'assemblent dans un lieu pour le moins aussy décoré, mais il s'en faut bien qu'il réponde à cette idée; c'est une grande salle basse et mal éclairée du couvent des Cordeliers tendue de vieilles tapisseries mi-partie des armes de France et de Bretagne. Cette salle forme un grand théâtre élevé de dix à douze marches au-dessus du vestibule qui la précède. Ce théâtre est garni de banquettes sur trois de ses côtés. Au fond est un dais sous lequel sont assis l'évêque de Rennes, président-né (93) du clergé et celui des barons qui préside la noblesse. A la droite du premier, les évêques sont assis sur le même banc, et de l'autre côté les barons ou les gentilshommes qui les représentent. L'ordre de la noblesse occupe toute l'aile du théâtre du côté des balcons. Vis-à-vis sont rangés sur l'autre côté les abbés, les députés des chapitres et tout le reste du clergé. A leur suite et sur les mêmes bancs est le tiers état composé des maires et des députés des villes qui sont présidés par le sénéchal de Rennes.

Quand le commandant de la province vient aux Etats, soit pour les ouvrir, soit pour les fermer ou pour quelque

(91) Les tableaux du Parlement à Rennes et le tombeau de François II à Nantes étaient mentionnés dans l'ouvrage de Piganiol de la Force; tous les voyageurs allaient les admirer, mais, sauf Du Buisson-Aubenay, en 1636, et Mme Craddock, qui visita en 1785 toutes les églises de Nantes, ils ne cherchaient pas à découvrir d'autres œuvres d'art. Les églises construites par les Jésuites à Rennes, Brest, Quimper et Vannes et l'abbaye de Prières sont souvent citées avec admiration; la cathédrale de Dol n'a été nommée que par Thomas du Fossé : il la trouva « fort champestre ».

(92) La statue fut inaugurée le 10 novembre 1754.

(93) L'évêque de Rennes n'était pas président-né. L'ordre de l'Eglise était présidé par l'évêque du diocèse auquel appartenait la ville où les Etats étaient convoqués; le sénéchal du ressort présidait l'ordre du Tiers.

affaire qui demande sa présence on lui dresse un throne sous le dais, un peu au devant des deux présidents du clergé et de la noblesse.

Lorsqu'on met une affaire en délibération dans l'assemblée des Etats, chaque président recueille les voix de son ordre. La pluralité des voix fait le vœu de chaque ordre et l'affaire passe à la pluralité des voix de deux ordres contre un. Si les voix sont partagées dans un des trois ordres, il demande à délibérer séparément et pour lors le clergé et le tiers état se retirent dans leurs chambres pour y discuter l'affaire en particulier et ils ne rentrent aux Etats que quand ils ont un avis formé. Pour la noblesse elle ne quitte jamais le théâtre et elle y fait ses délibérations en public pendant que les deux autres ordres sont retirés.

Lorsque les Etats ont quelque proposition ou quelque demande à faire à la Cour, ils envoient une députation au commandant de la province.

Les députés sont admis chez le commandant au *tapis vert :* on appelle ainsi le bureau qu'il tient chez lui pour les affaires de la province avec les commissaires du Roy qui sont l'intendant, le premier président du Parlement, le procureur général et les avocats généraux (94).

Quand une affaire est entamée dans l'assemblée des Etats, l'assemblée tient jusqu'à ce que l'affaire soit décidée. Tout le monde entre à ces assemblées, on en sort quand on veut, on s'y promène, on y parle, on y crie; on voit peu d'assemblées aussi tumultueuses.

A la première séance où j'assistai, le président de Bédée, procureur général syndic des Etats, homme âgé et infirme, donna la démission de sa place, mais il fut continué par acclamation pour prix de ses anciens et bons services.

Aux autres séances il n'a été question que de l'affaire du vingtième. Tout étoit alors en combustion. Le tiers état acceptoit le vingtième et demandoit des modifications dans

(94) Fréquemment, le Roi désigna d'autres commissaires.

son recouvrement; le clergé étoit de l'avis de la Cour; la noblesse ne vouloit entendre parler ni de modifications, ni de vingtième et refusoit constamment de donner son avis, voyant que le vingtième alloit passer à la pluralité des voix du tiers état et du clergé réunis. Je fus témoin de leurs débats le 20 octobre à onze heures du matin, à quatre heures de l'après-midy, à minuit et par delà. J'y retournai le lendemain à huit heures du matin : l'assemblée tenoit encore et les affaires n'étoient pas plus avancées que la veille [95].

Les ducs de Rohan et de la Trémouille qui possèdent les deux plus anciennes baronnies président tour à tour la noblesse de Bretagne; en leur absence, ce sont les barons de Lannion [96] et de la Roche-Bernard, à moins qu'ils n'aient des charges dans le Parlement. Les charges donnent l'exclusion non seulement pour la présidence, mais aussy pour la séance aux Etats, excepté celle du sénéchal de Rennes, président-né du tiers état. Les deux officiers syndics de la province que les Etats choisissent pour faire les fonctions de procureurs généraux peuvent être pris dans le corps des magistrats, mais ils ne font que rapporter aux assemblées et n'ont point de voix. Ces places sont recherchées tant pour le crédit et la considération qu'elles donnent que pour les appointements qui y sont attachés.

Immédiatement avant l'ouverture des Etats de Bretagne, on tient à Nantes les petits Etats où l'on reçoit les comptes du trésorier de la province. On y prépare aussi les différentes affaires qui doivent être portées aux assemblées des états généraux.

(95) En 1752, l'étude de la question du vingtième fut lente et laborieuse; le procès-verbal porte que le 19, le 20, le 21, le 22, etc., les ordres se retirèrent dans leurs chambres pour délibérer. Ils ne parurent dans la salle commune que pour entendre diverses communications des commissaires du Roi et pour nommer, le 21, des députés chargés d'aller prendre des nouvelles d'un membre de l'Assemblée qui était malade (Arch. d'Ille-et-Vilaine, C. 2824).

(96) La Noblesse fut présidée le 20 et 21 octobre par le comte de Lannion en qualité de baron de Malétroit.

A présent les grands Etats ne se tiennent plus qu'à Rennes; autrefois on les tenoit successivement dans les différentes villes de la province : à Saint-Malo, à Vannes, à Saint-Brieuc et même à Ancenis. Cet usage qu'on a vraisemblablement abandonné pour la commodité de ceux qui président aux Etats étoit fort avantageux à la province (97).

XII

ROUTE DE RENNES A SAINT-MALO

Les chemins sont assez beaux dans cette partie de la Bretagne; on travaille encore dans quelques endroits à substituer des empierrements à un ancien pavé détestable. Ces empierrements ne sont point encaissés et pourroient n'être pas durables, mais ils sont plus roulants que ceux qui ont été faits au coté de Nantes, parce qu'on a soin de casser à la masse les pierres de la superficie.

J'ai trouvé parmi ces pierres des cailloux de Rennes (98) en quelques endroits, et une singulière espèce de granit tout rouge mêlé de paillettes talqueuses de couleur d'or. Cette matière abonde entre la montagne d'Hédé et Saint-Pierre-de-Plesguen. Le païs paroit fertile et le coup d'œil des campagnes est le même à peu près qu'aux environs de Paris; elles ne sont point entourées d'arbres, de fossés et de hayes comme dans le reste de la province (99).

La route traverse la petite ville de Châteauneuf dont la position est jolie et finit à Saint-Servan, autre ville plus

(97) Les Etats furent tenus en 1758 à Saint-Brieuc, en 1764 à Nantes, en 1768 à Saint-Brieuc, en 1772 à Morlaix.

(98) Poudingue formé de quartz et de diverses roches susceptibles d'un beau poli.

(99) Cette remarque n'est pas exacte; sauf peut-être dans quelques landes, peu nombreuses dans cette région, et dans la *brière* du marais de Dol, les champs sont aussi soigneusement enclos de haies que dans les autres parties de la province.

considérable qui n'est séparée de Saint-Malo que par le port.

Saint-Malo forme deux fois par jour au terme de la haute mer une presqu'île jointe au continent par une longue et belle chaussée revêtue de pierres de taille dans une longueur de trois quarts de lieue environ. Cette chaussée fait le fond du port où les vaisseaux restent tous échoués sur le sable au temps de la basse mer, on peut traverser directement en voiture de Saint-Malo à Saint-Servan sur la grève sans être obligé de faire par la chaussée le tour du port. Les voitures passent sous les beauprés des vaisseaux dans un embarras de barques, d'ancres et de cordages.

Un grand château à deux enceintes flanquées de grosses tours bien garnies d'artillerie commande la ville et défend la chaussée. La ville est enfermée d'une magnifique enceinte de murs garnis de tours et de bastions baignés par la mer, ouvrages faits sous le règne de Louis XIV avec toute la propreté et toute la solidité possible. Ils se terminent en haut par de larges plate-formes sur lesquelles on fait tout le tour de la ville à la vue du port et de Saint-Servan d'un côté, de l'autre à la vue de la pleine mer couverte d'isles, de rochers et de châteaux forts qui rendent ces parages très sûrs en temps de guerre.

Parmi ces forts, on voit celui de la Conchée bâti par M. de Vauban sur un rocher, dans la mer, à une lieue et demie de la ville. L'abord en est fort difficile pour peu que la mer soit agitée; il faut sauter du bord de la barque sur un escalier détaché des murs. Les sentinelles abaissent un pont-levis à ceux qui leur montrent de loin une permission d'entrer dans le fort.

Les batteries de la Conchée ressemblent assez à celles d'un vaisseau. Ce fort est un carré long dont les angles sont arrondis. La batterie basse est à couvert sous quatre galeries voûtées qui font le tour du château enfermant une grande citerne au milieu d'elles. J'ai admiré sous ces voûtes des coupes singulières très difficiles exécutées en granit avec beaucoup de précision. Les murs épais qui les soutiennent sont percés de vingt fenêtres larges et basses, en forme de sabords, qui donnent passage à un pareil nombre de pièces de canon de 48 livres de balle. Au-dessus des galeries est une plate-forme garnie d'une aussi forte artillerie, mais cette batterie supérieure est à découvert.

Les fortifications de la Conchée, celles de la citadelle et de la ville de Saint-Malo sont les seuls objets qui méritent l'attention des voyageurs. A l'extérieur la ville paraît belle. Les maisons qui bordent les murs sont bien bâties en pierre de taille; la plupart ont cinq et six étages, mais le bas en est triste et sans vue. Le dedans de la ville ne répond pas au coup d'œil extérieur : la plupart des rues sont étroites et mal bâties (100).

Cette ville a été beaucoup plus riche et commerçante qu'elle n'est aujourd'huy (101). Elle faisait autrefois le commerce des grandes Indes; à présent son commerce est réduit à la pêche du banc de Terre-Neuve et à la traite des denrées de nos colonies américaines. Plusieurs commerçants de Saint-Malo ont aussi des maisons à Hambourg et à Cadix. Mais le grand objet du commerce est la pêche des morues. On envoie tous les ans à cette pêche cent-quarante bâtiments tant de Saint-Malo que de Granville. Chaque bâtiment porte une vingtaine de chaloupes, des grappins, des

(100) L'impression de M. de Montullé fut meilleure : « Saint-Malo est à mon gré la plus jolie ville de la Bretagne »; mais il eut la curiosité d'aller voir sortir les célèbres dogues qui gardaient la nuit les abords de la ville et il constata qu'ils répandaient une odeur épouvantable.

(101) Cf. Montullé : « Saint-Malo n'est pas actuellement aussi riche qu'il l'a été autrefois; la guerre est le temps et la source de sa grandeur, mais son commerce diminue par celuy de la Compagnie des Indes qui le rend aujourd'hui moins florissant et fait que bien des familles quittent ce pays pour aller s'établir à Lorient ». — Les causes de la décadence du commerce malouin ont été mises en lumière dans la belle étude de M. H. Sée : *Le commerce de Saint-Malo dans la deuxième moitié du XVIIIe siècle* (*Revue internationale du commerce, de l'industrie et de la Banque*, 30 septembre 1924).

cordages et du sel. Une partie des vaisseaux sort en mars et revient au mois de juin; une autre bande part au mois de may et rentre dans le courant d'octobre. La pêche de cette année a été si abondante qu'il a fallu en laisser à terre une partie et la morue valait douze livres le quintal au mois d'octobre.

Saint-Servan. — Le port de Saint-Servan où débouche la rivière de Dinan a beaucoup plus d'eau que celui de Saint-Malo : les vaisseaux y flottent à la basse mer. Ces deux ports dont la rade est commune ne sont séparés que par une langue de terre assez étroite. C'est au port de Saint-Servan que se font la plupart des constructions pour les armateurs de Saint-Malo, à la vue de leurs maisons de campagne dont la ville de Saint-Servan est entourée. Cette petite ville est habitée par un peuple nombreux distribué sur six paroisses [102]. Ses habitants sont ocupés aux travaux du port et plus encore à la pêche tant sur les côtes de Bretagne et de Normandie que sur les côtes d'Angleterre. On voit du fort de la Conchée la côte de Cancale, fameuse pour ses huîtres. Aux sardines près, la mer fournit aux environs de Saint-Malo d'excellent poisson en abondance.

XIII

ROUTE DE RENNES A PARIS

On vient aisément en deux jours et demi de Rennes à Paris par les villes de Vitré, la Gravelle, Laval, Mayenne, Alençon, Mortagne, Verneuil, Dreux et Versailles. Je ne me suis point arrêté. On visite les équipages à la Gravelle [103] et l'on y paye des droits d'entrée en passant

(102) Une seule paroisse existait à Saint-Malo l'auteur ajoute Saint-Servan et les paroisses voisines jusqu'à Cancale peuplées de matelots malouins.

de la Bretagne dans la généralité de Tours qui finit aux portes d'Alençon.

Les chemins sont faits et bien entretenus depuis Rennes jusqu'à Paris, on y voit de belles parties d'empierremens sur les généralités de Paris et de Tours, mais dans toute celle d'Alençon il est rare de trouver cent toises de chemins alignés. Ceux qui s'élèvent en tournant autour des montagnes ont été mal construits. Au lieu de faire des fossés au pied des glacis, on a donné des pentes aux chemins sur leur largeur, ce qui les rend sujets à être dégradés par les ravines. Cependant ces chemins mal faits sont ornés de pyramides de granite, monuments élevés à l'honneur du magistrat plus glorieux qu'habile par qui ces travaux ont été dirigés.

Pour copie conforme :

H. BOURDE DE LA ROGERIE.

(103) Mayenne, arrondissement de Laval, canton de Loiron.

SOLDATS PAYSANS

I

Soulevés du sol, arrachés à leurs villages, à leurs bourgs, les paysans se sont tout naturellement groupés dans le cadre familier de la paroisse. Les paroisses ont formé des compagnies et les compagnies se sont agglutinées. Bientôt on put distinguer quatre armées principales qui englobèrent l'ensemble des combattants des provinces insurgées : l'armée du Poitou, celle de l'Anjou, celle du Centre, celle du Marais.

La première, l'armée du Poitou, porte souvent le nom de *Grande Armée;* d'autres fois, ce terme est réservé à la totalité des troupes qui luttèrent contre les Mayençais, qui seront brisées à Cholet et iront se dissoudre au delà de la Loire. L'armée du Poitou comprend non seulement les Poitevins des environs de Bressuire et de Châtillon, mais encore les Angevins de Cholet, de Beaupréau, de Chemillé, de Coron, de Maulévrier et de Saint-Lambert-du-Latay. Elle égale en force — 20.000 à 40.000 hommes — les autres armées réunies. Elle a pour chefs Lescure, Marigny, La Rochejaquelein.

A la tête de la seconde, l'*Armée d'Anjou*, on voit Cathelineau, Bonchamps, d'Elbée; au retour d'outre-Loire, elle aura Stofflet, puis d'Autichamps. Elle s'élève à 10.000 ou 15.000 hommes, rassemblés de Montrevault aux rives de la Loire, territoire peu étendu.

Ces deux armées se recrutent sur la rive droite de la Sèvre; les deux autres, sur la rive gauche. L'armée dite du Centre obéit à Royrand, ayant sous ses ordres Sapinaud de la Verrie, Béjarry, d'Esigny. Elle occupe, de Montaigu à la mer, en passant par la Roche-sur-Yon, un pays resserré entre ceux des autres armées. S'y rattachent de nombreux petits chefs ivres d'indépendance : Saint-Pal, Verteuil, Bulkeley...; ils ne s'entendent entre eux que pour fronder l'autorité supérieure. 5.000 hommes peuvent être mis sur pied. Le quartier général varie selon les nécessités : Montaigu, Chantonnay et surtout l'Oie, carrefour stratégique, point central.

Enfin, la quatrième armée, celle du Marais, celle de Charette, la plus faible d'abord, recrutée dans le pays de Raiz, dans la Basse-Vendée, et dans le pays entre Loire et Sèvre (Le Loroux). Elle débordera sur les autres territoires et finira par devenir la plus importante aux derniers temps de la Vendée militaire : 5.000 hommes au début; le double plus tard.

Tous les historiens de la Vendée ont tenté de rechercher le total de ces paysans ainsi devenus soldats chez eux, pour ne pas combattre au dehors. Les chiffres font des bonds fantastiques. Kléber dit que 60.000 hommes passèrent la Loire et qu'il en resta bien 20.000 en deçà. La réponse au *Mémoire* de M. Gillier, faite pour encourager les Anglais à envoyer des secours, dit : « On croit pouvoir assurer sans exagération qu'il y a dans le pays conquis plus de 100.000 hommes en état de porter les armes dont le plus grand nombre les porte habituellement ».

Ce qui fausse les évaluations, c'est le caractère torrentiel de la guerre : les armées roulant à flots pressés la veille sont presque à sec le lendemain. Et les recrues prennent une part si inégale à la guerre! « J'ai connu, écrit un paysan devenu capitaine, un homme allié à ma famille qui estimait à quatre-vingts le nombre des bleus qu'il avait tués. Son frère, qui était agile et vigoureux, n'avait tiré qu'un coup de fusil dans sa vie; il visait un merle, il ne l'avait pas tué, mais il lui avait fait grand peur. » Par contre, Pierre Devaud qui débuta en 1792, lors des événements de Châtillon, quitta quarante-cinq fois sa maison et se battit soixante-six fois. Dans le seul mois d'août 1793, il parcourut à pied, par des chaleurs excessives, environ quatre cents kilomètres, soit la distance de Nantes à Paris ou de Nantes à Bordeaux [1].

La seule troupe régulière de la Vendée, en dehors des Allemands enfuis de la légion germanique ou du régiment de La Mark [2] et disséminés dans les corps de troupes, furent deux compagnies de chasseurs organisées à ses frais par Bonchamps; hommes magnifiques, très grands, de bonne mine, en grande partie Bretons des bords de la Loire, contrebandiers ou gardes-chasse déjà habitués à une discipline, rompus à l'obéissance.

Rebelles et non soldats, rebelles pour ne pas être soldats, les combattants vendéens ne touchaient naturellement aucune solde. Payés, ils eussent amoindri la valeur sans limite de leur sacrifice. Lors du soulèvement artificiel et mécanique de 1832, les Chouans recevront des soldes; ils feront figure de soldats incorporés. Marque souveraine de deux états d'âmes différents.

Bien entendu, pas d'uniforme, un uniforme eût été une livrée de servitude. Le vêtement se compose généralement d'un habit-veste en toile rustique et d'une culotte bouffante; le tout surmonté d'un vaste chapeau ou plus simplement d'un mouchoir rouge de Cholet, à l'instar d'Henri de La Rochejaquelein, ainsi coiffé lors de la prise de Fontenay. Pour unique chaussure, des sabots. Les poches de vestes tiennent lieu de gibernes. Parfois, un havresac pris aux républicains sert à mettre les vivres.

(1) DEVAUD (Pierre), *Mémoire*, préface de l'abbé UZUREAU, p. 15, note, et 33, 75.

(2) GABORY (Emile), *Les Allemands dans les armées républicaines et royalistes pendant les guerres de Vendée* (*Revue du Bas-Poitou*, 1919).

Si les vêtements manquent de variété, on n'en peut dire autant des armes. Les bourgeois des villes qui assistèrent au passage des colonnes vendéennes ne purent oublier cette vision d'un autre âge. En tête s'avance les hommes portant des armes à feu : vieilles arquebuses conservées dans les châteaux, antiques fusils de chasse, longues et lourdes canardières, fusils de munitions, butin des batailles. Ensuite, marchent les porteurs d'armes blanches. Même diversité hétéroclite : sabres pris aux républicains ou forgés sur les lieux rustiquement; baïonnettes; « poignards à deux tranchants »; faux, hier, destinées aux moissons, aujourd'hui emmanchées à l'envers et devenues de terribles moissonneuses d'hommes; énormes couteaux de pressoirs qui, maniés par les gars du Loroux, font maintenant jaillir le sang, au lieu du jus des vendanges; enfin, simples bâtons auxquels on a ajusté une pointe de fer longue et acérée, baptisés piques : « Malheur au républicain qui tombe blessé entre les mains des Vendéens. Je ne conçois pas de supplice plus cruel que celui d'être déchiré à coups de piques », écrit Lucas-Championnière.

Après les fantassins, voici la cavalerie au trot lourd et inégal. Rien de plus inattendu et de plus pittoresque. Il est vrai, cette cavalerie s'est montée de façon économique. Un jeune homme de seize ans, appelé Lebrun, à qui Bonchamps disait : « Tu es trop jeune pour servir, tu ne pourras suivre », répondit : « J'irai à cheval. — Tu n'as pas de cheval. — J'en prendrai un aux bleus ». Il en prit plusieurs et les autres furent cueillis dans les métairies des patriotes. L'ambition de tout fantassin est de tuer un gendarme pour devenir cavalier.

Et ces cavaliers, eux que l'on nomme, on ne sait pas très bien pourquoi les « marchands de cerises », quelle allure est la leur ! Ils chevauchent des montures disproportionnées ! En guise de selles ils ont des bâts; pour étriers des cordes à foin et pour bottes des sabots. Le mousqueton est remplacé par un fusil long attaché derrière le dos, le sabre par un couteau de sabotier. Les élégants revêtent des culottes à larges raies. des ceintures de couleurs et un vaste chapeau, à la fois parasol et parapluie [3]. M. de Dommaigné, le plus remarquable général de la cavalerie vendéenne, tente d'en faire un corps régulier, il n'y pourra réussir. Utile surtout pour les patrouilles et grand'gardes, elle attaque sans ensemble et sa confusion devient vite une cause de défaite; à Luçon, par exemple. A Nort-sur-Erdre, cependant, le 27 juin, en passant la rivière au bon endroit, elle met en fuite les soldats de Meuris pris à revers et assure la marche sur Nantes [4].

Derrière la cavalerie, roule l'artillerie. Un bruit d'enfer, Tout d'abord, on se servit de canons de bois creusés dans des madriers d'ormeau, fortement cerclés par des liens de fer placés à chaud et mis à *touche touche*. Il en existait des fabriques dans les communes de Palluau et de Saint-Etienne-du-Bois. Les essais ne répondirent pas aux espérances; des servants périrent dans l'éclatement des pièces et l'on renonça à leur emploi.

Les canons républicains sont de meilleure trempe. Il s'agit de les prendre; on les prend avec des bâtons, en se couchant à terre, quand passe la volée. Joie, délire chez les paysans qui attachent une sorte de fétichisme barbare à ces machines tonnantes et semeuses de mort. Dans les deux premiers mois de la guerre, les républicains perdent trois cents canons et cinq cents caissons. Un des chefs rebelles, affirme Kléber, aurait alors écrit au ministre de la guerre : « Nous sommes en ce moment suffisamment pourvus de bouches à feu. Je vous prie donc, Monsieur, de ne plus vous presser à nous en envoyer d'autres ».

(3) LUCAS-CHAMPIONNIÈRE, *Mémoires*, 31, Mme DE LA ROCHEJAQUELEIN, 118; BOUTILLIER DE SAINT-ANDRÉ, 77.

(4) *Soc. d'Emulation de la Vendée*, 1913, 31; Ferdinand CHAUVIN, *Les Soirées Vendéennes*.

« Six-sous » eut la garde du fameux *Missionnaire*. Ce Six-sous était un homme violent et de loyalisme suspect; il avait froidement abattu un négociant choletais du nom de Ballard. Le 29 mars 1793, à Chemillé, Stofflet remarqua que ses coups ne causaient aucun trouble parmi les républicains : Six-sous tirait sans avoir mis de projectile. Arrêté, il fut trouvé porteur de 22.000 francs en assignats. Il protesta de son innocence; on le relâcha, mais, s'étant sauvé, il fut rattrapé. Il demanda alors à mourir foudroyé à la gueule de son canon; on le fusilla tout simplement par derrière, les yeux bandés.

En réalité, l'artillerie ne sert guère que dans les poursuites et pour la défense d'un poste; les paysans ont de la peine à se familiariser avec son bruit. Sapinaud de la Verrie tente de les y accoutumer, Marigny étend cette instruction; chaque pièce a son pointeur. Le chevalier Perreau, officier d'artillerie, commande l'arme en Anjou et Le Couvreur, ouvrier forgeron, la dirige au pays de Charette.

II

L'immense armée — infanterie, cavalerie, artillerie — continue sa route, épousant la forme des plaines larges ou des vallons étroits. Le service des étapes est inconnu : le soir, on s'héberge comme on peut dans les petites villes, dans les bourgs, dans les fermes isolées; on campe en pleins champs. De rares compagnies se procurent des tentes façonnées avec des draps, des voiles et des avirons de barques en guise de supports. La camaraderie règne; gentilshommes, citadins, paysans mangent à la même table, partagent les mêmes lits. Le soir, on allume des feux de distance en distance ; à l'aube, quelques coups de fusil tirés intentionnellement mettent toute la troupe sur pied, à moins qu'au cours de la nuit une alerte imprévue ne l'ait plus vivement fait bondir hors de ses gîtes dispersés.

La peur nocturne hante sans cesse le cerveau du paysan. L homme de la campagne est porté par ses superstitions hallucinantes, par la pensée constante d'une trahison possible, à obéir aux impulsions brusques. Comme le nombre des pusillanimes est toujours grand, un seul groupe qui fléchit et perd la tête déclanche le groupe voisin ; en quelques instants la contagion entraîne le reste. Les poltrons, dès le feu commencé, ont bien soin de passer à l'arrière; sous le prétexte « des besoins à satisfaire », raconte un Vendéen; ils se mettent à l'abri derrière les arbres. « En cas de retraite, ils se trouvent très avantageusement placés pour fuir. » Mais au premier cri de victoire ils courent et font plus de bruit que tous les autres [5]. Chez ces soldats paysans, les nerfs commandent plus que la raison : accessibles aux fausses nouvelles, ils montent aussi facilement au diapason de la joie qu'ils se laissent aller au découragement. Un jour, on annonce que l'Assemblée nationale est dispersée et que les princes sont entrés à Paris; une autre fois, que les administrateurs du département sont enfermés au château de Nantes. Et l'ivresse éclate.

Un défaut plus grave encore est l'exagération de leur soif d'indépendance. Ils se battent pour rester libres et ils entendent l'être même vis-à-vis de leurs propres chefs; ceux-ci leur servent « plutôt de drapeaux que de véritables généraux [6] ». Ils se cabrent devant la discipline, malgré des punitions parfois implacables. Mais à l'égard des départs en masse, impulsifs, irrésistibles, aucune sanction possible. Après la prise de Fontenay, après la prise d'Angers, après celle de Saumur, rien ne put retenir sous les armes la cohue victorieuse. Là-bas, la femme attend, les enfants pleurent au berceau et les moissons mûrissent; le paysan

(5) DENIAU (Pierre), *Souvenirs*, Bibl. d'Angers, ms., 1046.
(6) BÉJARRY (A. DE), *Souvenirs*, 20-23.

met son fusil ou sa faux sur l'épaule et tourne le dos à l'armée.

Même liberté d'allure pendant la bataille. Combattant contre des troupes régulières, il se refuse à en adopter les méthodes les plus éprouvées. Par exemple, on ne poste jamais de sentinelles aux portes des camps. A Parthenay, les républicains sont déjà dans la ville, quand les Vendéens effrayés s'aperçoivent de leur venue. Négligence et aussi présomption : ces Vendéens grisés par le triomphe se figurent que la bravoure suffit. Jamais une armée vendéenne ne possède de réserve; elle attaque tout entière, donne à fond et rien ne reste plus pour les chocs en retour ou le coup décisif, si le premier est insuffisant.

Quand l'ennemi apparaît, s'il est en force, un chef lance le cri célèbre : *Egaillez-vous, les gars !* Et les gars se dispersent, se volatilisent, s'aplatissent dans les sillons, tirent comme à la cible l'ennemi décontenancé. Si la colonne adverse ne semble pas trop importante, on l'assaille de flanc presque toujours, ou sur tous les points à la fois. Attaque foudroyante, accompagnée de cris étourdissants de « Vive le roi. » Ces cris multiplient aux oreilles des soldats républicains le nombre des Vendéens. Ainsi il arriva la nuit de la bataille de Saint-Fulgent où ce n'était qu'un roulement de cris affreux dans les ténèbres.

Une de leurs principales forces est leur adresse au tir. Lors de l'attaque de Cholet, la première décharge est si bien ajustée que le commandant de la garde nationale et le colonel des dragons roulent à terre mortellement frappés. Turreau a écrit : leur habileté dans l'usage des armes à feu est telle « qu'aucun peuple connu, si guerrier, si manœuvrier qu'il soit, ne tire un aussi grand parti du fusil que le chasseur du Loroux et le braconnier du Bocage. On vit des Vendéens mettre à soixante pas une balle dans un écu de six livres ». Kléber défendra à ses hommes de s'écarter des camps : tous ceux qui franchissaient les grand'gardes ne reparaissaient jamais parmi leurs camarades.

C'est ce qui explique l'énorme quantité des morts parmi les républicains : ils perdaient jusqu'à dix hommes contre un affirme Mme de la Rochejaquelein. Hoche appellera les insurgés : « Ces misérables, ces héros de fossés, ces guerriers dont la valeur consiste à se tenir derrière les haies et dont les talents sont les jambes [7] ». Hoche parlait surtout des chouans, mais les méthodes vendéennes étaient par bien des points identiques. Chaque peuple a les talents qu'il peut et Hoche avait tort. Le Corse avec Paoli utilisa les mêmes défenses naturelles. Le souvenir des Corses hante la pensée des généraux républicains, s'évertuant contre d'invisibles ennemis; ils comparent les fourrés de la Vendée aux maquis, les chemins ravinés par les pluies et profonds de quinze à vingt pieds aux gorges des montagnes. Une colonne aventurée dans ces sentiers étroits, court toujours un danger : qu'un caisson s'embourbe dans la glaise, tout le reste du convoi s'arrête, stationne à la merci d'un coup de main et des coups de feu. Il faudrait un régiment entier pour escorter vingt voitures.

Admirablement instruits par leurs espions, par les lettres prises sur les soldats, les Vendéens savent le départ, la direction, la destination des colonnes; ils s'assurent des correspondants jusque dans l'entourage des représentants; ils connurent le fameux plan d'attaque concerté à Saumur entre les généraux républicains. Des courriers munis de laissez-passer en règle, des postillons dûment accrédités, des colporteurs, des mendiants et des femmes portent la correspondance d'un chef à l'autre, avec une rapidité invraisemblable.

Mais le principal facteur de leurs victoires ne fut ni la justesse du tir ni les méthodes de combat, ce fut le facteur

(7) CHASSIN, *Pacification*, III, 449, 4 avril 1796.

moral : l'enthousiasme, la sainte colère. Turreau avec raison a signalé chez ses adversaires « l'espèce de délire, d'enivrement que leur donnaient des succès inespérés ». Ajoutez à cela la situation critique de la République [8]. Les représentants en mission et ceux des départements soulevés mirent également le doigt sur la vérité : « Ils sont tellement fanatisés, écrit Goupilleau, que sans armes ils se présentent à l'embouchure du canon en bravant les coups de fusil [9] ». « Ces hommes n'ont besoin que d'un morceau de pain noir et de l'eau pour toute provision, mandent à la Convention les députés de Maine-et-Loire; avec cela conduits par des chefs intelligents. Guidés par une fureur religieuse, n'aspirant qu'à la gloire du martyre, ils se précipitent sur nos canons et sur nos armes. Un grand nombre périt mais souvent le reste triomphe [10]. » Nouveaux croisés, ils semblent marcher vers une autre Jérusalem. La route interminable se jonche de morts; mais la sainte Sion flamboie toujours à l'horizon et ravive leur courage.

Cependant, que ces mots : « Gloire du martyre », ne créent pas une illusion ! Le combattant, le croisé reste un paysan, un paysan très simple qui a gardé toutes ses qualités du cru. Sous son écorce rugueuse, il cache un cœur clair et sonore. Malgré son climat brumeux, il a soif de joie; la bonne joie franche, un peu épaisse est pour lui un besoin. Même aux jours les plus sombres de 93, il demeure fervent de la danse, amateur de bon vin, ami des chants bachiques; pétillant de malice, il ne recule pas devant l'expression savoureuse et grivoise [11].

(8) TURREAU, *Mémoires*, 52.

(9) Coll. DUGAST-MATIFEUX, vol. I, 167.

(10) Coll. DUGAST-MATIFEUX, vol. V, nº 5.

(11) LE BOUVIER-DESMORTIERS, dans sa *Vie de Charette*, 233, conte une rencontre entre les gas du Marais et un hussard de la Mort dont la bride du cheval était garnie avec des coquillages nommés « puc...... ». Les Vendéens de crier en riant : « Voilà le puc...... de nos filles, on dit que cela ne se reprend pas, cependant nous les avons repris. »

Le 10 mars 1793, Pornic pris par les Vendéens, à quatre heures, est perdu à six, les vainqueurs étant ivres morts. Quand Charette chassé de Beauvoir se réfugie à Bouin, ses soldats tournent toute la nuit au son des violons; au lever de l'aurore, les légions républicaines surgissent. Après deux ans de lutte atroce, la gaieté gardera ses droits : on danse chez Sapinaud; on danse chez Charette. L'oubli des malheurs passés naît de la courte joie présente.

III

Le soldat vendéen reste un paysan, c'est entendu; mais si, routinier, il dédaigne les tactiques des armées régulières, il sera contraint de se conformer à leurs habitudes en matière d'intendance, de trésorerie et de service sanitaire, sous peine de défaite et de mort. Toutefois, il ne pourrait espérer atteindre des résultats parfaits. Toute l'organisation vendéenne restera rudimentaire, chaotique, parce que les événements étaient inattendus et qu'il est difficile de construire quand souffle la tempête : la tempête disperse les matériaux à mesure qu'on les élève.

Point de munitions, pas d'arsenaux. Comment lutter sans munitions? Les républicains en ont; on les leur prend. Et puis, sur leur passage, les Vendéens raflent le plomb des toitures, les vieilles ferrailles, les vieux clous, pour en faire de la mitraille. Bientôt des arsenaux fonctionnent à Châtillon-sur-Sèvre, à Saint-Aubin, à Chalonnes, à Saint-Florent, à Beaupréau, à Cholet, à Saint-Etienne-du-Bois. Le Bouvier-Desmortiers dirige les dépôts d'armes et les moulins à poudre de Mortagne sous la haute autorité de MM. de Marigny et d'Hauterive. Des prisonniers républicains, canonniers ou artificiers, originaires de Paris ou de La Rochelle, apportent leur collaboration forcée. Dans les villages, des particuliers contribuent volontairement à l'œuvre commune. Partout existent de modestes ateliers. Les républicains arrêtent à Apremont un sieur Massuyeau, « sacristain sonneur de tocsin et faiseur de balles [12] ». Une importante forge de boulets existe au Loroux. Çà et là on fabrique des gargousses avec de petits sacs de grosse toile; on les remplit de menu fer; on y joint jusqu'à de simples cailloux. On se bat à une distance si rapprochée que ces cailloux eux-mêmes, comme celui de David contre Goliath, sont mortels.

Dès avant la destruction des ateliers, en octobre 1793, par l'armée de Mayence, les Vendéens souffrent du manque de munitions. Les provisions s'épuisent d'autant plus vite que, grands enfants, ils se livrent, les jours de fête ou avant les batailles, à une véritable débauche de coups de fusil à blanc, à la manière arabe. En attaquant Argenton, en 1793, les rebelles n'ont déjà plus que trois charges pour chacun de leurs canons. Cette pénurie de munitions cause des difficultés sérieuses entre les chefs : en 1794, Stofflet enlèvera, à Beaupréau, les salpêtres mis en réserve par Sapinaud; de là, chicanes. Elle conduit aussi à des capitulations morales étranges; on verra des paysans avisés porter aux Nantais affamés beurre, légumes, fruits et pain, en échange de balles et de poudre. Et cela, sous le regard consentant des chefs royalistes et des autorités républicaines implicitement d'accord. Pourtant, qu'on ne s'imagine pas que ces fournitures faites par les insurgés aux patriotes des cités impliquent l'abondance vendéenne! Dans le Marais, où commande Charette, pays resté libre, elle règne effectivement; mais partout ailleurs les estomacs crient et se serrent. Au début, chaque paysan part du foyer emportant dans sa poche un morceau de pain; il suppose une absence d'un jour ou deux. L'absence se prolonge... Ce sont les soldats républicains vaincus — eux-mêmes fortement rationnés — qui devront fournir ce qui manque totalement aux vain-

(12) B. D'AGOURS, *Documents inédits*, 40, 49, etc.

queurs. On prend beaucoup de blé au magasin de vivres de Chinon.

Procédés incertains, hasardeux, de rendement inégal. On sent vite la nécessité d'employer le moyen classique des temps de guerre : la réquisition. Sauf dans des cas d'extrême urgence, les chefs vendéens l'appliquent équitablement : ils remettent, au nom du roi, un *Bon*. Ou ce *bon* indique la valeur de l'objet vendu, établi après entente avec le vendeur; ou bien il ne marque aucun prix, ce qui permettra de débattre plus tard les conditions de la cession. Malheureusement, lorsque Louis XVIII montera sur le trône, obligé de faire face à des difficultés budgétaires presque insurmontables et de ménager, en même temps, les susceptibilités des libéraux, il invoquera la prescription; il reniera les dettes vendéennes. Ce reniement sera l'une des bases de la thèse légendaire : l'ingratitude des Bourbons.

Ces réquisitions des armées royales s'étendent aux denrées les plus diverses. Sommation adressée à M. Merlet « de donner des hariquo pour faire cuire » (*sic*) signé : de la Roze, commandant. Sommation aux habitants de Bouzillé et de Liré « d'envoyer le peu de beurre qu'ils pourront se procurer à l'armée [13] », signé : Bonchamps. « Bon pour une culotte de dix livres à M. Dehargues », écrit et signé par Cathelineau, ce qui prouve, entre parenthèses, qu'il savait écrire. Vrignaud réquisitionne un linceul pour ensevelir un soldat de sa division. Réquisitions généralement modérées; on cherche à ne pas écorcher l'habitant : « Je ne ferai pas prendre de grain dans votre grenier de Croix-de-Vie, parce qu'il ne contient que vos provisions », écrit un chef à une dame vendéenne.

L'obsession constante est l'approvisionnement en pain; le pain, élément indispensable de l'alimentation paysanne, ne peut se remplacer ni par la viande, ni par le poisson. Pas de pain, pas de combattants. C'est en partie pour veiller

(13) Coll. DUGAST-MATIFEUX, vol. II, 45, 28 et 30 mars; vol. I, 78, pièce 7.

aux ensemencements, pour assurer la récolte, qu'au lendemain des batailles, laissant là ses conquêtes, mettant le fusil en bandoulière, le combattant quitte l'armée. C'est pour protéger les derniers moulins qui tournent au souffle des hauteurs ou dans le flot des cours d'eau, car, à mesure que s'étendaient les nappes républicaines, ces moulins, doublement condamnés, parce qu'ils alimentent les rebelles et leur servent de télégraphes aériens, au moins les moulins à vent ont vu, les uns après les autres, brûler leur charpente, briser leurs ailes, mutiler leurs meules [14]; c'est pour empêcher les fours de subir le même arrêt inexorable; c'est pour construire en hâte de petits moulins à bras et des fours en terre glaise qui cesseront d'exister quand l'armée s'éloignera, que ces soldats d'un jour ne le sont plus le lendemain.

Et s'ils ne songeaient qu'à leurs propres besoins, ils manqueraient aux plus élémentaires devoirs de l'humanité et de la famille; non, ils n'oublient point ceux demeurés dans l'angoisse au foyer. Lescure prescrit aux conseils provisoires établis dans les diverses paroisses de veiller à la subsistance des femmes et des enfants; ils remettront un reçu des blés employés à cet effet, ils en enverront un double au conseil supérieur provisoire, chargé de solder.

Solder? Les chefs parlent toujours de payer; mais, en réalité, les paiements ne s'effectuent pas d'une façon aussi empressée : les fonds sont plus bas que la bonne volonté. Un moment ils ont songé à contracter à Nantes un emprunt de 300.000 francs [15]. Quand l'argent existe réellement dans la caisse, le nomadisme des armées expose aussi le fournisseur à bien des déceptions.

Comme pour les armes et les munitions, le principal argent que se procurent les rebelles est celui des patriotes. Une caisse impose un caissier. On ne se met pas en peine :

(14) Coll. DUGAST-MATIFEUX, vol. I. 78, pièce 7.

(15) SAVARY, *Guerre des Vendéens*, VIII, 18, Interrogatoire de d'Elbée.

le sieur Herlon, précédemment trésorier patriote à Cholet, est maintenu dans ses pouvoirs au compte des royalistes. A ses mêmes guichets défilent les mêmes négociants, hier fournisseurs des armées républicaines, aujourd'hui des armées catholiques. Cela au début; bientôt, chaque armée aura son caissier particulier; Beauvollier sera celui de la Grande Armée.

Et la caisse continue de s'emplir; la prise de Fontenay procure 900.000 livres; non sans peine, car les paysans, pleins de mépris pour cette monnaie bizarre à leurs yeux en font des papillotes. Les généraux interviennent à temps.

Les Vendéens possèdent ce qui leur manquait : la fortune. Mais cette fortune est républicaine, elle porte l'effigie damnée de la République. La reconnaître telle qu'elle existe, ce serait compromettre le but de la victoire et pourtant on ne la peut dédaigner. Solution : à ces assignats républicains avilis on redonnera *royalement* la valeur marquée; le 8 juin, le conseil supérieur de l'armée en prescrit le cours forcé et, le 2 août, il établit un règlement qui en changera la nature politique. Désormais ces billets « de la prétendue République » ne pourront avoir cours dans le pays conquis, « s'ils n'ont été préalablement signés et admis au nom du roi par les officiers du conseil supérieur délégués à cet effet ». Tous les possesseurs d'assignats marqués au coin de la République sont, en conséquence, invités à se soumettre à la formalité prescrite, dans un délai d'un mois, par l'intermédiaire des conseils paroissiaux.

Mais sur quoi hypothéquer cette monnaie débaptisée et purifiée? Le secrétaire du conseil, Body, pose la question; on lui fait cette réponse singulière : le papier sera hypothéqué sur les biens de l'Etat; ce qui veut dire sur les biens nationalisés par l'Etat et situés dans les pays conquis. Or, ces biens sont des biens d'églises et d'émigrés dont les royalistes peuvent temporairement utiliser les revenus, non vendre la propriété, car elle est sacrée. Dans ces conditions, leurs assignats n'offrent ni plus ni moins de sécurité que ceux de l'Etat. Aussi, bourgeois républicains et paysans catholiques s'entendent-ils pour ne pas accorder un crédit illimité à cette monnaie révolutionnaire camouflée.

Le stock fond cependant; les besoins sont si grands. Un jour, au delà de la Loire, les caisses seront vides, et l'on s'avancera privé de tout au sein de populations hostiles, insensibles à la pitié. Il faudra trouver un expédient. Le 1er novembre, à Laval, les chefs émettront pour 900.000 livres de *bons royaux*, différents des assignats en ce sens qu'ils comporteront un intérêt de quatre et demi pour cent jusqu'au remboursement, lequel sera effectué sur le Trésor royal, à la paix. Le 13 novembre, à Avranches, décision d'une émission identique, mais ne devant produire qu'un intérêt de deux et demi pour cent. Hélas! talonné par le galop de Westermann on n'aura guère le temps de se servir de la planche créée à cet effet. Cette planche disparaîtra bientôt avec la caisse aux assignats elle-même, dans le gouffre de Savenay, où s'engloutira — guerriers, femmes, enfants — la Vendée tout entière.

Si l'intendance, si la trésorerie laissent à désirer, le service médical est-il mieux organisé? Peut-être, parce que là l'initiative privée reprend ses droits. Parmi les bourgeois des petites villes et des campagnes qui ont pris les armes se trouvent quelques médecins et beaucoup de « chirurgiens » empiriques exerçant approximativement l'art de la médecine. Le plus souvent ils lâchent le bistouri pour l'épée : tel Cady, devenu chef de la division de Chemillé, homme précieux par son triple mérite de médecin, de guerrier et de chansonnier populaire. Le combat fini, il quitte le sabre pour la trousse et panse amis ou ennemis indifféremment : il soigne les blessures dont lui-même est l'auteur. Tels encore Joly, le rival de Charette; Oger le Franc, de la Pommeraye ; Deffault, de Montrevault...

Chaque armée possède théoriquement un médecin par division; mais il semble bien qu'en fait il y en eut davantage. Un seul a laissé vraiment un nom : Baguenier-Désormeaux. Né au diocèse du Mans, il fut un « homme habile dans son art et militaire intrépide », au dire de Poirier de Beauvais, et « très bon chirurgien », d'après Mme de la Rochejaquelein. — A Machecoul, c'est un républicain que l'on a mis de force à la tête de l'hôpital.

En dehors des hôpitaux établis dans les abbayes, dans les couvents, celui de Châtillon-sur-Sèvre, celui de Saint-Laurent-sur-Sèvre, » véritable quartier général des malades et des blessés royalistes et républicains (16) », où sous la direction de l'abbé Brin, les religieuses de la Sagesse prodiguent leurs soins affectueux; celui de Boitissandeau où se dévoue une vendéenne admirable, Jeanne Clénet, que d'installations de fortune, que d'ambulances errantes sur des charrettes sans ressorts, que d'infirmeries misérables, que de pharmacies sans médicaments ! Des médicaments ? Sur les blessures on se contente d'appliquer des jaunes d'œufs battus avec du beurre. Pour les brûlures de poudre, écrit Mme de la Rochejaquelein, « rien n'est bon comme de l'eau dans laquelle on a fait éteindre de la chaux. »

Et, aux jours des défaites, ce sera pour ces installations volantes, la fuite de forêt en forêt. Charette traînera avec lui un hôpital plein de blessés et de fiévreux, plein de douloureuses agonies. Marie Lourdais, sa « bretonne », y donnera ses soins, ensevelira les morts. Dans les mêmes temps, Stofflet installera, en la forêt de Vézins, bauge impénétrable, un asile suprême ! des huttes pour les familles traquées, un arsenal, une imprimerie, des moulins, un hôpital de 2.000 blessés.

A la porte de l'hôpital, une garde vigilante et deux canons. Mais plus vigilante encore veille la forêt elle-même, avec

(16) *Chroniques paroissiales de Luçon*, III, 723. — Mme DE LA ROCHEJAQUELEIN, *Mémoires*, 146, 183.

les terreurs qu'elle inspire aux républicains, son obscurité, ses bruits de branches brisées dénonçant l'envahisseur. Une fois, pourtant, en mars, l'hôpital sera brûlé par une colonne Huit jours après, il sera rétabli, et la forêt continuera de bercer dans sa paix, de fortifier de ses parfums balsamiques les paysans des Mauges blessés en combattant.

Emile GABORY.

Le Gérant : R. OBERTHUR.

TABLE DU TOME VI

PREMIÈRE PARTIE

DEUXIÈME PARTIE

IMP. OBERTHUR, RENNES—PARIS (3911-28).

SOCIÉTÉ D'HISTOIRE ET D'ARCHÉOLOGIE
DE BRETAGNE

PUBLICATIONS DE LA SOCIÉTÉ

MÉMOIRES

TOME I 1920) : Mgr Duchesne : *L'Evêque Haëlrit*. — J. de la Martinière . *Un grand chancelier de Bretagne, Jean de Malestroit*. — A. Bourdeaut : *Gilles de Bretagne entre la France et l'Angleterre, les causes et les auteurs du drame*. — G. Ferronnière : *L'Art breton*. — Hervé du Halgouet : *Notes et documents sur la chasse en Bretagne*. — L. Martin-Chauffier : *A propos des batailles de Messac et de Blain et de la prise de Nantes par les Normands, en 843*. — Pocquet du Haut-Jussé : *Les Aventures d'une statue, le Louis XIV de Coysevox à Rennes*.

TOME II (1921) : J. Loth : *Philologie bretonne. Babut*. — Roger Grand : *L'après-Guerre en Bretagne au XV*e *siècle*. — Olivier Martin : *Etudes de droit breton. Le Finport*. — Hervé du Halgouet : *La Charge de grand sénéchal féodé et héréditaire de Rohan*. — Emile Clouard : *Les débuts du protestantisme en Bretagne. Les Bretons à Genève*. — A. Bourdeaut : *Le Père du Paz et l'Histoire généalogique de Bretagne* : — Emile Gabory : *Les Bourbons furent-ils ingrats envers la Vendée*. — Pocquet du Haut Jussé : *Les Aventures d'une statue, le Louis XIV de Coysevox à Rennes*.

TOME III (1922) : Henri Busson : *La Renaissance en Bretagne. Dans l'orbe de la Pléiade, Charles d'Espinay, évêque de Dol, poète. Les Sonnets de Charles d'Espinay, breton*; édition critique. — Roger Grand : *Les derniers jours de Du Guesclin. Ses opérations militaires. Sa mort. Ses funérailles*. — H. Bourde de la Rogerie : *Etude sur la Réformation de la noblesse en Bretagne, 1668-1721*. — Louis Martin Chauffier : *La Fondation de la première Maison de Retraite, Vannes, 1660*. — Etienne Martin : *La Contribution patriotique de 1789 dans le département du Morbihan*.

TOME IV (1923). — PREMIÈRE PARTIE. — Dom Louis Gougaud : *Les Relations de l'Abbaye de Fleury-sur-Loire avec la Bretagne et les Iles Britanniques, X*e *et XI*e *siècles*. — Hervé du Halgouet : *Droits honorifiques et Prééminences dans les églises de Bretagne*. — Henri Sée : *La Population et la Vie économique de Rennes vers le milieu du XVIII*e *siècle, d'après les rôles de la Capitation*. — Maurice Montigny : *Guillemette de Rosnyvinen de Piré, histoire d'une famille bretonne*. — A. Bourdeaut : *Le Cas psychologique de La Mennais*.

DEUXIÈME PARTIE. — René Prigent : *Le Formulaire de Tréguier*, texte, introduction et notes.

PUBLICATION TRIMESTRIELLE
1925 — N° 2

MÉMOIRES

DE LA

SOCIÉTÉ D'HISTOIRE ET D'ARCHÉOLOGIE DE BRETAGNE

6e ANNÉE
Tome VI. — 1925
PREMIÈRE PARTIE

SOMMAIRE :

RENNES	PARIS	NANTES
Plihon et Hommay, 5, rue Motte-Fablet	Ed. Champion, 5, quai Malaquais.	Durance, 4, quai d'Orléans
SAINT-BRIEUC	QUIMPER	VANNES
Prud'homme, 12, rue Poulain-Corbion.	Le Goaziou, 7, rue St-François.	Lafolye, 2, place des Lices

MÉMOIRES

DE LA

SOCIÉTÉ D'HISTOIRE
ET D'ARCHÉOLOGIE
DE BRETAGNE

6e ANNÉE

Tome VI. — 1925

PREMIÈRE PARTIE

SOMMAIRE :

RENNES	PARIS	NANTES
PLIHON et HOMMAY, 5, rue Motte-Fablet	ED. CHAMPION, 5, quai Malaquais.	DURANCE, 4, quai d'Orléans
SAINT-BRIEUC	**QUIMPER**	**VANNES**
PRUD'HOMME, 12, rue Poulain-Corbion.	LE GOAZIOU, 7, rue St-François.	LAFOLYE, 2, place des Lices

ANDRE OHEIX

Mort pour la France, le 15 juillet 1918

LA "VITA" ANCIENNE DE SAINT CORENTIN

AVANT-PROPOS

Pendant les années scolaires 1908-1909 et 1909-1910, M. Ferdinand Lot mit au programme de l'une de ses conférences à l'Ecole pratique des Hautes-Etudes le sujet suivant : les vies des saints bretons (V^{e}-XIe siècles). Sous la direction de l'éminent érudit, ses auditeurs, avec un intérêt extraordinaire et qui pour quelques-uns d'entre eux demeure mystérieux, se livrèrent à une critique minutieuse et sévère, trop sévère même au dire de certains, de ces textes qui forment notre unique source pour l'histoire de la Bretagne jusqu'au IXe siècle. La conférence durait souvent jusqu'à six heures du soir, puis on reconduisait le maître jusqu'à la gare du Luxembourg où il allait prendre son train, après en avoir manqué plusieurs ; ensuite, par les petites rues aux trottoirs étroits, on descendait vers la Seine en discutant encore ; c'était ce qu'André Oheix appelait plaisamment « nos petits exercices ambulatoires au sortir de la conférence du lundi ».

Car la conférence de M. Lot avait la bonne fortune de compter Oheix parmi ses auditeurs. Son esprit mûri, son amour sincère de la Bretagne, son érudition étendue, nourrie dès l'enfance par un père érudit, fils lui-même d'érudit, sa foi religieuse profonde et éclairée, qui lui donnait cette intelligence des questions religieuses si nécessaire pour les études du passé breton, sa culture juridique enfin, qui lui avait appris combien peut varier l'interprétation des textes, tout cela faisait d'Oheix, pour son maître et surtout pour ses condisciples, un auxiliaire des plus précieux.

Trop absorbé par son travail à l'Ecole de Droit pour traiter entièrement un des sujets donnés par le maître à ses auditeurs, Oheix jouait auprès de ces derniers le rôle infiniment utile de l'ami expérimenté. Lorsque nous débutions dans les études hagiographiques, il avait déjà publié cinq mémoires importants sur l'hagiographie bretonne et rendu compte de manière « approfondie », le mot est de M. Lot lui-même, des *Mélanges d'Histoire Bretonne* de notre commun maître.

C'était pour les amis d'Oheix une joie que de discuter avec lui une de ces questions d'histoire bretonne qu'il connaissait si bien. Il apportait dans la discussion des formes d'une courtoisie parfaite. On pouvait différer d'opinion sans être accusé par lui de mauvaise foi; s'il croyait que vous vous trompiez, votre erreur même lui enseignait qu'il pouvait se tromper lui-même. « Je sais », m'écrivait-il au sujet d'un point sur lequel nos avis étaient diamétralement opposés, « que vous avez abordé le problème avec une entière liberté d'esprit et je ne crois pas qu'il y ait chez moi autre chose que le souci de la vérité historique, mais nous différons d'avis sur la valeur de vos arguments ».

Passant la plus grande partie de l'année dans sa maison de famille à La Ville-aux-Veneurs, en Trévé, Oheix employa les années qui suivirent 1909 à travailler. Il acheva sa thèse de doctorat en droit sur *Les Sénéchaux de Bretagne des Origines au XIIe siècle* qui lui valut le prix de thèse de la Faculté de Droit de Paris, il publia cinq nouvelles « Etudes hagiographiques », des articles sur des points d'histoire de Bretagne, des comptes rendus d'ouvrages sur cette histoire; enfin il préparait, pour en faire sa thèse de l'Ecole des Hautes-Etudes, un *Recueil des Actes des Rois et Ducs de Bretagne du Xe au XIIe siècle.*

La vie s'annonçait donc bonne pour Oheix; ses travaux étaient appréciés, il avait cette « *aurea mediocritas* » si nécessaire à ceux qu'attirent les études d'érudition, une maison pleine de souvenirs, une belle bibliothèque, et, pour que rien ne manquât à son bonheur, il se mariait en juin 1914. J'ai de lui une lettre écrite au mois de mai qui le montre parfaitement heureux.

Le 3 août 1914, André Oheix rejoignait à Cherbourg le 1er régiment d'infanterie coloniale. Il partit pour le front en octobre, fut nommé sergent en décembre, cité en juin 1915, tué le 15 juillet de cette même année entre Binarville et Vienne-le-Château.

« And he is dead who will not fight
and who dies fighting has increase. »

R. Fawtier.

CHAPITRE I

ÉTUDE CRITIQUE SUR LA VIE DE SAINT CORENTIN

La présente étude de la vie de saint Corentin est le développement d'une communication faite en 1909 à la conférence de M. Ferdinand Lot à l'Ecole pratique des Hautes Etudes, à la Sorbonne. En 1914, reprenant mes notes, j'avais rédigé un article que je destinais à une revue bretonne, quand j'appris que notre camarade à l'Ecole des Hautes-Etudes, M. André Oheix, venait de découvrir à la Bibliothèque nationale, à Paris, un nouveau texte de la vie de saint Corentin qui pouvait bien être plus ancien que celui de dom Plaine, base de notre étude, et devait par conséquent jeter un nouveau jour sur les questions que je venais de traiter. Je communiquai donc mon article à M. Oheix qui, de son côté, me transmit une copie du texte de la Bibliothèque nationale qu'il accompagna de nombreuses observations sur mon travail, observations que je m'empressai de mettre à profit. Nous constatâmes cependant que sa découverte ne changeait rien d'essentiel à mes conclusions, qu'elle confirmait même à certains égards, et nous décidâmes de faire paraître immédiatement mon étude et de la faire suivre de la publication du texte de la Bibliothèque nationale accompagné d'une étude de ce texte par M. Oheix, qui compléterait la mienne. Cet accord fut adopté au mois de juillet 1914. La guerre éclata avant que notre projet fût mis à exécution ; notre ami ne devait pas revenir.

C'est en mémoire de l'excellent érudit que la Bretagne a perdu et du charmant ami que nous pleurons que nous avons voulu exécuter, maintenant, comme nous pouvons, le projet abandonné de 1914. Nous avions pensé donner notre article tel qu'il était destiné à l'impression en 1914, espérant trouver dans les notes que Mme Oheix a bien voulu nous confier, l'étude ou les matériaux pour l'étude qu'Oheix devait publier. Malheureusement, cette étude semble n'avoir pas été rédigée ; le travailleur accompli qu'était Oheix utilisait évidemment très peu de notes et nous n'avons pu tirer de ses papiers une étude qu'il fût possible de donner sous son nom. Nous avons donc repris notre ancien article et nous en avons récrit certaines parties en poussant plus loin nos recherches sur quelques points de détail qu'Oheix en 1914 avait trouvés insuffisamment étudiés, recherches qu'à ce moment-là nous n'avons pas voulu développer (comme il nous le proposait) dans l'espoir qu'il traiterait lui-même les points en question en reprenant notre travail.

En ce qui concerne le texte de la Bibliothèque nationale, nous le publions d'après la copie d'Oheix collationnée par nous. Nous avons fait quelques corrections qui nous ont paru indispensables et nous avons ajouté la ponctuation. L'étude qui le précède et les conclusions auxquelles nous sommes arrivée sont les nôtres, elles sont redevables à Oheix dans la même mesure que le reste de notre mémoire, mais, bien entendu, toute la responsabilité doit en retomber sur nous.

I

L'unique édition [1] que nous ayons jusqu'ici de la vie de saint Corentin a pour base une série de documents dont le plus important est le manuscrit n° 3472 (8495-505) de la

(1) *Vie inédite de saint Corentin, écrite au IXe siècle par un anonyme de Quimper*, publiée avec prolégomènes, traduction et éclaircissements, par le R. P. Dom François PLAINE, Bénédictin de la Congrégation de France, de l'Abbaye de Ligugé, *Bulletin de la Société Archéologique du Finistère*, t. XIII, 1886.

Bibliothèque royale de Bruxelles [2]. Ce manuscrit renferme des pièces de dates diverses et des copies de vies de saints faites en 1664 sur des manuscrits de l'abbaye de Saint-Saulve de Montreuil-sur-Mer [3]. La *Vita Sancti Corentini* est une des copies contenues dans le manuscrit ; elle y occupe les folios 70 r° à 73 v°. Dans la discussion qui va suivre nous désignerons ce texte par la lettre B. Le texte de la vie de saint Corentin qu'offre ce manuscrit étant fort incomplet, dom Plaine a utilisé, pour combler quelques-unes de ses lacunes, un Sanctoral de Quimper qui contient une vie de saint Corentin plus complète que B sur certains points et que nous désignons par la lettre S. L'unique exemplaire [4] de ce Sanctoral appartient à la Bibliothèque des Bollandistes, à Bruxelles. L'édition de dom Plaine est donc un essai de reconstitution de la *Vita Sancti Corentini*, opéré en réunissant les textes B et S. Elle nous donne en outre l'histoire de la *Translation* du corps de saint Corentin à Marmoutiers et plusieurs miracles tirés d'un Passionnaire de Quimper dont un extrait se trouve aux Archives de la Loire-Inférieure [5]. C'est une copie faite au XV° siècle sur un manuscrit de Quimper en vue d'un procès. Le ms. français 22308 de la Bibliothèque nationale, à Paris, contient une autre copie de ce même fragment due au Père du Paz [6].

Quant au procédé de reconstitution employé par dom Plaine, il consiste à remarquer que les textes B et S con-

(2) L'affirmation de Dom Plaine (p. 64) qu'il avait découvert ce manuscrit au Musée bollandien est sans doute inexacte. Il est cependant vrai que le manuscrit avait appartenu à la bibliothèque des anciens Bollandistes. Cf. le Catalogue des manuscrits de la Bibliothèque royale, du Père Van den Gheyn, p. 476.

(3) Une note à la fin de la vie de saint Corentin dit que « ce sont des vies de saints envoyées au Père Papebrock par le Père Jacobus de Boviz ». Ce dernier serait, sans doute, Jacques de Boves, curé de Saint-Walloy de Montreuil.

(4) Dom Plaine le dit unique. Le regretté P. Poncelet qui m'avait montré ce Sanctoral m'avait dit n'avoir pu en trouver d'autre exemplaire ni à Paris, ni à Rome, malgré ses recherches. M. Oheix m'avait signalé que le Bréviaire de Léon de 1516, conservé à Rennes, renferme un texte semblable à celui du Sanctoral (Bibl. mun. de Rennes, Bréviaire de Léon, cote 15.952. Imp. parch., fol. BBIIII).

(5) Arch. Loire-Inférieure, E 73.

(6) Fol. 103 r°.

tiennent des parties communes et, en réunissant ces deux textes, à donner au public tout ce que l'éditeur avait pu trouver sur la vie de saint Corentin. Il aurait évidemment fallu examiner de plus près les relations de ces deux textes entre eux. C'est ce qu'il nous faudra faire avant de procéder à l'examen du texte reconstitué.

Le Sanctoral est un petit volume en caractères gothiques et qui ne porte pas de date [7]. Il nous offre aux calendes de mai un résumé de l'histoire de la consécration de saint Corentin et de la bénédiction abbatiale conférée par celui-ci aux deux saints Guennolé et Tudy; il contient en outre la *Translation* du corps de saint Corentin à Marmoutiers (telle que dom Plaine l'a trouvée dans le Passionnaire de Quimper, sauf quelques phrases qui manquent à la fin) et les deux mêmes miracles qui suivent cette *Translation* dans l'édition de dom Plaine. La *Vita Sancti Corentini* [S] est insérée au 12 décembre.

Le prologue de S débute par la même citation que celui de B : *Beatus vir qui post aurum non abiit...*, mais il continue autrement et bien plus brièvement [8]. Les leçons qui suivent forment bien un tout et, dans les paragraphes qui correspondent à ceux de B, les faits racontés et la langue sont identiques. B, cependant, a de nombreuses digressions, qui manquent dans S, sur les vertus du saint et surtout sur les vices du clergé; B raconte en détail plusieurs miracles auxquels S ne fait que des allusions, B donne quelques miracles de plus et, à la fin du chapitre X, ajoute quelques lignes où, selon dom Plaine, il faut voir une allusion à la querelle de Dol et de Tours. S ne représente pourtant pas le texte original puisqu'il résume [9] des miracles qui ont leur

(7) Malgré les assertions de Dom PLAINE (*loc. cit.*, p. 63, note 1 et p. 60).

(8) S donne ensuite la citation du psaume : *Ad laudem summi patris laudetur, bonus filius in bonis et de bono, ut nos magis inde excitemur ad bonum. Laudet pater in filiis, Deus in sanctis, mirabilis in miraculis.*

(9) Une note (citée par Dom PLAINE, p. 160, note 53), qui suit le dernier des miracles racontés dans S, dit « *Nihil ultra quia in tempore paschali festa non amplius quam tres lectiones habent* ».

développement naturel dans B. Il nous faut donc croire que ces deux textes remontent à une vie antérieure que S abrège selon ses besoins et que B développe en y ajoutant des tirades contre le clergé. Qu'était cette vie antérieure ? C'est ce que l'étude qui va suivre essaiera de déterminer.

Pour plus de clarté et attendu que l'édition de dom Plaine est assez difficile à trouver à l'heure actuelle, nous commençons par un court résumé de la *Vita Corentini*. Le tableau suivant rappellera les observations que nous venons de faire sur la constitution de ce texte.

S.	B.
Prologue court.	Prologue long.
I	Manque.
II	»
III	»
IV	»
V	»
VI	»
VII	VII (2e partie).
VIII (1re partie).	VIII
Manque.	IX
X	X (avec développement
Manque.	XI en faveur de l'évêque de Quimper).
XII (plus court)	XII
XIII	XIII
Manque.	XIV
XV	XV
XVI (Récit plus court que dans le Passionnaire de Quimper d'après lequel Dom Plaine a publié ces miracles.)	Manque.
XVII	»
XVIII	»

II

L'auteur commence par louer les vertus de saint Corentin, son humilité, sa chasteté, ses abstinences, auxquelles ne ressemblent point l'orgueil, l'avarice, le luxe mondain du siècle où il écrit.

I. — Corentin, né en Bretagne de parents illustres, fut instruit dès sa jeunesse dans les arts libéraux. La grâce du Saint-Esprit le remplit et le rend docile en toutes choses.

II. — Ayant trouvé un endroit solitaire, propice au service de Dieu, à Plomodiern, le saint s'y installe près d'une fontaine. Dans l'eau de cette fontaine lui apparaît un poisson envoyé par Dieu. Tous les jours le saint coupe une tranche de ce poisson pour son repas, mais tous les jours le poisson revient sain et entier.

III. — Un jour, le roi Gradlon, chassant dans la forêt, vient demander l'hospitalité à l'ermite. Celui-ci se demande où il trouvera de quoi faire manger le roi. Il coupe cependant au poisson sa tranche quotidienne et l'offre au cuisinier royal. Celui-ci le tourne en dérision, mais, néanmoins, la tranche cuite se multiplie et suffit à satisfaire l'appétit du roi et de sa suite affamée. Et l'hagiographe de renvoyer naïvement au miracle du Nouveau Testament qu'il imite[10]. Là-dessus le roi se prosterne devant le saint et lui cède sur-le-champ son palais, les terres environnantes et tout ce qu'il possède dans la localité.

IV. — L'un des serviteurs du roi essaie de couper, lui aussi, une tranche au poisson; le miracle ne s'opère pas, le poisson reste mutilé. Le saint indigné le guérit, le renvoie à l'endroit d'où il était venu, et depuis lors personne ne l'a revu.

V. — Corentin visite un ermite nommé Primel. Les deux saints s'entretiennent de choses religieuses pendant la journée et, la nuit venue, ils louent Dieu en chantant des psaumes et des hymnes. Le matin Corentin désire célébrer la messe, son hôte va donc lui chercher de l'eau ; mais la source est loin et Primel boîteux, il ne revient qu'après bien du temps. Corentin, rempli de compassion, prie Dieu

(10) Jean, VI.

de faire sourdre une fontaine plus près de l'ermitage ; et aussitôt sous son bâton jaillit une source limpide.

VI. — Le bruit de ce miracle s'étant répandu, les deux saints Paterne et Malo, curieux de contempler ces merveilles, se rendent à la *Villa Fontis*, où ils sont accueillis avec aménité par saint Corentin. Encore une fois le saint se trouve dans l'embarras pour savoir ce qu'il donnera à manger à ses hôtes, car il n'a qu'un peu de farine pour faire du pain; mais, quand on va puiser de l'eau à la fontaine la cruche se remplit non seulement d'eau, mais encore de vin et d'anguilles. Ainsi les miracles se multiplient sous les yeux des hôtes de saint Corentin.

VII. — Dieu ne voulut pas qu'une pareille lumière de la foi se cachât plus longtemps. La Cornouaille demande un évêque, n'en ayant pas; trois saints hommes, *Corentinus*, *Gwengaloeus* et *Tudinus* sont choisis, sans doute par les fidèles, et envoyés ensemble à Tours où saint Martin doit désigner et consacrer l'évêque.

L' « archevêque » admire chez Tudy ses connaissances littéraires et son humilité; chez Guennolé son éloquence et sa piété ; chez Corentin la dignité personnelle, la simplicité, l'humilité et la sainteté en toutes choses. C'est donc Corentin qu'il choisit, et ses deux compagnons de leur côté sollicitent ce choix. Les trois saints hommes retournent alors en Bretagne, où le nouvel évêque est fêté par le clergé et par le peuple.

VIII et IX. — Corentin devient le plus parfait des évêques et remplit ses devoirs avec une charité et une justice incomparables. L'hagiographe renouvelle ici son attaque contre les prélats de son temps.

X. — Corentin nomme Guennolé et Tudy abbés afin qu'ils l'aident à propager la foi. Il avait demandé à saint Martin de leur conférer la bénédiction abbatiale; mais celui-ci avait refusé en disant que ce privilège appartenait à l'évêque et que celui-ci ne devait pas y renoncer, de peur de créer un précédent dont la postérité pourrait abuser. L'archevêque (ajoute B) prévoyait que les abbayes se révolteraient contre l'autorité épiscopale et il voulait enlever tout prétexte à un pareil dessein.

XI. — Les nouveaux abbés instruisent les moines et donnent à tous l'exemple de la sainteté.

XII. — Ainsi lutta Corentin pour Dieu contre le siècle, en vaillant soldat de Jésus-Christ; et ainsi il mourut, et son âme vivra éternellement en Jésus-Christ.

XIII. — La renommée du saint évêque se répand comme un suave parfum jusqu'aux confins de la Bretagne ; de tous côtés les malades accourent, si bien que le pays de France (*regio Gallicana*) en vint à envier son saint à la Bretagne.

XIV. — On élève une église en l'honneur du pieux thaumaturge.

XV. — Un jour, l'*apocrisarius* ayant exhorté le peuple à apporter des offrandes, une femme noble s'avance pour offrir quelques onces de cire. Brusquement elle change d'avis et veut garder son offrande; elle ferme donc sa main mais celle-ci reste paralysée et fermée. Elle comprend alors sa faute, implore le secours de saint Corentin qui lui apparaît et lui dit d'aller prier Dieu devant les reliques, là où elle avait péché. Elle se rend à l'église et raconte tout au clergé. La nuit suivante, pendant qu'elle dormait devant l'autel après avoir prié, saint Corentin lui apparaît et lui dit que sa foi l'a sauvée et qu'elle est guérie de son infirmité.

XVI. — Aux calendes de mai, une grande foule accourt à l'occasion de la dédicace de l'église. Du pays de Léon était venu un « fils de Bélial », du nom de Rapsadulus, dans le dessein de voler le bien d'autrui. Il va au marché et vole quantité de soie en peloton. Rentré chez lui, la fièvre le saisit et paralyse une de ses mains et la moitié de son corps. Il se repent aussitôt et se recommande à la miséricorde de Dieu et de saint Corentin. Le saint évêque lui apparaît la nuit suivante, lui reproche son péché, mais lui promet qu'il sera guéri à condition d'avouer son larcin, d'abord au clergé, puis au peuple. Le voleur se met donc en route, mais, le diable le tentant, il revient sur ses pas. De nouveau saint Corentin lui apparaît et cette fois il trouve un moyen efficace de le convaincre de son péché en l'arrachant à son lit et en le jetant contre le mur. Le lendemain le pénitent remplit ses promesses, accomplit les pénitences prescrites et recouvre la santé en louant Dieu et saint Corentin.

Appendice n° 1. — Quelques siècles après la mort de saint Corentin, les Normands dévastent la contrée. Les Bretons ont recours au puissant roi de France et lui confient leurs précieuses reliques, estimant que, la paix revenue, ils pourront en obtenir la restitution. Mais les Français, cupides et faux, ne veulent point rendre leurs trésors. C'est ainsi que le corps de saint Corentin, déposé dans le monastère de Saint-Martin, à Tours, y est retenu jusqu'aujourd'hui. Les Bretons s'en attristent, mais ils constatent avec joie que l'esprit du saint n'a pas quitté sa cathédrale, car des miracles continuent à s'y opérer.

Appendice n° 2. — Deux miracles additionnels. Des brigands viennent à Tours, pour voler le vin des moines de Saint-Martin. Ils sont en train de remplir des vases de vin, tandis que les moines invoquent en vain à leur aide leurs saints. Enfin les moines tourangeaux pensent à saint Corentin; ils vont chercher ses reliques et les placent comme pour garder les tonneaux. A partir de ce moment ceux-ci restent fermés et le vin des moines cesse de couler.

Un comte cornouaillais, Alain, atteint d'une maladie d'yeux, se rendit, sur le conseil de sa femme, à l'église de saint Corentin, y fit l'offrande de plusieurs de ses terres et fut guéri.

III

Pour dom Plaine, le manuscrit de Montreuil « très ancien et rongé de vétusté », original de la copie renfermée dans le manuscrit de Bruxelles, était la « vie originale » rédigée à Quimper avant l'an 878, date de la translation du corps de saint Corentin à Montreuil-sur-Mer, où ce texte l'aurait accompagné. Quatre remarques amènent cette conclusion : 1° l'absence de mention de cette translation; 2° la mention d'un « empereur des Francs »; 3° les tirades contre le clergé; 4° la position prise par l'auteur au sujet de l'autorité métropolitaine de Tours et surtout la phrase qui termine le paragraphe X dans laquelle dom Plaine voit « une allusion aux efforts que fit Nominoë pour séparer la Bretagne de Tours ».

Ces indications, cependant, sont, toutes, peu sûres. Pour les reliques, tout ce que nous savons de certain, c'est que l'abbaye de Saint-Saulve de Montreuil possédait en 1424 la plus grande partie du corps de saint Corentin (11). A quelle date et à la suite de quelles péripéties ces reliques sont-elles arrivées à Montreuil, c'est ce qui a fait l'objet de nombreuses discussions. Dom Plaine, d'abord, a abandonné l'opinion qu'il soutenait au moment de sa publication de la *Vita Corentini*. En 1899 (12), il admit que les reliques de Corentin avaient dû être d'abord transportées à Lehon, puis partir de Lehon lors de la translation générale (saints Malo, Magloire, etc.) qui aurait eu lieu entre 913 et 920, pour arriver à Montreuil. M. Rodière croit le trésor de Saint-Saulve constitué dès la fin du X° siècle (13). Pour M. Oheix, les reliques de Corentin, emportées d'abord à Lehon avant

(11) R. RODIÈRE, *Les corps saints de Montreuil, Etude historique*, Paris-Montreuil, 1901, in-8°, pp. 61-66, 296-301.

(12) Dom PLAINE, *Les invasions des Normands en Armorique, Bulletin de la Société archéologique du Finistère*, t. XXVI, p. 213, note 2.

(13) *Op. cit.*

914 [14], probablement vers 878, quittèrent Lehon avec le corps de saint Malo en 960 pour arriver à Paris où elles auraient été reçues par Hugues Capet. Pendant leur séjour à Paris diverses parties de ces reliques auraient été enlevées et distribuées, à Marmoutiers (où des « parcelles » furent envoyées en 1110 [15]) et (au début du XIIe siècle) au couvent de femmes que Philippe-Auguste fonda près de Mantes [16]; puis, au courant du XIIe siècle, en compagnie de celles de saint Malo, elles auraient quitté Paris pour être déposées au monastère de Saint-Saulve de Montreuil. M. Ferdinand Lot [17], examinant d'abord la question à propos de la *Translatio Sancti Maglorii* [18], avait commencé par distinguer deux migrations des corps saints de Bretagne : l'une, vers 924 (corps de saint Samson et des saints avranchins), l'autre, vers 959 (et non pas 962 comme l'avait voulu M. René Merlet [19]); c'est de cette seconde migration qu'aurait fait partie le corps de saint Corentin. En 1907, cependant, M. Lot abandonna sa première position [20] et n'admit plus qu'une migration, vers 925; les reliques de Malo allant à Paris pour y rester et, vers le même temps, des reliques de *saint Maclou*, auxquelles étaient jointes des reliques de saint Corentin et d'autres saints, allant directement à Montreuil. Pour expliquer les inventaires parisiens sur lesquels s'était basé M. Oheix, M. Lot, constatant deux traditions con-

(14) A. OHEIX, *Les reliques bretonnes de Montreuil-sur-Mer* (*Mém. Assoc. Bretonne*, 1905), Paris, Nantes, 1906 et *Un livre d'histoire* (c. r. des *Mélanges d'histoire bretonne* de F. LOT) dans la *Revue de Bretagne*, 1908, p. 10, note 2 du tirage à part.

(15) Dom H. MORICE, *Mémoires pour servir de preuves à l'Histoire de Bretagne*, Paris, 1742, fol., t. Ier, col. 511-2. En 1606 Marmoutiers prétendait posséder « ab antiquo » des reliques de saint Corentin.

(16) Saint-Corentin-lès-Mantes (Seine-et-Oise), voir *Gallia Christiana*, 2e éd., t VII, col. 1300.

(17) F. LOT, *Date de l'exode des corps saints hors de Bretagne*, *Annales de Bretagne*, t. XV, 1899, pp. 60-76.

(18) Voir R. MERLET, *Les origines du monastère de Saint-Magloire de Paris*, dans *Bibl. de l'Ecole des Chartes*, t. LVI, 1895, pp. 237-273.

(19) *Loc. cit.*

(20) F. LOT, *Mélanges d'histoire bretonne*, Paris, 1907, pp. 188 à 199,

traires, suppose que les reliques que revendiquaient les Magloriens de Paris venaient de Montreuil, les Magloriens étant passés par Montreuil avant de se rendre à Paris.

Cette dernière hypothèse confirmerait l'opinion de dom Plaine sur la translation des reliques de saint Corentin. Mais il ne s'ensuit pas qu'elle confirme la date que dom Plaine suppose être celle de la rédaction de la *Vita Corentini*. Ce texte est visiblement trop incomplet pour qu'il faille tenir compte de l'ignorance où il se trouve de la translation. Il est vrai qu'au § XIII on nous raconte que les pèlerins accourent au tombeau du saint et qu'au § XV on parle des saintes reliques. Mais cela n'a rien que de naturel, car l'auteur, dans ces deux passages, parle de la mort du saint et de ce qui s'est passé immédiatement après. D'ailleurs, en 1219, on possédait à Quimper un bras du saint au moins [21]. On ne saurait donc utiliser la mention des reliques ou de leur translation pour dater notre texte.

Quant à l' « Empereur des Francs », il n'en est d'abord pas question aux endroits auxquels renvoie dom Plaine [22]. Il paraît bien dans une des pièces additionnelles que cet auteur ajoute au texte de la *Vie* [23], mais celles-ci, de l'aveu de dom Plaine lui-même, sont postérieures à la vie du saint [24]. Dom Plaine réduit donc à néant, sur ce point, sa propre argumentation.

Quant au clergé, on s'en est plaint à toute époque et beaucoup, comme l'on sait, par exemple, aux XIIe et XIIIe siècles [25]. Enfin, en ce qui concerne la référence à la

(21) *Cartulaire de Quimper*, pièce n° 28 (publié par le chanoine Peyron dans le *Bulletin de la Commission diocésaine d'Architecture et d'Archéologie du diocèse de Léon*, t. I-V, 1901-1905), pp. 188-199. Voir aussi la pièce n° 114 de ce cartulaire qui est un inventaire de Quimper de l'an 1274 et qui mentionne un bras de Corentin.

(22) Prologue et § 3.

(23) P. 154.

(24) *Loc. cit.*, note 46 et p. 148, note 40. Cette translation semble être du XIe siècle, dit M. Lot (*Mélanges d'histoire bretonne*, p. 198, note 1) à cause du miracle d'Alain Canhiart, comte de Cornouaille.

(25) M. l'abbé Duine avait bien voulu me faire remarquer que le prologue et le § IX de la *Vita Corentini* où l'on reproche, entre autres choses, aux prêtres

querelle de Dol et de Tours, nous aurons à nous demander si cette fameuse discussion est la première raison d'être du récit et surtout de la phrase en question. De toute façon, comme indication de date, cette référence aurait peu de valeur, car la question de l'autorité de Tours sur la Bretagne, ouverte au IXe siècle, a pris une acuité intense au XIIe siècle et n'a été tranchée qu'en 1198 par Innocent III, ce qui pourrait nous faire descendre jusqu'à la fin du XIIe siècle.

IV

Cependant, il y a quelques années, le comte de Calan est venu apporter à l'appui de dom Plaine de nouveaux arguments [26]. M. de Calan remarque d'abord qu'au moment où écrivait l'auteur de la *Vita Corentini* il n'y avait en Cornouaille que deux monastères, Landévennec et Loc Tudy; ceci l'inciterait à fixer la date du texte à une époque antérieure au XIe siècle. Ensuite, il fait valoir de nouveau la question de l'autorité de Tours, cependant sans insister sur la phrase qui termine le § X comme le faisait dom Plaine. Pour M. de Calan, c'est le fait de la consécration de l'évêque par saint Martin qui serait impossible à partir du moment où les Bretons cessent de se réclamer de Tours. M. de Calan propose donc de dater la *Vita Corentini* du IXe siècle et plus particulièrement du début de ce siècle à cause de l'intervention des saints Paterne et Malo qui serait destinée à représenter comme contemporains les fondateurs des trois évêchés gallo-romans. A la fin du IXe siècle, nous dit M. de Calan, on considérait Saint-Pol-de-Léon comme un évêché antérieur aux réformes de Nominoë et l'on groupait ensemble Paterne, Malo, Paul.

de plaider dans les cours civiles, peuvent être rapprochés d'une série de lettres du pape Honorius III à l'évêque de Poitiers en 1216 et 1227 (Potthast, *Regesta*, n°s 4609, 7780, pp. 396, 670).

(26) Vte DE CALAN, *Mélanges historiques*, Vannes, 1908, p. 106 ss.

Ces arguments nous paraissent peu probants. D'abord nous ne discernons dans la *Vita* aucune preuve qu'au moment de sa rédaction il n'existait que deux monastères en Cornouaille, on ne nous le dit nulle part. Nous verrons d'ailleurs plus loin que le passage sur lequel s'appuie M. de Calan est un emprunt à la *Vita Winwaloei* de Gourdisten. La question de Dol ne s'est point résolue, comme nous venons de le rappeler, au cours d'un siècle et le troisième argument n'aurait de valeur que si la date du IXe siècle était déjà établie.

M. de la Borderie rejette la vie de saint Corentin comme un document de basse époque, de mince valeur historique et la place « tout au plus au XIIIe siècle [27] ». Ce qui l'amène à préciser ce point, c'est la mention au § XVI de la soie en peloton, *fili serici glomum*, exposée au marché de Quimper. Selon Francisque Michel, la soie était encore rare en 1345 [28]. Il faut cependant ajouter que F. Michel cite en même temps des textes qui prouvent que la soie était connue en France, comme partout en Europe, depuis le temps de Charlemagne et que dès le XIIe siècle on fabriquait des tissus de soie. La Bible Guiot, au XIIIe siècle, affirme que

Mout sont bien queneü li ver
Qui font la soie [29].

Nous nous rangeons d'ailleurs, à peu de chose près, à l'opinion de M. de la Borderie, mais en apportant d'autres preuves. Un *terminus ad quem* nous est fourni par un inventaire des livres de la cathédrale de Quimper [30], dressé en 1365 et qui indique « *unum martirologium antiquum, in quo fit mencio de die incepcionis novi operis istius ecclesiae et*

(27) A. DE LA BORDERIE, *Histoire de Bretagne*, Rennes, 1905, 4°, t. Ier, pp. 320-321.

(28) Francisque MICHEL, *Recherches sur le commerce, la fabrication et l'usage des étoffes de soie*, Paris, 1852-1854, 2 vol., vol. 1, pp. 87, 96, etc.

(29) Ed. Wolfart a San-Marte, Halle, 1861, vv. 2673, 2674.

(30) *Cartulaire de Quimper*, *éd. cit.*, pièce n° 394, p. 396.

de quodam miraculo. Il faudrait, nous semble-t-il, voir dans ce texte une allusion aux événements racontés dans les §§ XIV et XV ou XVI, plutôt que le miracle « de cette femme du pays de Vannes qui recouvra la vue en priant sur le tombeau d'Hervé de Landeleau », comme l'a cru l'éditeur (31). Ce martyrologe, « antiquum » en 1365, devait remonter au moins à 1300.

Examinons maintenant le texte de la *Vita*. Ce qui nous frappe tout d'abord, c'est l'histoire de la consécration du saint et de la bénédiction abbatiale conférée par Corentin à ses deux compagnons, Guennolé et Tudy. S s'exprime ainsi (32) :

« Cornubia enim episcopum, quem non habebat, postulavit, et tres viros sancti nominis et dignae opinionis, scilicet Chorentinum, Guengaloeum et Tudinum, mittendos Turonis ad sanctum Martinum Turonensem archiepiscopum elegit ut de eis episcopum consecraret et ad dioecesim Cornubiae remitteret consecratum.

« Adscivit itaque secum beatus Martinus clericos suos viros discretos et honestos et cum notasset in Tudino litteraturam et honestatem, in Guengaloeo eloquentiam et religionem, in Chorentino personae reverentiam, vultus simplicitatem et cordis humilitatem et reverendam in omnibus sanctitatem, Spiritu Sancto inspirante ipsum Chorentinum, sociis suis postulantibus, in episcopum Cornubiensem, quamvis renitentem et invitum, elegit, et ad consecrationem, sicut dignum erat, praeparari praecepit. Consecratur itaque a beato Martino episcopus vir Dei Chorentinus, et cum sanctis sociis ad cathedralem sedem Cornubiae remittitur. Et tam a clero quam a populo Britanniae, sibi ex diversis partibus occurrente, cum omni gaudio suscipitur et honoratur.

« Ille vero, nec applaudens honori sed magis sollicitus et insistens oneri, suscepti regiminis diligenter exercet offi-

(31) *Loc. cit.*, Introduction, p. XXVIII.

(32) Ed. Dom PLAINE, p. 132-134, § VII, et VIII (début),

cium, sibi crucem, gregi custodiam, moribus disciplinam, vitiis odium, virtutibus studium, praedicationem subditis, auxilium oppressis, refectionem pauperibus, malis cohertionem, bonis gratiam, omnibus justitiam adhibens et charitatem.

« Nec mora [33], cum socios suos Guengaloeum et Tudinum sanctitate et scientia commendabiles sciret, eos in abbates benedixit ut eum coadjuvarent in fide catholica propaganda. Petierat enim a metropolitano sancto Martino, cum consecratus esset, ut et praefatis sociis suis manum benedictionis imponeret et ad Cornubiam remitteret abbates benedictos. Sanctus vero Martinus sicut erat columbinae simplicitatis et serpentinae prudentiae, sibi benigne responderat in hunc modum : « Nequaquam, frater episcope et coepiscope Chorentine, nequaquam expedit ut tuos benedicamus abbates, ne hoc exemplum apud posteros trahatur ad consequentiam et tuae derogetur dignitati. Vade potius ad sedem tuam et utere libertate tua et hos duos socios tuos quos merito religionis et discretionis prelatione dignos esse credimus, in ecclesia tua auctoritate episcopali benedicito in abbates ».

« His itaque secundum sancti Martini consilium in abbates benedictis... »

B, qui reprend ici après une lacune aux mots *Consecratur itaque a beato Martino*, insère, après les mots *derogetur dignitati*, l'addition suivante : *Deinceps enim fieri posset ut successor noster ad sedem metropolitanam abbates Cornubiae traheret benedicendos et a benedictione nostra, sibi benedictionis privilegium perpetuum usurparet;* et plus loin, après les mots *benedicito in abbates : Sic praevidebat sanctus Dei archiepiscopus venturae malitiam, sic praevidebat ecclesias suae subditas dignitati ut in posterum super hoc malignandi tolleretur occasio.* Et le § XI, qui manque dans S, nous montre les deux abbés travaillant en parfait accord avec leur évêque Corentin.

(33) *Idem*, p. 138, § X.

Cela ressemble fort à une histoire de disputes entre évêques et abbés, et le Cartulaire de Quimper vient nous confirmer dans l'idée que nous avons affaire à une invention tendancieuse. La pièce n° 46 de ce cartulaire est en effet un acte d'accord, daté de 1236, entre l'évêque et le chapitre de Cornouaille d'une part et l'abbé et le monastère de Landévennec de l'autre [34]. Il y est décrété, « après beaucoup d'altercations », que l'évêque de Quimper a le droit de descendre au monastère de Landévennec comme « ordinaire » pour visiter et corriger les moines et pour conférer la bénédiction abbatiale : « *R. modernus abbas remanebit abbas, scilicet electi de cetero in eodem monasterio, praesentabuntur episcopo Corisopitensi et confirmabuntur ab eodem episcopo et benedicitur* ». Dans le manuscrit de ce cartulaire les mots » *et benedicitur* » sont ajoutés en marge, mais de la même main que celle du texte [35].

Ces faits ne sont pas isolés; on peut les rapprocher d'événements pareils qui se passèrent vers la même époque dans l'abbaye de Sainte-Croix de Quimperlé [36]. En 1114, c'est Raoul, archevêque de Tours, qui bénit Gurguand, abbé de Sainte-Croix [37]. En 1262 intervint entre l'évêque de Quimper et l'abbaye un accord relatif aux droits épiscopaux sur l'abbaye [38]. Le différend durait depuis plusieurs années et remontait au temps de l'évêque Guillaume († le 15 décembre 1218).

On peut donc conclure que, vers la fin du XIIe ou le début du XIIIe siècle, les abbayes du diocèse de Quimper cherchaient à se soustraire à la juridiction épiscopale. Et dans

(34) Ed. cit.

(35) Bibliothèque Nationale, Paris, ms. latin 9892.

(36) Je suis redevable de cette observation à M. Oheix.

(37) *Chronique de l'abbaye de Sainte-Croix de Quimperlé*, dans le *Cartulaire de Quimperlé*, 2e édition, par Léon Maître et Paul de Berthou, Rennes-Paris, 1904 (Bibliothèque bretonne armoricaine, fasc. IV), p. 106.

(38) Le texte se trouve dans l'*Histoire de l'abbaye de Sainte-Croix*, par Dom Placide Le Duc, publiée par Le Men, Quimperlé, s. d., pièces justificatives, n° XXXI, p. 609 ss.

ce fait nous discernons le but qui inspira l'histoire de l'élection de saint Corentin à l'évêché de Quimper et celle de la bénédiction abbatiale de saint Guennolé. L'auteur de notre texte écrivait vers 1236, probablement quelque temps avant cette année, car l'accord était destiné à mettre fin à de longues altercations; il écrivait pour soutenir d'une autorité antique et vénérable les droits de l'église épiscopale sur l'abbaye de Landévennec; c'était donc un clerc de Quimper, peut-être d'origine française, puisque, incidemment, il se montre partisan de Tours.

V

Nous avons donné plus haut des raisons de croire à l'existence d'un texte antérieur à B et à S. Ce texte ne devait pas être de beaucoup d'années antérieur à nos deux rédactions; les remanieurs se sont bien gardés d'embrouiller l'histoire de la bénédiction : S qui abrège beaucoup la donne deux fois en détail, B n'y ajoute que pour insister davantage.

Mais l'idée d'associer Corentin à saint Guennolé et saint Tudy n'est pas sortie toute de l'imagination de notre auteur. La vie de saint Guennolé par Gourdisten, écrite entre 857 et 884 (39), renferme le passage suivant (40) :

> Quam bene candelis splendebant culmina ternis
> Cornubiae, proceres cum terni celsa tenebant !
> Rura vel ima regens, Gradlonus jura teneret
> Cum doctus terrena; nitentem porgeret haustum
> Ac populo sitienti Courentinus, in almo
> Ordine, cum sacro praefulgens corpore Christi
> Summus qui dici meruit speculator ab actis,
> Vitam qui summo portavit cum speculatu
> Arctam heremi, nisi cum quaestus moveatur abortus.

(39) R. LATOUCHE, *Mélanges d'histoire de Cornouaille*, Paris, 1911, p. 8.

(40) *Vita Sancti Winwaloei*, éd. La Borderie dans *Cartulaire de Landévennec*, Rennes, 1888, in 8°, Lib. II, Ch. 19. C'est le passage que M. de la Borderie traduit, *Histoire de Bretagne*, t. Ier, pp. 321-322 (M. de la Borderie croyait à une interpolation du Xe siècle, mais à tort. Voir R. LATOUCHE, *op. cit.*, p. 23).

Aecclesiarum ob hoc intentus, cito discutiebat
Orta, sed innumeros stabilita in pace sedabat;
Ille dehin remeans eadem quoque quae ante gerebat
Domnus et innumeris cum Uingualoeus in actis
Prae cunctis fulsit, heremitarum bene factus
Abbas, excelso virtutum culmine clarus.

Au IXe siècle donc un texte représente notre saint associé à saint Guennolé et au roi Grallon. Nous retrouvons les mêmes personnages dans une des fausses chartes [42] du XIe siècle du Cartulaire de Landévennec [43] qui représente saint Corentin avec saint Guennolé auprès du roi Grallon en concile. M. Latouche traduit le préambule de l'acte [44].

Notre auteur a dû connaître ces documents, intéressé qu'il était aux relations de son église avec l'abbaye de Landévennec. Utilisant la vie de saint Guennolé qui représente son saint comme égal au fondateur de Landévennec, il conçoit l'idée de le représenter comme préféré à celui-ci par l'archevêque de Tours qui affirme le privilège de l'évêque de Quimper de donner la bénédiction aux abbés de Landévennec. Et il est fort probable qu'il a eu l'idée d'envoyer ensemble à Tours Corentin, Guennolé et Tudy parce qu'il a trouvé, groupés dans le même chapitre de la *Vita Winwaloei* de Gourdisten, les noms de Corentin, Guennolé et Tutgual [45].

On a discuté pour savoir si ce dernier personnage est le même que le fondateur du monastère-évêché de Tréguier. Mgr Duchesne [46], M. Latouche [47], M. de Calan [48] les confondent. M. de la Borderie [49], au contraire, a soutenu que le Tudual de la *Vita Sancti Winwaloei* était, non pas

(42) R. LATOUCHE, *op. cit.*, pp 47 ss.
(43 Ed. cit., p. 151-152.
(44) *Loc. cit.*, p. 58-59.
(45) Ed. cit., p. 81-82.
(46) *Revue Celtique*, t. X 1889, p. 254 et *Fastes épiscopaux*, t. II, p. 370.
(47) *Mélanges d'histoire de Cornouaille*, p. 24.
(48) *Mélanges historiques*, p. 19.
(49) *Annales de Bretagne*, t. IV, p. 325, 327

l'évêque de Tréguier, mais un abbé cornouaillais du nom de Tudi [50]. C'est évidemment cette opinion qu'avait l'auteur dè la vie de saint Corentin. Il ne paraît pas avoir connu la troisième vie de saint Tutgual qui représente ce saint comme envoyé avec saint Corentin, évêque [51], par saint Paul-Aurélien, à une procession pour conjurer un dragon, épisode qu'il n'aurait pas manqué d'exploiter. Notre auteur a emprunté Tudy à la *Vita Winwaloei* en identifiant le Tudual de ce texte avec le fondateur d'une des abbayes du diocèse de Cornouaille, *Loc Tudi* (près de l'île Enez Tudi, dans l'embouchure de l'Odet), qui figure dans les chartes du XIe siècle et qui, justement au XIIIe siècle, fit place à une collégiale absorbée par le chapitre de Quimper. Selon M. de la Borderie [52], l'abbaye de Loc Tudi représenterait un établissement datant du VIe siècle sur l'île d'Enez-Tudi. Du personnage de Tudy nous ne savons [53] que ce que nous en disent la vie de saint Corentin et celle de saint Maudet. D'après celle-ci, saint Maudet, irlandais de naissance, serait parti pour la Bretagne armoricaine accompagné de deux disciples, Thudetus (appelé aussi Tudinus) et Bodmaelus [54]. Ils abordent en Armorique, à « Banniged (*latine* portus benedictus) » et séjournent quelque temps dans le pays de Leohelnan. De là ils vont tous trois dans l'île *Venenosum*, plus tard appelée *Gueltenes*. Notre auteur ignore ce texte, si toutefois

(50) *La vie de saint Maudet* (éd. LA BORDERIE, dans *Mémoires de la Société d'Emulation des Côtes-du-Nord*, t. XXVIII, 1890, p. 198-266) distingue aussi ces deux personnages : elle représente *Tudinus* comme disciple de saint Maudet avec saint Bothmael et plus tard elle parle d'une visite faite à saint Tudgual dans le monastère de celui-ci.

(51) Ed. LA BORDERIE, *Les trois anciennes vies de saint Tutgual*, dans *Mém. Soc. Arch. et Hist. des Côtes-du-Nord*, 2e série, 1883-1887, t. II, p. 105, § 17.

(52) LA BORDERIE, *Histoire de Bretagne*, t. III, p. 166.

(53) Les Néo-Bollandistes ne le connaissent pas et la vie que donnent les *Acta Sanctorum* au 9 mai n'est qu'un extrait de la vie de saint Corentin.

(54) La vie de ce saint publiée par LA BORDERIE (éd. cit.) serait un texte de la fin du XIe siècle (voir *Analecta Bollandiana*, t. XII, p. 306). Celle que publia Ulysse ROBERT : *Vie de saint Maudé*, publiée d'après le ms. 330 de la Bibliothèque d'Orléans, saint Maudé, 1889, in-8o, en serait une amplification du XIIIe siècle qui n'apporte rien de neuf.

il est antérieur à la *Vita Corentini*, comme il a ignoré une tradition insulaire qui rattache le nom de Tudy, comme ceux de Guennolé et de Corentin, à des localités de la Cornouaille anglaise.

En effet, nous retrouvons encore, dans le Cornwall, la paroisse de Corentin, que l'on appelle de nos jours Cury, mais que l'antiquaire Carew [55] (1555-1620) appelle encore Corentun [56]. Tout près, dans le même *hundred* de Kerrier, se trouvent les noms de Guennolé (Gunwalloe) et de Landewednack, tandis que celui de Tudy (actuellement saint Udy) se rencontre dans le *Hundred* voisin de Trigge. Selon Borlase, cité par Cummings [57], la tradition du pays place l'ermitage de saint Corentin au pied d'une montagne appelée Menheniot, dans le Cornwall [58]. Toute cette tradition est inconnue à notre auteur, ce qui n'a rien d'étonnant s'il est un Français, écrivant à Quimper dans le but intéressé et précis que nous croyons.

L'histoire de la consécration épiscopale de Corentin et de la bénédiction abbatiale conférée à Guennolé et à Tudy nous apparaît donc comme le vrai centre de la *Vita Corentini*. Revenons maintenant à notre texte et voyons quels sont les éléments qui servent de cadre à celle-ci.

Saint Corentin naît en Bretagne, en Armorique évidemment, puisque nous venons de voir que notre auteur ignore toute tradition insulaire. Sa vie érémitique se passe à Plomodiern. Dom Plaine l'a bien identifié : cet endroit se trouve sur le penchant du Menez Hom, une fontaine et une chapelle le marquent encore.

(55) CAREW, *Survey of Cornwall*, London, 1769, p. 91.

(56) L'église actuelle de Cury date de 1261. Un beau portail roman atteste l'existence d'une église plus ancienne sur le même emplacement.

(57 A. H. CUMMINGS, *The Churches and Antiquities of Cury and Gunwalloe*, London, 1875, p. 4-5. Je n'ai pu trouver la référence dans les œuvres publiées de Borlase qui a d'ailleurs laissé des manuscrits non publiés que je n'ai pas vus.

(58) Nom qui semble rappeler le Menez-Hom de l'ermitage breton de Corentin (voir plus bas).

Or, nous trouvons le nom de notre saint associé à celui de cet ermitage, dans un texte du XIIe siècle, la *Chanson d'Aiquin* (59). Ce roman nous raconte, en effet, comment le roi païen Aiquin vient se réfugier au pays de Nevet, près du Mené :

V. 2977. Droit au Mené s'en est Aiquin alé

Li roy a l'ost droit aprés luy mené
Juques Nyvet ne se sont aresté.

Poursuivi par Charlemagne, il s'enfuit vers la mer :

V. 3025. Ung hermitage trouva le Barbarin
L'ermite est apelé Corentin
Messe chantant dou baron Saint Martin.

M. Bédier a montré que ce poème fut composé pour rehausser la gloire de l'archevêché de Dol au prix des autres évêchés bretons (60) ; c'est pourquoi saint Malo et saint Corentin y sont représentés comme de simples ermites alors que saint Samson nous est donné comme archevêque de Dol. M. Lot m'a fait cependant remarquer que le nom de Corentin paraît pour la première fois dans ce poème à la fin du vers, de même que celui de saint Martin; ce qui pourrait faire croire que l'auteur a pris ces noms parce qu'il avait besoin de finales en *-in*, le nom de Corentin lui étant venu sous la plume parce qu'il savait que le Menez-Hom était du diocèse de Quimper. La fin du poème étant perdue, nous ne savons comment se terminait cette histoire. Il est donc difficile d'affirmer si l'introduction de notre saint est fortuite ou voulue. Dans tous les cas, il est certain que l'auteur de la *Vita Sancti Corentini*, écrivant peut-être peu après, a dû connaître la *Chanson d'Aiquin* composée vers la fin du XIIe siècle, et il est probable que c'est la localisation de

(59) Ed. Joüon des Longrais, Nantes, 1880; voir aussi G. Paris, dans *Romania*, t. IX, 1880, p. 445 ss.

(60) *Les légendes épiques*, t. II, 1908, p. 95 ss.

l'ermitage de Corentin au Menescop dans cette chanson qui a mis en branle l'imagination de l'hagiographe et qui l'a fait placer la demeure de saint Corentin à Plomodiern.

Le poisson de saint Corentin est devenu sa caractéristique (61). L'histoire du poisson n'est pourtant pas propre à notre saint; le Père Cahier cite un miracle presque identique raconté par Grégoire le Grand dans la vie de saint Honorat de Fondi (62). Nous constatons cependant que les miracles et les histoires à poisson semblent particulièrement fréquents dans les vies des saints celtiques (63).

L'ermitage de Primel se trouvait, selon les souvenirs traditionnels, d'après dom Plaine, en Saint-Thoys, près de Châteauneuf-du-Faou. Cet endroit est en effet assez près de Plomodiern et les restes d'une chapelle s'y trouveraient encore. Nous savons aussi que le monastère de Quimper possédait de nombreuses terres dans la région du Faou (64). La *Vita Corentini* raconte cependant, au paragraphe suivant, l'arrivée des deux saints Paterne et Malo *ad Villam Fontis*. C'est, comme le dit bien dom Plaine, *Kerfeunteun*, près de Quimper, que les chartes du XIIe siècle appellent *Villa Fontis*. A Quimper même, d'après M. Le Men, il existait, peu avant 1871, une chapelle dédiée à saint Primel, et « vis-à-vis de cette chapelle, sur la rive gauche de l'Odet, se trouve une fontaine placée sous le vocable de saint Corentin (65) ». Notre auteur aurait, peut-être, connu les deux endroits associés au culte des saints amis et ne se serait pas donné la peine de décider duquel des deux il parlait.

(61) Nous le retrouvons dans un bas-relief décrit par MALBRANCQ, *De Morinis*, Tornaci-Nerviorum, 1639-1654, t. Ier, p. 156.

(62) MIGNE, *Patrologie latine*, LXXVII, 153-161.

(63) Par exemple celles de saint Petroc, de saint Néot; voir aussi Whitley STOKES, *Lives of the Saints from the Book of Lismore*, Oxford, 1890, in-4° et PLUMMER, *Vitae Sanctorum Hiberniae*, 1910, t. Ier, Introduction, p. CLI, note 8, et p. CLIII, note 4.

(64) Voir Dom MORICE, *Preuves de l'Histoire de Bretagne*, t. Ier, c. 377.

(65) *Note sur un chapiteau de la cathédrale de Quimper*, dans le *Bulletin de la Société d'archéologie du Finistère*, t. VII, 1880, p. 70.

Quant à la visite des saints Paterne et Malo, rien n'autorise à croire que cette histoire ait le moindre fondement de vérité. L'auteur a tout simplement mis son saint en rapport avec des personnages illustres du pays, et il est possible que ce soit *la Chanson d'Aiquin* qui ait suggéré à l'auteur de mettre saint Corentin en rapport avec Malo [66].

VI

Des textes liturgiques retrouvés par M. Oheix viennent cependant soulever une nouvelle question. Un bréviaire parisien de 1472 [67] et celui de Saint-Brieuc [68] appellent le compagnon de Paterne, non pas Malo, mais *Maelocus*. Ce nom n'est pas inconnu à l'hagiographie bretonne [69]. Comme on ne sait rien de saint Meleuc [70], on serait porté à croire qu'un scribe a pu lui substituer le nom beaucoup plus connu de Malo. Mais quel intérêt l'auteur, un clerc de Quimper, aurait-il eu à accorder à Corentin la prééminence sur un personnage aussi obscur que Meleuc? Il faudrait établir que celui-ci a été l'objet d'un culte très particulier dans le diocèse de Quimper et c'est ce qu'il n'est pas possible de faire. Il semble donc que l'auteur avait bien en vue Malo et que la forme Maeloc n'est qu'une cacographie, une tentative maladroite pour donner au nom de Malo une physionomie bretonne à une époque où la vraie graphie (Maclovius) n'était plus, ou presque plus, usitée.

(66) Il faut protester contre la correction apportée par Dom Plaine, qui substitue pour Malo, dans sa traduction, le nom de *Melanius*, en objectant que l'événement en question doit s'être passé avant l'an 530, tandis que Malo ne serait pas passé en Armorique avant 545-555. Le manuscrit porte *Maclovius*.

(67) Bibliothèque Nationale, ms. *latin* nº 1294.

(68) Contenu dans le ms. français de la Bibliothèque Nationale, nº 22321, fol. 28.

(69) Voir J. LOTH, *Les noms des saints bretons*, Paris, 1910, p. 81, et *Chrestomathie bretonne*, p. 148.

(70) Le nom de Mailocus parait dans la vie de saint Gildas, voy. F. LOT, *Mélanges d'histoire bretonne*, p 434; et aussi dans la vie de saint Cybi, voir F. LOT, *op. cit.*, p. 262-264.

La *Vita Sancti Corentini* nous apparaît donc comme un document d'assez basse époque, inspiré par un but tendancieux, basé sur un passage de la vie de saint Guennolé et sur des noms trouvés dans des chartes et, pour le reste, composé de légendes suggérées par la toponymie. Tout ce que l'auteur sait de son personnage, c'est son nom et son siège. Ceux-ci nous sont attestés par d'autres documents antérieurs au XIIIe siècle. Nous avons parlé de la *Chanson d'Aiquin* et de la vie de saint Tutgual; la vie de saint Méloir représente ce saint comme faisant un séjour de sept ans au monastère de Corentin, évêque [(71)]. Des litanies anglaises du Xe siècle, publiées par F. E. Warren [(72)] et d'autres de la même date, publiées par Mabillon [(73)], viennent attester son culte au Xe siècle, dans la Bretagne insulaire [(74)] aussi bien que dans l'Armorique. Ces litanies donnent le simple nom du saint *Courentine*. Un manuscrit du martyrologe de Bède, analysé par dom Quentin et daté par lui de la fin du Xe ou du début du XIe siècle, renferme aux calendes de mai la mention suivante [(75)] : *Cornubiae natale sancti Courentini confessoris et pontificis*. Un sacramentaire de Winchester [(76)], contenu dans le manuscrit n° 422 du Collège de Corpus Christi à Cambridge, exécuté vers 1061 dans un monastère du diocèse de Winchester avec, pour base, un livre français, contient parmi la liste des saints invoqués au canon de la messe le nom de *Caurentini*.

La tradition qui considère Corentin comme évêque de Quimper est donc très ancienne, beaucoup plus ancienne

(71) *Analecta Bollandiana*, t. V, p. 165 ss.

(72) *Revue Celtique*, t. IX, 1888, p. 88, cf. J. LOTH, dans *Revue Celtique*, t. XI p. 135.

(73) *Vetera Analecta*, Paris, 1723, t. II, p. 669.

(74) Les fêtes se célèbrent en mai et en décembre comme en Armorique.

(75) Dom QUENTIN, *Les martyrologes historiques du Moyen-Age*, Paris, 1908, p. 38. Le manuscrit (ms. XIX de la Bibliothèque Barberini au Vatican) est d'origine italienne mais serait basé sur un ms. antérieur d'origine mancelle.

(76) L. DELISLE, *Mémoire sur d'anciens sacramentaires*, Paris, 1886, in-4°, p. 299 (Mémoires de l'Académie des Inscriptions et Belles Lettres, t. XXXII, 1re partie), ce sacramentaire est connu sous le nom du « Livre Rouge de Derby ».

que la *Vita Corentini*. Mais il ne s'ensuit pas que saint Corentin ait été le fondateur [77] du siège épiscopal de Quimper, pas plus que saint Malo ne fut le fondateur de celui d'Alet, ni saint Paterne le fondateur de celui de Vannes [78]. Alors même que Corisopitum serait une création des émigrés insulaires [79], il est fort possible qu'il y ait eu, dès l'époque gallo-romaine, un siège épiscopal dans l'ancienne capitale des Osismii à Carhaix, transporté plus tard à Quimper [80]. Saint Corentin n'aurait donc pas été le premier évêque de Quimper, et la *Vita* ne le dit d'ailleurs pas... « Cornubia enim episcopum quem non habebat postulavit et... ». C'est l'opinion de Mgr Duchesne [81].

Les litanies et autres textes des Xe et XIe siècles que nous venons de citer donnent le nom de notre saint sous la forme *Courentine* ou *Caurentinus*. Ce serait là, semble-t-il, la forme du nom qui se rapproche le plus de son original celtique [82]. D'après les indications données par d'Arbois de Jubainville, la racine du nom se retrouve dans tous les pays celtiques et en Gaule dès le IIIe siècle avant Jésus-Christ; on retrouverait des formes analogues dans toute la France et en Italie (Cavarius, Cavarasius, Caurinus). On ne peut donc pas conclure de la forme du nom à une origine insulaire de notre saint, quoique sa présence dans la Cornouaille anglaise ne s'explique guère autrement [83].

En résumé : la toponymie nous indique un saint Corentin, vénéré anciennement des deux côtés de la Manche; plusieurs documents, datant du Xe au XIIe siècle, attestent qu'une

(77) Comme l'entend Dom LOBINEAU, *Vie des saints bretons*, éd. 1836, p. 32, et ALBERT LE GRAND, éd. 1901, p. 683 et même LA BORDERIE, vol. I, p. 290-291.

(78) F. LOT, *Mélanges d'histoire bretonne*, pp. 204, 206.

(79) LONGNON, *Pouillés de la province de Tours*, 1903, Introduction, p. LX.

(80) F. LOT, *Mélanges*, p. 203, note 4.

(81) *Catalogues épiscopaux de la province de Tours*, 1890, p. 81, 82. Cf. H. WAQUET, *Civitas Aquilonia, Corisopitum, Kemper*, dans le *Bulletin de la Société archéologique du Finistère*, t. L, 1923, p. XXXIII-XXXVI.

(82) Voir J. LOTH, *Revue Celtique*, t. XI, p. 141 et d'ARBOIS DE JUBAINVILLE, *Introduction à l'Etude de la Littérature Celtique*, p. 299-300.

(83) *Cf. pour saint Guennolé*, R. LATOUCHE, *op. cit.*, p. 39.

tradition faisait de ce personnage un évêque de Quimper; enfin, la *Vita Sancti Corentini*, composée au XIIIe siècle, à l'aide d'un texte antérieur, mais antérieur de peu et de même caractère, est un document tendancieux, qui exploite cette tradition, mais ne nous apprend rien de plus sur ce personnage.

Ethel C. FAWTIER-JONES.

CHAPITRE II

LA VITA CORENTINI

Découverte par André Oheix.

Ce texte est contenu dans le manuscrit français n° 22362 de la Bibliothèque nationale de Paris, où il occupe les f°s 60 à 69 v°. C'est une copie de la main du Père Du Paz qui n'indique pas sa source. M. Oheix, dans la copie de ce texte que nous avons sous les yeux, avait adopté, sans doute pour faciliter la comparaison, la division en paragraphes de dom Plaine qui ne correspond pas à celle du manuscrit et qui est parfois singulièrement arbitraire. Nous la gardons néanmoins et faisons de nouvelles divisions analogues pour les parties neuves, pour la même raison de commodité.

Une comparaison de ce texte (que nous désignerons par la lettre O) avec le texte reconstitué et publié par dom Plaine (que nous désignerons ici par la lettre P) révèle de nombreuses parties communes, comme on peut le voir par le tableau suivant :

O.	P.
Le prologue manque	Prologue.
I	I
II	II
III	III
IV	IV
V	VII
VI	VIII
VII	X
VIII (extrait de lectionnaire).	Manque.
IX	V
X	Manque.
XI	»
XII	XII (2e moitié).
XIII	XIII
XIV	XV

XV		Manque.
XVI		»
XVII	= mais d'un tout autre style	XVI (sans le titre)
XVIII		XVII

Donc les §§ VIII, X, XI, XV et XVI de O manquent dans P et les §§ VI, IX, XI et XIV de P manquent dans O.

Ajoutons que là où le texte de S (voir notre tableau pour le texte Plaine plus haut) s'écarte de B, c'est de S que O se rapproche le plus.

O apporte donc des récits tout nouveaux. Il montre en outre un certain nombre de particularités curieuses : 1° Il y a de nombreux blancs : par exemple après l'histoire de la bénédiction des abbés nous avons un blanc suivi d'un récit étranger à P et qui paraît bien être un extrait d'un lectionnaire, puis un autre blanc, puis l'épisode de Primel. 2° Il y a toute une série de passages barrés : ainsi la moitié du f° 64 est remplie par un récit abrégé du retour de Corentin dans la Cornouaille et la bénédiction des abbés, — le tout barré (cette histoire se retrouve plus haut, f° 61, sous la forme où nous l'avons dans P). Suit le texte du miracle de la femme avare, comme dans P, sauf qu'il se termine par les mots *cui est honor et gloria in secula seculorum, Amen.* A la suite de ce miracle et après un blanc le manuscrit donne un nouveau récit de ce même miracle, mais avec beaucoup plus de détails, surtout quant aux circonstances qui entourent le miracle et qui sont données comme racontées par un témoin oculaire. Puis soudain, au moment où le miracle même débute, le texte est barré (f° 65, 65 v°, 66, 66 v°). 3° Nous remarquons aussi en marge, en face de certains miracles, des chiffres : f° 64, en face du passage barré, le chiffre 6, et en face du début du § XIII, le chiffre 7; et f° 64 v°, en face du § XIV, le chiffre 8. 4° Nous remarquons aussi que les miracles de la fin sont donnés avec des titres : f° 66 v°, *Qualiter sanctus Chorentinus clamante ad se capto et in vinculis posito per visum apparuit et inde potenter libe-*

ravit; f° 67 v°, *De fure qui cerici fili glomum dum dedicatio ageretur involavit et propter hoc vehementer elarguit.* 5° Enfin l'auteur s'adresse de temps en temps à son auditoire par les mots : *fratres dilectissimi*, *fratres charissimi*, etc.

La source du Père du Paz semble bien être un ou plusieurs lectionnaires (les chiffres en marge et le § VIII en sont la preuve) ou bien un texte composite ayant un lectionnaire pour base. Le Père du Paz (ou le copiste qu'il reproduisait) aurait été troublé par la répétition de certains miracles et aurait barré ce qui lui semblait superflu. La source de ces répétitions serait peut-être tout simplement la double fête de saint Corentin, en été et en hiver : nous avons vu par exemple, dans S, une série de leçons au 1er mai et la vie entière au 6 décembre. Mais, dans le cas du miracle de la femme avare, ce qui est barré c'est le long récit et ce qui est laissé c'est le récit tel que nous le retrouvons dans P. Il en est de même de l'histoire de la bénédiction des abbés, barrée au f° 64 et qui se retrouve f° 61 sous la forme que nous connaissons dans S et que B développe pour insister davantage sur les droits de Quimper.

Or, toute la partie de O qui manque dans P (y compris les passages barrés) est d'un tout autre style. L'auteur écrit un beau latin qui rappelle celui qu'on écrivait aux IXe et Xe siècles, il nous donne de belles amplifications ornées de citations classiques et de belles images et surtout il nous décrit des choses vues, des détails pittoresques qui font vivre son récit. Par exemple, dans l'histoire de la femme avare, nous avons le nom de l'apocrisiarius et des détails sur la façon dont on recueillait de l'argent et nous avons une description détaillée du procédé d'incubation qui a presque disparu dans P. Toute cette partie (c'est ce que O nous apporte de neuf) nous paraît plus ancienne que le reste et cette impression est confirmée par la forme archaïque du nom *Chourentinus* qu'on y retrouve et par la forme *Con-*

fluentiam, une traduction en latin du nom celtique : Quimper Kember=Ken (cum) -bera (fluere) (1), employée pour désigner Quimper.

Nous croyons donc que ces parties de O qui s'écartent de P représentent un texte plus ancien. Les parties communes à O et à P représenteraient un remaniement que S et B à leur tour développent de façons diverses. O peut donc bien être la source de P, mais faut-il y voir la « vie antérieure » que nous croyions discerner dans notre étude de P ? A vrai dire, est-ce une vie de saint Corentin que nous avons ? Toute cette partie ancienne consiste en une série de miracles et le reste n'offre guère autre chose. Ces miracles ont des titres qui rappellent ceux des *Libri Miraculorum* qui, on le sait, formaient généralement la suite des vies de saints. Y aurait-il eu une vie de saint Corentin contemporaine ou peu antérieure au *Liber Miraculorum* dont nous aurions la forme ancienne dans O ?

Un texte de basse époque mais qui paraît bien indépendant de la « *Vita Corentini* » que nous connaissons, vient donner quelque vraisemblance à cette hypothèse. La *Vita Sancti Ronani*, que l'on retrouve dans le Cartulaire de Quimperlé du XIIe siècle, contient le passage suivant (2) :

« Amiseras autem antea propter nequam parricidae tui consulis insaniam patronum tuum venerandum archimandritam confessorem Christi sacerrimum Courentinum episcopum, virum dierum plenum et universa morum probitate praeclarum, qui ecclesiasticae religionis et monastici ordinis industria praepollens, inter cetera celebrium miraculorum insignia uberrimum fontem, qui usque hodie fluit, ab imo telluris aquam dare negantis Die nomine invocato produxit, et reginam morsu canis cupito paene strangulatam ab ipsa mortis fauce sua interventione liberavit.

Ce miracle de la reine mordue par un chien, raconté avec celui de la source que nous connaissons, semble bien s'être opéré du vivant de notre saint. Nous avons vu plus haut,

(1) § XV. Quimper est situé au confluent de l'Odet et du Stéir.
(2) Cat. Codd. Hag. Lat., t. Ier, p. 456.

dans la vie de saint Tugdual, une histoire de dragon où notre saint est mêlé et qui paraît également inconnue à notre auteur. Si jamais il y eut une ancienne *Vita Corentini*, elle eût été une histoire celtique analogue à celle de saint Samson ou à celle de saint Maudet. Nous avons vu les divers auteurs de O, de S et de B rejeter tour à tour les parties anciennes et « authentiques » de leur source pour y substituer ou développer l'histoire tendancieuse que nous connaissons, destinée à fortifier l'autorité de Quimper sur les abbayes réfractaires, et qui finit par former à elle seule à peu près toute la vie. Il n'y aurait rien de très étonnant à voir un Français de Quimper du XIIIe siècle, chargé de remanier une ancienne vie de saint Corentin en vue de cette affaire, rejeter d'un bout à l'autre une histoire fantaisiste mais ancienne pour y substituer une histoire fausse mais d'une utilité immédiate. Nous verrions donc, dans O comme dans P, non pas une *Vita Sancti Corentini*, proprement dite, ancienne et digne de confiance, mais plutôt l'œuvre d'un destructeur qui a sacrifié quelque chose d'ancien à un but intéressé. Nous croyons que les parties anciennes de O peuvent remonter au XIIe, peut-être au XIe siècle ; elles seraient dans ce cas contemporaines de l'église qu'on aurait construite à Quimper au XIe siècle [(3)] et qui peut bien être celle dont parlent les §§ XIV, XV, XVI de P et les §§ XV et XVII de O.

Nous représentons par le schéma suivant les conclusions que nous tirons de l'examen de ces différents textes :

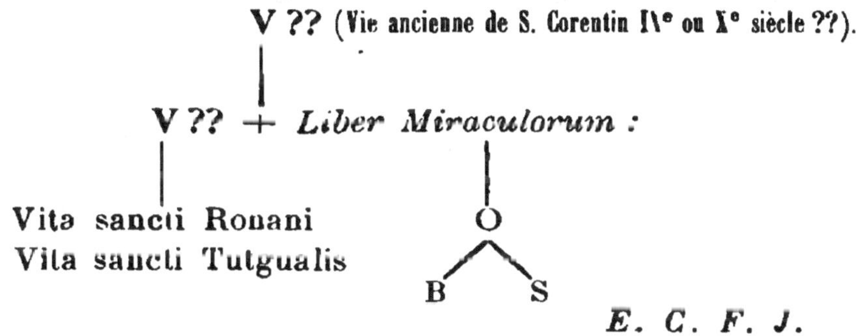

E. C. F. J.

(3) Voir Le Men, *art. cit.*

CHAPITRE III

VITA CORENTINI (1)

I

[F° 60] — Sanctus Corentinus a parentibus ingenuis ortus, Britannica regione oriundus, a puerilibus annis liberalium artium scientia est imbutus et admodum eruditus brevi evasit tempore. Magistro enim suo exterius docente, spiritus sancti gratia interius eum inspirabat.

II

Cum igitur locum solitarium et competentem ad serviendum Deo apud Ploemadiern invenisset, in rivulo fontis de quo saepius aquam hauriebat piscis quasi missus a Deo sibi frequenter occurrebat, viro Dei applaudens, et quasi se usibus ejus offerens et representans.

Unde vir justus, sicut mirae erat simplicitatis, donum Dei et gratiam intelligens, ad horam prandii, cum hauriret aquam, cum cutello cedebat portiunculam et coquebat, et cum gratiarum actione comedebat. Et cum ad fontem postea rediens illum eumdem piscem illesum et integrum inveniret, tantum admirans miraculum gratias agebat Deo, qui mirabilis est in sanctis suis et facit mirabilia magna solus. Et sic ex Dei voluntate et gratia, semper quantam volebat sibi piscis deserviebat ad esum et miro modo piscis nihilominus integer remanebat.

III

Quadam autem die contigit ut rex Grazlonus per silvas suas et montana venando fatigatus, de necessitate ad virum Dei diverteret et nuncios premitteret, qui sibi cibum, si possent invenire, prepararent. Quod audiens vir Dei Corentinus quid

(1) Bibliothèque Nationale, ms. français 22362 (copie de la main du Père Du Paz sans indication de source), fol. 60-69 v°.

regi dare posset ad refectionem cogitans et sollicitus, venit ad fontem et sicut consueverat partem piscis cedens et asportans coquo regis dedit ad coquendum. Coqus vero subridens et deridens, quod centuplum sociis regis non sufficeret, murmurabat. Ad mandatum tamen hominis Dei particulam piscis decoquens, illius superabundantiam et incrementum mirabatur. Et quid dicam ? Rex cum comitatu suo jejunus et esuriens de piscis particula sufficienter cum tota familia, meritis sancti Corentini, satiatus est, ut meminisse posset illud Evangeli quo legitur Dominum de duobus piscibus et quinque panibus quinque milia hominum satiasse.

[F° 60 v°] — Cum igitur post cibum rex tam mirabile factum cognosceret et ipsum piscem de quo comederat integrum et scissurae cujuslibet expertem in fonte reperiret, et eum natare videret et vivere, de tanto stupens miraculo ad pedes procedens virum Dei Corentinum adoravit, et ei donavit in perpetuum aulam regiam et totam terram circumjacentem et nemora, scilicet totum quod habebat in plebe illa.

IV

Sed, cum quidam alius de familia regis, simili motus exemplo, partem piscis similiter cedere proesumpsisset, piscis nunquam est reintegratus ; sed cesus et mutilatus remansit. Unde commotus vir Dei, piscem sanatam praecepit ire illuc unde venerat ne amplius tale quid pateretur. Et inde recedens ibi piscis amplius non apparuit.

[*Suit un large blanc dans le manuscrit.*]

V

[F° 61] — Quoniam autem tanta lux diu latere non potuit : « Lux, inquam, in tenebris hujus mundi lucens et tenebrae eam non comprehenderunt » proposuit et disposuit Deus omnipotens ut congruo tempore supra candelabrum poneretur. Cornubia enim episcopum, quem non habebat, postulavit et tres viros sancti nominis et dignae opinionis, scilicet Corentinum, Winnualoeum et Tudinum, mittendos Turonis ad sanctum Martinum Turonensem archiepiscopum elegit, ut de eis episcopum consecraret, et ad dioecesim Cornubiae mitteret consecratum.

Ascivit itaque secum beatus Martinus clericos suos viros discretos et honestos et cum notasset in Tudino litteraturam et honestatem, in Winuualoeo eloquentiam et religionem, in Corentino personae reverentiam, vultus simplicitatem, cordis humilitatem et venerandam in omnibus sanctitatem. Spiritu Sancto inspirante, ipsum Corentinum, sociis suis postulantibus, in episcopum Cornubiensem quamvis renitentem et invitum elegit et ad consecrationem, sicut dignum erat, praeparari praecepit. Consecrafus a beato Martino vir Dei Corentinus, cum sanctis sociis suis ad cathedralem sedem Cornubiae remittitur. Et tam a clero quam a populo Britanniae, sibi ex diversis partibus occurrente, cum omni gaudio suscipitur et honoratur.

VI

Ille vero, nec applaudens honori sed magis sollicitus et insistens oneri, suscepti regiminis diligenter exercet officium, sibi crucem, gregi custodiam, moribus disciplinam, vitiis odium, virtutibus studium, praedicationem subditis, auxilium oppressis, reffectionem pauperibus, malis cohertionem, bonis gratiam, omnibus justitiam adhibens et charitatem.

VII

Nec mora, cum socios suos Wingualoeum et Tudinum sanctitate et scientia commendabiles sciret, eos in abbates benedixit ut eum coadjuvarent in fide catholica propaganda. Petierat enim a metropolitano sancto Martino, cum consecratus fuerat episcopus ut praefatis sociis manum benedictionis imponeret, et eos ad Cornubiam remitteret abbates benedictos.

Sanctus vero Martinus, sicut erat columbinae simplicitatis et serpentinae prudentiae, sibi benigne responderat in hunc modum : « Nequaquam, frater episcope Chorentine, nequaquam expedit ut tuos benedicamus abbates, ne hoc exemplum apud posteros trahatur et ad consequentiam et consuetudinem et tuae deroget dignitati. Vade potius ad sedem tuam et utere libertate tua, et hos duos socios tuos, quos merito religionis et discretionis praelatione dignos esse credimus, in ecclesia tua auctoritate [F° 61 v°] episcopali benedicito in abbates ». Hos itaque secundum sancti Martini consilium benedixit in abbates.

[*Un blanc dans le manuscrit.*]

VIII

Pridie Idus Decembris festivitas sancti Corentini qui, comitantibus sanctis viris Winuwaleo et Tudino, Turonis ad sanctum Martinum archiepiscopum Turonensem missus ut de eis episcopum consecraret, et* ad dioecesim Corisopitensem remitteret consecratum. Et cum notasset in dicto Corentino personae reverentiam, vultus simplicitatem et cordis humilitatem, ipsum in episcopum consecravit, et tam a clero quam a populo Britanniae cum gaudio susceptus et honoratus fuit; et deinde ipse presul Corentinus, cum ad cathedralem sedem accessit, eosdem Winuualoeum et Tudinum benedixit in abbates ut eum adiuvarent in fide propaganda. Qui etiam, ejus sanctitatis merito, a Grazdrono, quondam rege Cornubiae, aulam suam regiam, terrasque silvas et nemora quas habebat in pago de Ploemodiern necnon suum regale palatium in civitate Corisopitensi situm, quod hodie « *circuitus castri* » [1] nuncupatur, ad ecclesiam cathedralem construendam obtinere meruit.

[*Un blanc dans le manuscrit.*]

IX

Cum autem sanctus Dei Corentinus, causa visendi, perrexisset ad quemdam presbiterum heremitam justum et religiosum, nomine Primael, multo colloquio et collatione facta cum eo de moribus sanctis et religione catholicae fidei, mansit ibi cum sancto sacerdote, et accipientes simul cibum charitatis, cum gratiarum actione laudabant et benedicebant Deum qui illos die illo conjunxerat, et noctem sequentem in divinis laudibus, psalmis, hymnis et canticis spiritualibus diligenter impenderunt.

Mane autem facto, illucente aurora, homo Dei Corentinus missam, sicut consueverat, celebrare voluit. Hospes autem heremita, sibi necessaria ad altare parare satagens, currebat ad aquam, et cum ille claudus esset et aqua multum remota,

(1) Cet extrait est à notre connaissance le seul texte qui cite ce nom.

de necessitate multam moram [F° 62] faciebat. Unde vir Dei multum admirans, et in ejus occursum exiens, vidit claudum cum multo labore et fatigatione aquam defferentem, et sibi pie, sicut pius erat, compassus est.

Levatis igitur corporis et cordis oculis ad Deum, desiderio magno suppliciter et devote precabatur ut christianissimo presbitero claudo, propter nimiam aquae distantiam nimis vexato, pius Deus et misericors fontem proximiorem misericorditer indulgeret.

Nec mora : tam pius Deus pio sancti desiderio pie satisfecit et sub baculo cui innitebatur, vidit fontem clarissimum erumpere et emanere, Illo operante, qui propinaverat aquam de petra in deserto. Quod ut vidit claudus et cognovit, quantum attonitus fuerit, quanta mentis loeticia et hilaritate gratias egerit Deo, vel calamo exprimere, vel lingua exponere non possem.

[*Un blanc dans le manuscrit.*]

X

Miracula, dilectissimi, necnon etiam scribenda factum illud agnitioni fidelium pandi dignum est quod omnipotens Deus per illum precluem famulum suum apud *Villam fontis* operari dignatus est. Locus autem ille, hoc est Villa fontis, non sic semper retro diebus actis est vocatus, sed a fonte qui nunc in eo est tale vocamen sortitus est. Non hunc olim magna parens est enixa cum nonnulis fecunditati genita quem multo post et nonnullos verus parens magnae matris gremio ad sanctorum preces emanare fecit potenti imperio. Cujus memorabilem necne mirabilem nobis originem quamvis a proposito digressionem facere videamur quia tamen animequioribus utile fidei remur.

Dum igitur olim Deifer sanctus pater noster archimandrita Corentinus actus operando multos Deo placitos laudabilem vitam in terris morum probitate necne virtutum polentibus signis feliciter duceret, sanctorumque Deo servientium mappalia per diversa episcopii sui territoria, monendo eos resistere fortes in fide leoni rugienti quem devoret querenti, vigilanti cura visitaret,

Occeano rapiente diem cum palor adesset
Noctis et astriferas induceret Hesperus umbras [1],

ad cujusdam Deicolae, Primael nomine, mansiunculam non longe ab episcopali sede positam, supradictae gratia causae, iter [F° 62 v°] suum declinavit. Quem ut a longe venientem ad se supradictus Deicola agnovit obviam et gressum humilem reverenter intendit post humillimum autem condignae salutationis officium necne fidele dilectionis osculum, vir Dei antefatus sanctissimum Corentinum, confessorem Christi precluem obnixe deprecari coepit ut per noctis ingruentis tempus septemplex in charitate Dei, qui charitas est, secum hospitari dignaretur. Nec vir sanctus cujus in praecordis almus cluebat spiritus, fortis ut mors, dilectionis gratia plenus, necne charitatis geminae quam aquae multae non potuerunt extinguere igne succensus, ad quod ab eo charitative expetebatur denegavit, verum libentissime orantis precibus adquievit; postquam sepedictus necne dicendus sacer Christi Corentinus hospitem suum in id propter quod venerat sacris loquelis sufficienter ammonuerat, ad Dei justificationes custodiendas atque ad certamina passionum viriliter expugnanda fortificaverat, ab eodem ammonito audivit aquam sibi deesse in proximo, quam quotidie non sine magna corporis lassitudine afferebat de longinquo. Cui vir sanctus Deifer Chourentinus moerentium consolator eximius, consolatoria verba compassibiliter intulit et in spem futurae novitatis, Ipso propitiante per quem coepit esse quod non erat, et factum est visibile quod latebat, competenter animavit. Aiebat enim Omnipotentem invocantium se in veritate propitium esse auditorem atque voluntatem timentium se factorem, sicut scriptum est in libro psalmorum. Sequenti vero die predictus Deicola fluviolum more solito petiit, quem unius stadii intercapedine ab ipsius tuguriunculo, rerum Dispositor meabilem fecit. Interim antefatus sacer, secundum egregii gentium doctoris preceptum orationi intentus ante ostium cellulae supradicti Deicolae innixus baculo manus stans, orabat psalmidicus et aspiciens a longe virum Dei laboriose aquam differentem vix gressum moventem (erat enim claudus) revertentem vidit. Qui tactus dolore cordis intrinsecus compassibiliter super cotidiana servi Dei afflictione pro penuria aquae, clementem Cunc-

(1) *Sedulii Opera Omnia*, *Carmen Pascale*, III, v. 220-221-222, éd. Huemer, dans le *Corpus Scriptorum Ecclesiasticorum Latinorum* de l'Académie de Vienne, 1885.

tipotentis auditum efficacissima prece pulsavit et sic orans ait : Clementissime Deus, omnium exauditor quorum verae fidei certissimus existis cognitor quibus ades ut pollicitus es in tribulationibus solemnis adjutor, hujus servi tui quaeso quotidianum moderare laborem quo dietim de longinco aquam vehendo vehementer affligitur. Aperi, peto, Domine, in proximo necessarium huic famulo tuo, largifluae pietatis tuae, thesaurum, quatinus ab hac vexatione diutina emancipatus, vota sua tibi liberius reddat de die in diem [F° 63] et videntes laudent nomen tuum in secula seculorum. Et procedens inde pusillum, versus ad se venientem Dei famulum respexit ; et ecce ab eodem loco in quo baculi ejus cuspis terram foraverat radius aquae erumpebat, qui per pronum fluens pedetentium derivabat. Cernens autem Deicola inopinabilem aquae rivum et diverso sibi venienti deorsum fluentem, ad sanctissimum antistitem Chourentinum juxta eum stantem exclamavit et dixit : « Sancte Dei Chourentine, quid hoc est? Quomodo hic locus ab usque chao sitibundus tam perspicuas nunc emanat aquas? » Cui sanctus ait Chourentinus : « Vere, Dei famule, illius veri prophetae ratum potes promissum cernere, qui querentibus regnum Dei et justiciam ejus adhuc pollicitus est omnia quecumque restant commoda. Tibi vero imprimis memorata legaliter querenti commodum hoc quod deerat, omnium exauditor clementer attribuit, quatinus diutina vexatione prorsus emancipatus, ipsi bonorum omnium largitori munia laudum possis exolvere liberius. » Cui rursum sepedictus hoc logo deicola osecinuit (*sic*) haec famina : « Non est hoc commodum huc usque dilatum, athleta Dei, meae parvitati attributum, verum indubitanter tuae sanctitati accommodatum cognoscibiliter illam clarificare reservatum. »

XI

Explicito vero praedicti fontis origine mirabili, hic nonnula praetermittimus (1) quamobrem predictus deicola locum illum fontifluum paulo post dereliquit et ad alium meavit, directo suo itinere dato sibi signo cognoscibiliter a Deo petito. Nunc ad prefactum veniamus miraculum.

Quodam quoque tempore magna forensium multitudo convenerat in tumulo qui fere medius est inter episcopalem sedem et predictum locum, hoc est Villam Fontis, pridie Kalendarum

(1) *Ms.* praeter mittibus.

maii. Quorum plurimi ad predictum fontem potandi gratia ut refocilarentur (estus quippe erat) frequentare ceperunt. Nonnuli vero adipiscendae sanitatis ratione identidem faciebant, nam et gustu suavis est et tactu salubris. Inter quos quidam convena hujus regionis advena supradictae gratia causae fonti assistens, quandam anguillam magnitudine volemam nantem in illo conspexit, et impetum faciens in eam fuste letificum dedit ei ictum, ut mortua cernentibus appareret. Cui circum assistentium presentia factum suum improperat voce causatoria : « Heu, miser, quamobrem [F° 63 v°] sacri fontis incolam sic per tuam ausus es occare stulticiam, spreto illius timore cujus in asilo fonticolam suum peremisti hactenus tutum a seculis et generationibus. » Nec mora sed continuo idiotae predicto divina irrogatur ultio. Enim vero palam omnibus ibidem assistentibus truculento spiritu ad vindictam creato horribiliter invaditur, et ab ipso correptus solo tenus membra lugubriter sternitur et elisus in terra volutabatur spumans. Quod socii ejus videntes et ne omnino spiritum redderet formidantes, vota pro eo Domino sanctoque Chourentino faciunt ac preces pro restituenda sibi sanitate lacrimabiliter fundunt et inter agendum cicinnum capitis ipsius scindentes, oratorium, quod prope fontem est, introeuntes, altari imponunt. Deinde semivivum in manibus tollunt et ad hospitium, propitiari sibi Deum orantes, adducunt. Paucis vero diebus postea transactis, predictus miser, Deo facto sibi propitio, per intercessionem sancti Chorentini multum ab ipso deprecati, ex infirmitate sua liberari meruit.

[*F° 64*] *La moitié du f° 64 contient le récit du retour de saint Corentin à Quimper et de la bénédiction des abbés Guennolé et Tudy tel qu'il se trouve dans P. :* Sedem Cornubiae remittitur et tam a clero quam a populo ...... secundum S. Martini consilium in abbates benedictis. — *En marge se lit le chiffre 6. En dessus il y a une ligne de points. Le tout est barré.*

XII

Et tandem in sacra morte resolutus, qui vixerat Christo moritur in Christo, et talentum sibi creditum cum multo fœnore duplicatum reportans Christo, ab angelis sanctis presentendum spiritum reddidit, et semel carne mortuus, spiritu perenniter vivit Christo.

XIII

[*En marge le chiffre 7*] Evolat fama sancti confessoris per Britanniam et ad remotas partes sanctorum meritum aromatica fragrantia diffunditur et tota Britannia odore hujus unguenti impletur. Currunt ad sacrum corpus afflicti et juvantur, portantur languidi et sanantur, trahuntur demoniaci et liberantur et tot miraculorum signis frequentibus fides Christianitatis dilatur et excrescit.

Zelatur jam et invidet tantis Britannia reliquiis regio Gallicana et ex illis partibus tam potentes quam pauperes ad sanctum Chorentinum peregre confluunt, offerunt munera, beneficia largiuntur, et in necessitatibus suis opem et consilium sancti confessoris devote postulant. Et dum in reditu se quod petierant impetrasse jactant et ostendunt, vicinos ad eandem peregrinationem incitant et invitant. Sic laudatur et [F° 64 v°] magnificatur per diversas nationes sanctus Chorentinus in Deo.

XIV

[*En marge le chiffre 8*] Illud etiam non est omittendum quod cum tanta fidelium multitudo ad sacrosanctas reliquias devote concurreret, et munuscula sua simpliciter offerret, quaedam mulier nobilis pauxillum cerae, quod in manu habebat, offerre sancto disponens, cum aliud non inveniret, illud tamen pauxillum cerae retinuit et manum clausam retrahens ab oblatione cessavit.

Unde factum est ut ad majorem sancti revelationem, manum quam ad oblationem clauserat, clausa remaneret, ita quod illam ad alios usus aperire non posset. Conatur manum extendere, sed frustra nititur, qui Dominum non habet adjutorem. Considerans igitur se mancam esse, plorat et factum quod celare non potest, hoc sibi imputat et de retenta oblatione se esse ream cognoscit. Ad orationis currit remedium, Deo supplicat et opem sancti Chorentini suppliciter implorat et se satisfacturam promittit.

Nocte vero instanti, cum illa somno incumberet, apparuit ei in visu beatus Chorentinus dicens : « Cave, mulier, cave ne de caetero, cum inceperis bene facere, manum retrahas; sed quod sibi fuerit parvum sive magnum, Deo qui omnia dat, libenter tribue. Hilarem enim datorem diligit Deus. Vade igitur ad ecclesiam meam, et implora omnipotentis misericordiam ante reliquias coram fuisti inhumana et parca et pristinam manus tuae recipies sanitatem. »

Evigilata mulier cito se ad iter praeparat et properat et ad sanctum confugit Chorentinum. Eventum rei et visionis sacrae miraculum clericis ecclesiae narrat ex ordine. Sequenti nocte post orationem ante altare dormiens, secundo sanctum episcopum sibi per visum audit dicentem : « Mulier, dimissa es ab infirmitate tua, fides tua te salvam fecit ». Continuo surgens, currit ad clericos et manum quae per sex dies clausa fuerat et curata omnibus monstrat apertam et cum omni gaudio grates offerens sancto Chorentino Deum patrem omnipotentem benedixit cui est honor et gloria in secula seculorum. Amen.

[*Un blanc dans le manuscrit.*]

XV

[F° 65] Quod audivimus et oculis nostris vidimus a manibus attrectavimus, hoc vobis qui Christum induistis [Ad Rom. XIII, 14] de miraculis patris nostri sanctissimi Chorentini pontificis annunciamus quae per eum, qui in sanctis suis semper est mirabilis, operari dignatus est Dominus. Non enim ea sunt a nobis silentio pretereunda quae in nostris diebus indubitanter novimus effecta ad laudem et gloriam nominis Christi fidelisque sui famuli antistitis Chourentini. Dum diebus retroactis haec sacerrimi patris nostri modo nominati bazilica latiori spacio quam fuerat amplificaretur, altiorique culmine, ut decebat, sublimaretur et sumptus qui necessarii erant ad perficiendum id opus defecisse viderentur, visum est hujus ecclesiae prioribus utile ad quoddam forum, quod tunc instabat, pergere et a convenientibus in id ad predictae basilicae instaurationem suppetias querere. Erat autem tunc temporis quidam presbiter venerabilis, Tugdual nomine, supradicti patris nostri precluis apocrisarius ecclesiae, necnon operariorum ejus rerumque ad id opus pertinentium cliens bajulus, vir celebs, spiritu pauper, bonis pollens moribus, instans orationibus, pauperum cibator assiduus, preceptorum

Dei cultor sp[e]cialissimus. Hic unanimi fratrum condicito [1], cum beatissimi patris nostri Chourentini reliquiis, ad predictum forum propter causam supradictam abiit, comitantibus secum aliquibus supranominatae ecclesiae alumnis in id officii sibi devotis animis fideliter adjunctis. Jam vero die nundinario mediante, populo autem forensia in nundinis negotia pleniter exercente, pretiosi patris nostri supramemorati reliquiae in medium nundinantium a prefato presbitero cum sequacibus suis advectae fuere. Et praeco quidam sanctum corpus antecedebat qui valenti voce clamitabat ut omnes opitulationis suae fecerent opem domini et patroni necne pontificis sui Chourentini reliquiis, ut basilica quidem incepta exinde operari possit in Confluentia, ejus nomine insigni per diversa orbis climata. Ad cujus exhortationis vocem tota forensium multitudo sanctum muneratura catervatim concurrit et ex eo quod habebat sancto libenti animo impertivit. [*Ce qui suit est barré dans la copie*]. Contigit autem illi conventui forensium sanctis reliquiis exenia ferentium quandam mulierem interesse, secundum hujus genealogiam nobilem, rebus secularibus locupletem, verum tunc temporis numismatum egentem, que sepissimo preconis hortatu commonita opitulationis, ut premisimus, opem [F° 65 v°] ferre, nil aliud quod secum ferre posset potuit invenire preter quoddam tantae magnitudinis cerae pauxillum, quantae magnitudinis est summum pollicis est articulum; quam dum manu parvi pendendam inspiciendo teneret et sanctis reliquiis donum tam modicellum coram populo verecundaretur, manum super eam clausit inque sinum posuit. Adoratisque sanctis a longe reliquiis, in sua, sui eventus ignara, reversa est. Facto autem pusillo temporis intervallo, predicta mulier manum sinu retraxit eamque volens aperire nullatenus potuit, vis enim divina illam in exemplum futuris in posterum generationibus prodigialiter clauserat, quatenus omnis hoc audiens nullo modo sanctis audeat immunis existere dum ad manum habeat unde his qui in illorum nominibus petunt opitulari possit. Sentiens autem supradicta mulier animadversione divina manum suam ideo fore clausam quoniam ad dandum eam noluit habere porrectam, ratum mente duxit factum illud illo die silentio supprimere, si forte posset manum suam interim aperire aliquo conamine. Nocte vero (*en marge*, noctis) interea succedente diei vicissitudine [*une*

(1) *Ms.* condisto.

ligne en blanc dans la copie] cum nec liberari se cerneret manus suae mancitudine thalamum, incenata verum luctu satianda, introivit. Facto autem non modico apud se postea lamento super hoc quod sibi contigerat, tota mentis intentione misericordem omnium ut sui miseretur suppliciter deprecata, convotans sanctos sibi in auxilium maximeque sanctum Chourentinum cujus iram incurisse metuebat, obdormivit. Ecce autem in nocte ipsa dum medium silentium tenerent omnia et nox in suo cursu medium iter haberet sacer paradisi cola Chourentinus mulieri supramemoratae in visione apparuit, cui inquiens ait : « O mulier, numquam quod merito pateris in presentiarum tibi accidisset si mens tua sacri eloquii verba memoriter retinuisset; ait enim inter reliqua : Omni petenti te tribue et ne avertas faciem tuam ab ullo paupere; si multum tibi fuerit, habundanter tribue, si exiguum fuerit, illud etiam exiguum impertiret stude, verum quoniam hiis aliisque similibus inobediens nuperrime extitisti, idcirco hanc mirabilem manus tuae mancitudinem incurristi. Quoniam vero ex eo quod tibi merito contigit tristicia tua implevit cor tuum, evolutis paucorum dierum curriculis tristicia tua vertetur in gaudium. Quod autem prodigium in te factum voluisti silentio supprimere et ad hominum noticiam non pervenire, haud hoc voluntati tuae permittitur quoniam inde aliorum utilitati [F° 66] consulitur. Oportet enim illud veniet in publicum, quatinus omnis hoc audiens nullo modo sanctis audeat imunis existere dum ad manum habeat unde his qui in illorum nominibus petunt opitulari possit. Ergo [1] vero quantocius poteris meo nomine insignitam incunctanter adito Confluentiam ubi sanitatem indubitanter es adeptura pristinam. »

Postquam lucifugae terrae cessere tenebrae
Et nitidum radiis Titan caput extulit undis [2],

mulier praedicta dictis suffatum in somnis admonita, imperatum sibi iter arripuit et ad usque locum sibi a sancto notificatum promissionis certa, pervenit. Quae cum sanctam sanctissimi Chourentini fuisset ingressa basilicam, in illa coessentibus sibi quod acciderat, quaeque a supra modo nominato imperatum sibi per visum fuerat, ordine veridio gestorum,

(1) *Ms.* ega.

(2) Nous retrouvons la même citation plus bas, § XVII. Nous n'avons pu identifier ces vers.

elucubravit. Tum vero omnes qui tum presentem alloquutioni ejus auditum intulerant obnixe deprecari cepit ut secum unanimiter divinam invocarent clementiam ne a suo desiderio fraudaretur, verum ut quod a sancto Chourentino per visum ei pollicitum fuerat absque dilatione adipisci mereretur. Audientes autem haec qui aderant Cuncti-potentem intimis precibus suppliciter exorabant ut in tribulatione sua illam invocantem se propitius exaudiret et secundum cor suum in praesentiarum ei tribueret. Evoluto autem post haec eptatico dierum curriculo, dum quadam nocte hujus ecclesiae clerus ante lucanum officium Christo psallens celebraret et supradicta mulier ante dominicum altare omnium Exauditorem ut sui misereretur vocibus assiduis rogitaret, somno sanitatis in eam ingruente modico, paululum coacta est dormitare necessario. Eu, sanctus ab ipsa in angustia qua premebatur sepissime rogatus quique in visionis [*un mot laissé en blanc dans la copie*], ut proefatum est, recuparandae sanitatis adeptionem pollicitus fuerat, sanctus, inquam, Chourentinus, in visu apparuit et inquiens ait : « Mulier, dimissa es ab infirmitate tua, quoniam exaudita est oratio tua, fides tua te salvam fecit, quam quisquis ut granum sinapis habuerit quodcumque patrem in nomine Jesu petierit certissime voti compos impetrabit ; et vide ne amplius sis prout possis petentibus in sanctorum nominibus immunis, ne deterius tibi aliquid contingat. » Continuo mulier illa salutifera sancti visione monentis se fruita tam cito mancitudine, manus actutum sana est effecta ; quam cito somno salubri modicello fuit experrefacta. Post officium vero nocturnum supra memoratum sepedicta mulier statim presentem alloquuta est [F° 66 v°] clerum, denuntians eis in visione paulo ante sanctum apparuisse sibi Chourentinum, qui ei sanitatis optate gaudia secundum promissum suum dederat et eam ne amplius in sanctorum nominibus opem petentibus immunis existeret ne deterius sibi aliquid contingat paternaliter admonuerat. Ostendebat autem manum suam per sanctissimum Christi famulum pontificem Chourentinum in statum rectitudinis suae pristinum, Deo miserante, salubriter restitutam, quae pridie et per circulum ante dierum curvatis imburim adherentibus vole digitis fuerat collecta, quoniam ad dandum quod habuit non fuit porrecta (1). Hoc loco attendat auditor et consideret ins-

(1) Le mot *collecta* a été écrit au-dessus, puis barré.

pector ideo sanctum, Dei nutu, hoc egisse Chourentinum, ut quem pudeat petentibus in sanctorum nominibus modicellum ferre munusculum dum non habeat ad manum unde possit ferre grandiusculum. Tua sunt haec, tua, Christe, magnalia, qui quondam sedens contra gazophilacium pauperculae viduae magnificasti donum ultra exenia divitum majora ferentium, qui cum Deo Patre et Spiritu sancto vivis et regnas Deus per infinita secula seculorum. Amen.

[*Là s'arrête le texte barré.*]

XVI

Qualiter sanctus Chorentinus clamante ad se capto et in vinculis posito per visum apparuit et inde potenter liberavit.

Est quoque aliud hujus sanctissimi patris nostri Chourentini pontificis, fratres charissimi, memorabile miraculum quod non est silentio tegendum, verum etiam fide relatione dignum ac fidelium agnitioni veraciter profuturum. Quodam vero tempore destituto hujus supradicti patris nostri episcopio temporali, rectore verum aeternali qui non dormitat neque dormiet curam ejus gerente, in quadam plebe Corae (1) nomine, quae predicti patris nostri tuitionis separ terra est, palatini praedones secundum suam injusticiam praedas agentes, quendam juvenem impositi criminis sibi nescium immeritum capi cepore atque ad hanc Confluentiam secum vinculis tradendum immisericorditer adduxere. Qui, dum crura sua boiarum emicicliis manciparentur, sanctum Chourentinum sepenumero ipsius nomine repetito clare voce precabatur quatinus in presentiarum justiciam suam intuendo libertatis opem sibi ferret seque ponentium in vincula injuriam inspiceret et eorum vinculis virtute qua poterat frustatis si potenter liberaret. Quem talia fideliter praecantem unus vincientium se caput agitans subsanando risit et inquiens ait : [F° 67]. « Desine frvola fari, nam procul dubio in pejora mitteris ubi fame morieris nisi dando quantum poscimus redimi te cito feceris. » Nec multo post bajulat eum ferociter, precipitans illum in archam immisericorditer. Illo vero in archam sic truculenter precipitato : « Sanctus », inquit, « Chourentinus videat hoc et judicet ». Cui

(1) Coray (Finistère), canton de Châteauneuf-du-Faou.

item furens predo sic intonat ore rabioso : « Non te Chourentinus his te poterit eruere nec meis manibus liberare » ; et haec dicens archam clausit eamque clave firmans discessit. Sequenti vero nocte cum predictus vinculatus post devotissimam sancti Chourentini invocationem, aliorumque sanctorum quorum reminisci poterat ut sibi misererentur, sopore in eum irruente[(1)], in extasi factus fuisset, quendam virum decora canicie reverendum, iocundo vultu, venustum habentem in manu baculum, assistere sibi vidit, a quo haec sequentia exauditus audivit : « O bone juvenis et efficax dignae petitionis, ego sum Chourentinus, tui memor mei memoris, quem his strictus vinculis sepe votis deprecatus es indefessis ut sim videns et judex iniquorum in te factionis iniquissime; veni vero tuis invocatus justis postulationibus, tuae puritatis cognitor, propicius opem tibi libertatis actutum perlaturus quatinus improborum exuberans retundatur improbitas et insontum probris subjecta patenter eripatur humilitas. » Et cum haec dixisset baculum quem manu tenebat in sublime extulit et cum eo archam horrissono ictu percussit. Cujus ictus sonitu intus archa dormitans expergefactus est, et ab ejus oculis visio elapsa est. Mira res : archa percussa mansit integra, verum boiarum emisciclum capti in archa jacentis dextro cruri annexum nullatenus baculo tactum, fractum est in medio per transversum. Quid, fratres, quid gaudii et admirationis illius animo fuit cum sui curam sanctum Chourentinum gerere et ad liberandum se venisse animadverteret ? Quid plura ? per tantum noctis quod superfuit orationi intentus pernoctavit. Nec immerito in tribulatione sue clamavit et exaudiri meruit. Ut vero primum terris redditus dies effulsit, vocato ad se per nuncium hujus sanctae ecclesiae clero, quomodo post devotissimam nominis sui invocationem sanctus Chourentinus sibi per visum apparuerat, queque in liberatione sua sibi dixerat, quoque modo fractum super se ferrum fuerat, ordine patenti innotuit. Postquam dicendi finem fecit, archa aperta eoque ab illa egresso cum loeto cleri populique tripudio ad ecclesiam venit. Ibi tum erat cernere laetissimam cleri exultationem atque jubilationem in Dei psalmodia celebriter roboantem adjuncta [F° 67 v°] utriusque sexus non modica multitudine clamantium gloria tibi, Domine.

(1) Il y a une tache dans le manuscrit.

XVII

De fure qui cerici fili glomum, dum dedicatio ageretur involavit et propter hoc vehementer elarguit.

Ad huc porro, dilectissimi, ex virtutibus patris nostri sacerrimi Chourentini supersunt alique quas dilectioni vestrae gratulanti animo volumus revelare. Angelico enim oraculo attestante, novimus quod sacramentum regis celare bonum est, opera autem Dei revelare et confiteri honorificum est. Eo igitur tempore quo hujus sanctae ecclesiae dedicatio solemnis in minoris Britanniae partes denunciata fuit, non solum prefatae regionis homines, verum etiam exterrarum nationum plurimi ad illam convenere. Inter quos cleptes quidam Leonensium partium incola, filius Belial, lupus non ovicula, corvus venit non columba, ut solebat, sua exerciturus latrocinia, zabuli eum perurgente nequitia, qui dum Christianae religionis populus ad id propter quod venerat solemniter intenderet in venalium rerum loco, cerici fili glomum involavit secumque in patriam unde venerat cleptim asportavit. Sed qui cuncta conspicit furem illum per famulum suum Chourentinum presulem a suo furto verbere compescuit, et sicut sequentia pandunt latere volente nescientibus innotuit. Predictus enim latro post tertium reversionis suae diem ad propria, febre correptus fuit vehementer acerbissima. Deinde non multo post dextrum ejus armum cum brachio et manu sevissima paralisis occupavit, divina ultione in eum horribiliter irruente. Nec immerito. Dignum quippe et justum erat ut illa manus celesti ulcimine efficeretur sibi debilis, que ad invadiendum rem ausu illicito fuit agilis. Tum vero fur predictus in se reversus, sentiens tandem illam sui corporis diram valitudinem pro commissis nequiter sibi peractis interni arbitri in se dignam fore animadversionem, penitentia ductus, malorumque suorum diutina assuetudine perlaesus, superni inspectoris omnium mesereri volentis exorabilem implorare clementiam flebiliter cepit ut sui in presentiarum misereretur ac corporis sanitatem sibi in reliquum victuro secundum ejus preceptum largiretur. Preter haec quidem sanctos celestis patriae cives, miris operum signis insignes, quorum onomata reminisci poterat in adjutorium sui convocat, maxime autem sanctum Chorentinum frequentiori rogatu precabatur, cujus sacram solemnitatem nuperrime, ut superius dictum est, in damnum sui violaverat, propter quod et id quod patiebatur accidisse sibi indubitanter animadvertebat. Nocte vero insequenti, sanctus Chourentinus clepti paralitico in oromate (1) apparuit a quo haec sequentia audivit : « Tunc, latro, multis festum [F° 69] (*le f° 68 consiste en un papillon qui porte les mots suivants :* qualiter sanctus Chourentinus praedicto latroni declinare bo... apparuit et ad confitendum quae noluerit compul[it]) venerabile scelis immunem penae sperasti te violare. Infelix, quae tuum rapuit dementia sensum, serica qui cleptim peregrini fila tulisti, concio dum Christum laudabat Christicolarum! Non equidem res mihi servientium vel meae tuitioni creditas a nefastis impune diripi permitto, verum etiam eas diripientes aut hic, ut tibi contigit, quod illis melius est si resipuerint temporali ulcimine, feriuntur, vel in perpetuum nisi resipuerint, quod illis pejus est, interminabili pena punientur. Tu vero infirmitatis plagam in tuo somate sceleroso idcirco pateris quod ecclesiae meae solemnen dedicationis diem, auctore malorum tibi suadente, rem alterius furari non veritus, justiciam prophanasti. Sed quoniam te tuorum poenitet retro malefactorum et operum perseverentiam amodo te promittis habere justorum, non solum potes nancisci delictorum veniam, verum etiam amissae sanitatis continuo redientiam. — Age vero, jam luci orto sidere, Confluentiam quantocius gradere, qua mihi nuper est ecclesia fidelium conventionis gratissima. Ad quam tu cum perveneris tua clero presulique patefaciat exomologesis quae in dedicationis ecclesiae die cleptim egeris, queque ob id passus fueris et in hoc visione a me tibi dictum quod audieris. »

Sequenti vero die, valde mane, ut Titan radiis nitidum caput extullit undis, predictus latro, supradictae iussionis non immemor, iter facere cepit et ad notificatum sibi locum imperata sibi facturus simpliciter tendit; peracto autem secundi diei itinere, cum sol occideret et noctis pallor adesset, in quoddam venit castellum ubi nocte illa habuit hospicium. Noctis vero curarum maxime mitricis ingruente conticinio quiescenti

(1) Au-dessus de ce mot le *ms.* porte : motomate.

in stratu suo apostatica cogitatio illo ipsam primo apostata sibi suggerente...... (1).

feraliter cepit quae eum ab incepto sanitoque monitu per visum salubriter sibi dato funditus declinavit. Cui membra soporato in ipsius noctis galiciunio sancti Chourentini apparentis sibi denuo talis fuit exprobabilis alloquutio : « Tunc salubre meum, latro, transcendere missum. Impie molieris scelerum molimine patris ? falleris imperium, nisus violare tributum. Quo mea te presens monuït clementia nequam. Non reus effugies si voti compos iniqui. Omnia quin gestis luci reddantur apertis. Hoc vero improperio exprobrabili sic peracto ». Predictus fur virtute sibi loquentis a stratu suo terribiliter projicitur, atque parieti opposito ferociter impactus alliditur. Qui vocem emittens pro dolore lachrimabilem : « Auxilium, inquit, auxilium domini ». Ad cujus vocem ejulationis flebilem, domi dominus et domus ejus tota stratibus suis excitata adfuit, et ab eo quid sibi acciderat diligenter inquirit, quibus circum ciria consistentibus, rogata veraciter reseravit atque suam propter fraudulentiam id sibi evenisse merito illis patefecit. Audientes autem haec repleti sunt stupore et extasi pro eo quod acciderat illi. Mane vero facto sepedictus cleptes mentem mutatus in melius ambulare cepit [F° 69 v°] et adusque Confluentiam Chourentini die eodem malesuadae cogitationis penitens corrigibiles pervenit. Tunc ibidem, ente clero cum aliquibus e populo, coram presule quomodo rem peregrini dum encenia agerentur furtim involaverit et post haec in dirissimam egrotationem actutum inciderit, et sanctos ut sui misererentur suppliciter convocans, sanctissimum Chourentinum super furto suo terribiliter semet increpantem atque salutis monita sibi clementer indentem in oromate viderit; ac in crastinum Deo sibí propicio factoque secundi diei itinere qualiter, malesuadae mentis sinistra suasione pellectus, cepta frustrare voluerit et quemadmodum sequenti nocte sepedictum hoc opusculo celestis patriae civem pro apostatico cogitatu suo semet arguentem in visu viderit ac illius potenti virtute stratu suo horribiliter projectus atque ad parietem oppositum ferociter allisus fuerit, examussim viva voce nobis audientibus notificavit. Omnes vero qui cleptis illius

(1) *Le manuscrit s'interrompt ici avec plusieurs points et reprend au milieu de la ligne suivante. Nous avons sans doute une ligne que le Père du Paz ou le copiste qu'il reproduit n'avait pu lire.*

professoni [1] intererant magna admiratione et animi alacritate repleti sunt, glorificantes et laudantes Deum qui patronum nostrum sanctissimum Chourentinum episcopum admirabili patratione virtutum clarificat in terris et in visionis aeterne [2] solio supra agalmatha sublimatum perhinniter decorat inthronisatum. Expleta igitur relatione prout nobis datum est posse paucorum de multis sanctissimi Chourentini pontificis miraculorum, illum jam triumpho potitum famulantibus sibi competentia solitum prestare beneficia sedula mentis intentionis suppliciter orare satagamus, ut apud Christum ejus patrociniis adjuvemur, semper largiente eodem salvatore Domino nostro Jesu Christo, qui coeterno patri consubstantialis sanctoque Pneumati ab utroque procedenti vivit et regnat Deus per omnia secula seculorum. Amen.

(1) *Ms.* proffioni.

(2) *Ms.* aetene.

DROITS ACCESSOIRES DE LA SEIGNEURIE

DU DROIT DE COLOMBIER ET DE GARENNE

I

On attachait une grande importance à la possession d'un colombier dans l'ancien droit féodal, mais il n'est point aisé d'établir exactement quelle fut l'origine de ce droit et comment il s'exerça.

Plusieurs légistes des XVIIe et XVIIIe siècles ont mis en doute que le droit de colombier eût réellement le caractère d'une prérogative seigneuriale, pensant qu'il constituait seulement une faculté de droit commun appartenant à tous les propriétaires fonciers.

Par le droit de propriété — dit, en substance, Claude de Ferrière — il est permis à chacun de bâtir sur son fonds ce qui peut servir à son usage; mais parce que les pigeons font une grande consommation de grain nouvellement semé et peuvent causer ainsi sa cherté, la plupart des coutumes ont restreint la liberté de bâtir des colombiers [1]. Avant lui, un juriste notable, Denis de Salvaing, avait établi la maxime que chacun peut, sans permission, bâtir des colombiers sur son fonds, « s'il n'y a coutume ou convention contraire [2] ».

(1) Claude DE FERRIÈRE, *Dictionnaire de droit et de pratique*, 1749, Paris, Brunet

(2) Denis DE SALVAING, *De l'usage des fiefs et autres droits seigneuriaux*, 1731, Grenoble.

De nos jours, Paul Viollet, dans son *Droit civil français*, a résumé l'opinion des différents Traités dont nous venons de parler, par ces mots : le colombier est un débris de droit commun qui s'est fait privilège (3). Les recherches que notre étude a nécessitées viennent confirmer cette affirmation.

A l'origine de la propriété foncière, les pigeons domestiques ne donnaient lieu qu'à des dommages insignifiants, mais à mesure que la population devint plus dense et que l'exploitation du sol se développa, le mal causé fut plus sensible. L'abus du nombre amena des dévastations auxquelles on dut pourvoir par la rigueur des règlements et des lois. Si l'appât ne manque pas au colombier, dit-on, les pigeons n'y manqueront pas non plus. De fait ce volatile est très fécond et il n'est pas contestable que si le maître ne prend soin de la nourriture de ses pigeons, ceux-ci peuvent par leur multitude endommager gravement les terres emblavées du voisinage.

Dès l'antiquité, le pigeon a été considéré comme un oiseau protégé des dieux et dont le vol charmait les loisirs des riches possesseurs de la terre. Lampride remarque dans la vie d'Alexandre Sévère que l'un des délices de cet empereur était de nourrir à ses frais 20.000 *pipiones* (4) et l'on sait que les Romains jouissant de quelque aisance possédaient des *columbaria* qui pouvaient contenir jusqu'à 5.000 volatiles (5). L'ancienne cité des doges nous montre encore aujourd'hui l'animation et l'attrait qu'offre une troupe ailée de ces gracieux volatiles lorsque ceux-ci savent trouver dans l'homme

(3) Paul VIOLLET, *Histoire du droit civil français*, 1893, Paris, Larose.

(4) Trait rapporté par Salvaing.

(5) *Dictionnaire des Antiquités Romaines*. — Par analogie, on appelait *columbaria* les niches des chambres sépulcrales où les urnes, contenant les cendres des défunts d'une famille, étaient déposées.

un ami respectueux de leur liberté et soucieux de leur bien-être.

L'homme du Moyen-Age, essentiellement utilitaire, vit d'abord dans l'élevage du pigeon une exploitation productive. Ce revenu n'était pas négligeable et on ne dédaignait pas non plus de faire paraître l'oiseau sur la table seigneuriale, même sur la table royale où l'on en faisait une énorme consommation. Suivant un antiquaire de Picardie, M. de Franqueville, la maison du roi, en 1261, journellement, en absorbait quatre cents et celle de la reine trois cents [6]. Rabelais, dans *Pantagruel*, cite le pigeonneau, qu'on accommodait alors de mille façons, parmi les mets qui flattaient le plus le palais de ses contemporains. Notons, en passant, que le sang de pigeon était employé comme remède pour les yeux et que, de tout temps, la colombine a été très recherchée comme engrais.

Les troupes de pigeons étant un rapport appréciable, ceux qui possédaient le privilège de les entretenir cherchaient tous les moyens propres à multiplier ceux-ci. En conséquence, la construction d'un pigeonnier devenait une affaire importante. Les constructeurs se servaient des matériaux qu'ils avaient sous la main, donnant à l'édifice, de pierre ou de brique, la forme d'une tour coiffée d'un toit conique,

(6) « Catherine de Médicis assiste à un festin, où sont servis, avec une foule » d'autres mets, une centaine de pigeonneaux. Cette princesse n'en dut pas être » effrayée, elle qui était, je ne dirai pas une brillante fourchette, puisque selon » l'usage du temps elle mangeait avec ses doigts, mais une grosse mangeuse. » Au mariage de Mlle de Martigues, n'absorba-t-elle pas tant d'aliments « qu'elle » cuida crever ». Quant à la maréchale d'Ancre, elle ne mangeait qu'un pigeonneau mais il paraissait presque quotidiennement à son frugal repas. Rapin, en » parlant des *Plaisirs du gentilhomme campagnard*, dit que lorsque celui-ci doit » traiter parents ou amis :

« Il les festoye
D'un cochon, d'un chapon, d'une oye
Et des pigeons du colombier. »

» Nous les trouvons même sur les menus offerts aux prisonniers de la Bastille... » En 1708, le vieux roi est malade, la Faculté le met presque à la diette; son » repas ne se compose que de croûtes, de potages aux pigeons et de poulets » rôtis... » *Notes sur quelques colombiers de Picardie* par A. DE FRANCQUEVILLE (Bulletin de la Société des Antiquaires de Picardie, 1909-1910, Paris, Picard).

ou adoptant, dans les régions dépourvues de matières dures, la charpente à six ou huit pans.

La forme cylindrique, en outre d'une distribution intérieure très favorable, avait l'avantage d'offrir les plus grandes difficultés d'accès aux ennemis des volatiles : fouines, martres, belettes et autres bêtes grimpantes. Pour faire obstacle à celles-ci, les parois extérieures étaient rendues aussi lisses que possible et, en outre, on les couronnait souvent d'un cordon de pierres, ou mieux de briques vernissées, qui formaient larmier. On explique encore par le même motif de défense, l'isolement du colombier au milieu de la cour ou à l'écart des autres bâtiments, bien que cette règle ait souffert de nombreuses exceptions, car on trouve des colombiers au centre ou à l'angle d'un bâtiment, au-dessus d'un porche, etc...

Pour se conformer aux principes de l'économie rurale, la retraite à pigeons devait être surélevée, établie sur un terrain sec et à l'abri des vents dominants. L'intérieur était entièrement garni de *boulins* ou niches aménagées dans la maçonnerie et destinées spécialement à la ponte [7]. Le colombier féodal, dit *colombier à pied*, devait être pourvu de boulins depuis le sol jusqu'au faîte de la tour; l'on parvenait aux niches les plus élevées au moyen, simplement d'échelles volantes, ou d'un arbre central pivotant, muni de potences sur lesquelles pouvaient s'appuyer des échelles fixes.

D'après Guyot, juriste du XVIIIe siècle, les colombiers à pied ont ordinairement deux mille « boulins » et les volières cinq cents [8]. L'*Encyclopédie* parle d'un colombier à Châteauvilain, en Champagne, qui contient près de 12.000 pigeons; c'est un colombier double, formé de deux tours concentriques. Hervé observe qu'on ne doit point

(7) Les niches pratiquées dans la maçonnerie étaient sans doute remplacées parfois par des nids en osier car les auteurs du XVIIIe siècle parlent des boulins « ou paniers à tenir pigeons ».

(8) M. GUYOT, *Répertoire de jurisprudence*, 1784, Paris, Visse.

FUIE À PIED DE DERVALLIÈRES. La Contrie, près Nantes.

Cliché Cauvin, Nantes.

souffrir des colombiers aussi désastreux, si ce n'est, tout au plus, dans les terres très considérables, et, s'appuyant sur diverses coutumes, il pense que les colombiers ne devraient pas dépasser 2.000 « boulins » et que les volières devraient être soumises à un rapport de deux « boulins » par arpent de propriété [9].

Malgré les dispositions régulières du colombier à pied que nous venons de rappeler, on trouve parfois ces bâtiments cylindriques aménagés dans leur partie basse, soit en cave voûtée, soit en pressoir, en laiterie ou en logement pour le bétail ou la volaille [10].

Les privilégiés, là où le privilège était soumis à la qualité personnelle, aimaient à affirmer leur droit en apposant sur le pigeonnier l'écusson de leurs armes.

Le sens des dénominations qui a différé d'une province à l'autre, a entraîné les auteurs qui ont parlé des abris pour pigeons à une confusion préjudiciable à la clarté des textes.

La *volière*, au sens juridique et économique, a un caractère tout différent du colombier et la distinction entre ces deux abris est, en droit, fondamentale. La volière comporte peu ou point de « boulins »; elle est élevée sur piliers ou bâtie sur solives, ce qui offre le plus sûr moyen de l'isoler de l'humidité du sol et des bêtes nuisibles. On l'appelle encore « fuye », « trie », plus simplement « trape » ou

(9) HERVÉ, *Théorie des matières féodales et censuelles*, t. VII, 1788, Paris. — Sur ce point spécialement, les Coutumes sont très variables : Paris adopte le nombre de 500 boulins par volière pour 50 arpents, Orléans les fixe à 200, pour au moins 100 arpents, Calais à 50 pour 50 mesures de terre, la Lorraine en autorise de 100 à 120...

(10) « Colombier à pied parce qu'il est garni de trous ou boulins dès le pied. Il prend ce nom lorsque même le rez-de-chaussée a une autre destination, comme cave, laiterie, étable... » (HERVÉ). VIOLLET-LE-DUC, dans son *Dictionnaire d'architecture*, signale cette disposition dans de grands colombiers qu'il a vus à Créteil près Paris (rez-de-chaussée destiné aux bestiaux, la partie supérieure aménagée pour 1.500 couvées de pigeons), à Nesle (Oise) (rez-de-chaussée en poulailler). — A ce propos, conseillons de se reporter à Viollet-le-duc et à Francqueville qui décrivent un certain nombre de colombiers de formes diverses et de dispositions variées suivant les provinces de l'ancienne France.

« volet », à cause d'une fermeture fréquemment adoptée en forme de volet [11].

D'après Viollet le Duc, elle doit être construite en bois et avoir environ seize pieds de hauteur, pouvant contenir de 60 à 120 pigeons. Cependant ici, comme dans bien d'autres cas semblables, les règlements, si réellement il y en eut, semblent faits pour être violés.

Si, du nord au midi de la France, le colombier diffère parfois de forme, d'aménagement et d'emplacement, on rencontre dans la même province les types les plus variés de retraites à pigeons classées comme volières. Les matériaux qu'on utilise pour leur construction sont, en tout cas, fort périssables, car tandis que tous les amateurs d'archéologie ont maintes fois observé, près d'anciens châteaux ou de vieux manoirs désaffectés, la tour massive et imposante du colombier à pied, nous n'avons pas souvenance d'avoir retrouvé les vestiges d'une volière et les auteurs modernes auxquels nous nous référons ici n'en citent point.

***

Par le fait qu'il est garanti par les lois et qu'il devient une prérogative de classe, le privilège n'en est que plus avidement recherché par ceux-là surtout qui ne peuvent légitimement y prétendre. Aussi est-il permis de douter de l'efficacité de la mesure de restriction lorsque, pour en supprimer l'abus, on voulut réduire l'élevage du pigeon ou le limiter exclusivement à certains possédants.

Les châteaux possédaient un ou plusieurs pigeonniers; les manoirs, les demeurances nobles en avaient également; les petites propriétés rurales même voulaient avoir des pigeons. Dans les aveux et les déclarations de terres, à côté des nombreux droits féodaux, on se plaît à mentionner le

(11) TRÉVOUX, *Dictionnaire*.

droit de colombier. Il n'est pas besoin de dire que les abbés, qui étaient tous seigneurs féodaux et qui possédaient les établissements agricoles les mieux exploités durant le Moyen-Age, avaient des pigeonniers dans les cours des abbayes, dans les fermes qui en dépendaient, les prieurés et les obédiences.

Le clergé séculier, lui aussi, voulut entretenir des pigeons dans le clocher des églises. Du moins il en était ainsi au XIIIe siècle en Normandie, et un synode, tenu à Rouen, le défendit. A la même époque, les colombiers étaient tellement répandus qu'à l'échiquier de Pâques 1276, il fut interdit d'en construire hors des fiefs nobles et les plaintes nombreuses déterminèrent à ordonner la destruction de tous ceux qui, depuis vingt ans, avaient été élevés hors des fiefs précités [12]. Les restrictions au droit commun que Delisle expose ainsi dans ses *Etudes sur la condition de la classe agricole en Normandie au Moyen-Age*, se sont produites, plus ou moins tôt, dans les autres provinces.

Dans la suite, la Coutume de Normandie vint surenchérir encore sur les prescriptions précédentes ; elle ne permit qu'un seul colombier en chaque fief de haubert.

L'autorité royale devait intervenir. On cite, comme le plus ancien monument en la matière, l'ordonnance royale de 1338 qui réserve la prérogative du colombier aux hauts justiciers et aux gentilshommes possédant au moins 50 arpents de terre.

Suivant l'usage généralement reconnu dans le royaume, *le colombier à pied n'est pas admis en terre de roture; à l'égard des autres colombiers, tout particulier peut en posséder si la Coutume locale ne s'y oppose*. Claude de Ferrière précise en ces termes : « Quand les coutumes n'ont rien défini, chacun en peut faire construire, pourvu que ce ne soit pas de colombier à pied, car celui-ci est une marque de

(12) L. Delisle, *Etude sur la condition de la classe agricole en Normandie au Moyen Age*, Evreux, 1850.

noblesse qui n'est permise qu'aux seigneurs de fiefs. Le seigneur non haut justicier, ayant fief, censive et terres en domaine jusqu'à cinquante arpens, peut avoir colombier à pied suivant l'article 70 de la Coutume de Paris ». Plusieurs auteurs pensent qu'il ne peut s'agir ici que de « terres labourables », les fonds d'autre nature ne pouvant servir à la nourriture des pigeons et le bénéficiaire devant supporter seul les dommages de ses volatiles.

Tourelle-fuie, à la Ville-Nihan en Pléneuf (Côtes-du-Nord .

Dans le même sens, Hervé dit que « les simples particuliers peuvent avoir fuyes ou volières s'ils ont cinquante arpens de terre labourable au terroir où est construite la volière... c'est un exercice du droit de propriété ».

Salvaing va plus loin en écrivant : « Hors les coutumes qui défendent toutes sortes de colombiers, il n'est point de doute qu'un particulier, de quelque qualité qu'il soit, quand même il n'aurait pas suffisamment de terres labourables, peut dans la liberté publique avoir des volières et colombiers sur piliers et solives ».

Nous nous rallions à l'opinion de Ferrière qui pense que « l'équité semble défendre d'avoir des pigeons à la campagne quand on n'a une quantité de terre suffisante pour les nourrir ».

En conséquence, le colombier à pied est un monopole de la terre noble, tandis que la volière est à la portée de tous, même des roturiers, à condition toutefois que leurs biens soient assez vastes pour donner pâture aux pigeons sans dommage pour les voisins.

Cependant, la jurisprudence locale vient souvent modifier et même contredire l'usage général, et si l'on étudie les Coutumes, on reste surpris des divergences et des contradictions qui existent entre elles. Ici, la règle s'inspire de la hiérarchie féodale ; là, elle considère principalement l'étendue du fief ou la contenance du domaine. Les unes, comme la Coutume de Paris et celle d'Orléans, font du colombier le droit exclusif de la haute justice qui seule, au-dessous d'elle, peut autoriser la construction (13); d'autres, comme celle de Calais, réservent cette autorisation au roi. Les variations, nous l'avons déjà dit, portent surtout sur l'étendue de la censive ou du domaine qu'impose la jouissance du droit. La plus sévère est peut-être la Coutume de Normandie qui ne tolère qu'un colombier dans chaque fief de haubert, c'est-à-dire d'ancienne chevalerie, « tellement qu'en cas de division de fief, le droit de colombier doit demeurer à l'un des héritiers (14) ». Dans le Dauphiné, la Provence et le Languedoc, au contraire, les gentilshommes sont en possession de bâtir des colombiers à pied ou sur

(13) Aux Etats de Blois de 1577, la noblesse requiert qu'il soit défendu même aux gentilshommes de construire des colombiers à pied dans les terres des hauts justiciers sans leur permission. Salvaing signale plusieurs jugements conformes.

(14) SALVAING, *Usage des fiefs*.

piliers « comme bon leur semble » et sans permission, soit qu'ils aient fief ou non; ni plus ni moins que pour le droit de chasse [15]. Un congé du seigneur supérieur n'est requis que pour les roturiers [16].

De l'ensemble des Coutumes, il est impossible de déduire un système, d'autant plus que les prescriptions de chaque règle particulière n'ont rien d'absolu. Salvaing qui cherche en vain à établir, dans les Coutumes, un classement d'après leurs dispositions, conclut : « Je ne vois rien de si bizarre, ni de moins uniforme dans le royaume que l'usage des colombiers; autant de provinces, autant de coutumes différentes ». Après cela, il ne faut pas s'étonner que, dans leur interprétation, la jurisprudence et les commentateurs se contredisent fréquemment.

II

La Bretagne a ses dispositions particulières; notre attention doit s'y porter d'une façon spéciale. Voici l'article 389 de la Coutume qui se rapporte au sujet traité :

« Il n'est permis à aucun de faire fuye ou colombier, s'il n'en avait eu anciennement par pied ou sur piliers aiant fondemens enclavés sur terre, ou s'il n'a trois cens journaux de terre, pour le moins, en fief ou en domaine noble, aux environs de sa maison en laquelle il veut faire ladite fuye ou colombier. Et-ores qu'aucun aurait ladite étendue, n'en pourra toutefois faire bâtir de nouveau, s'il n'est noble. Et ne sera loisible à aucunes personnes de quelque qualité qu'elles soient, d'avoir ni faire tries, trapes ou autres refuges pour retirer, tenir ou nourrir pigeons aux maisons des champs sur peine d'être démolies par la justice du seigneur du fief ou supérieur et d'amende arbitraire » [17].

(15) SALVAING et HERVÉ.

(16) Salvaing mentionne deux lettres du Parlement du Dauphiné, de 1487 et de 1537, autorisant des propriétaires roturiers à construire un colombier sur leur terre, à charge d'un cens direct.

(17) Michel SAUVAGEAU, *Coutumes de Bretagne*, Rennes, Vatar, 1737.

On déduira de ce qui précède, qu'en Bretagne :

a) fuye est *synonyme* de *colombier* à pied [18];

b) le droit est subordonné à la *qualité* du propriétaire qui doit être *noble;*

c) s'il n'y a ni titre écrit, ni vestiges anciens, on ne peut édifier un colombier, à moins qu'on ne soit noble et qu'on ne possède, au moins, trois cents journaux de terre en *fief ou* en *domaine* noble aux *environs* du lieu où l'on veut faire bâtir [19];

d) s'il y a vestiges d'ancien colombier à pied, aucune condition personnelle ou réelle n'est exigée, le roturier peut, seulement dans ce cas, y prétendre;

e) la retraite à pigeons, autre que le colombier féodal, est interdite.

On voit ainsi que la Coutume de Bretagne renferme d'importantes exceptions à l'usage courant et aux règles d'un grand nombre d'autres provinces. La condition de la personne, particulièrement, souleva au sein des Etats une sérieuse discussion lors de la réformation de la Coutume (1539). Avec justesse, le Tiers soutint que le colombier dépend de la chose possédée et est un droit de fait. « Beaucoup de gens habiles le soutenaient », ajoute d'Argentré, qui semble pencher vers cette opinion. Mais l'ordre de la Noblesse s'opposa énergiquement à celle-ci et le Clergé, comme presque toujours en pareille circonstance, le suivit. Dans peu de provinces, la liberté du colombier fut réduite à des conditions aussi restrictives. La mesure de trois cents

(18) « Fuie a un sens synonyme de colombier en Bretagne » (TRÉVOUX). — « Fuie et colombier, c'est la même chose » (D'ARGENTRÉ). — « On a estimé qu'il n'y avait pas colombier si l'édifice n'était pas bâti sur le sol, soutenu par des colonnes ou de la maçonnerie. Des niches sur une construction ne constituent pas un colombier » (D'ARGENTRÉ).

(19) L'Ancienne Coutume porte que personne ne peut avoir colombier « s'il n'a si grande étendue de terre au pais que les coulombs se puissent pourvoir sur li ou sur ses hommes » (art. 368); et à ce sujet la Très Ancienne Coutume s'exprime ainsi : « Nul ou nulle ne doit faire coulombier se il n'avait eu anciennement coulombier ou s'il n'est si grand seigneur au pais que ses coulombs se puissent pourvoir sur li ou sur ses hommes; car les voisins qui ne tiennent ren de li n'ont que faire de li pourvoir ses coulombs » (ch. 290).

journaux a été ajoutée par la Nouvelle Coutume pour compléter le texte de la Vieille Coutume. Une difficulté cependant s'est élevée pour savoir si la contenance devait être d'un seul tenant ou pouvait être de plusieurs enclaves : « J'estime, dit d'Argentré, qu'il ne faut pas fixer la chose trop strictement et qu'on peut en laisser le jugement à des arbitres, selon la nature des lieux pour qu'il n'y ait pas de nuisance aux voisins qui ne dépendent pas de lui et pour que celui qui a un terrain contigu ne soit pas contraint de subir un voisinage si préjudiciable ». Ceci semble conforme aux autres coutumes dont la lettre autorise une interprétation large.

Voûte du Colombier de Marhos, en Plouagat (Côtes-du-Nord).

La Coutume reconnaît seulement la fuie ou le colombier déterminés par une affectation et une forme spéciales. Elle n'admet aucune autre retraite à pigeons, toutefois les juristes qui l'ont commentée sont moins formels. La *trie*, qui est un « endroit de la maison où l'on met les pigeons », dit l'un d'eux, constitue une tolérance des voisins (20).

Comme pour les moulins, le droit se maintient par les intersignes; c'est-à-dire que des vestiges ou des ruines suffisantes attestent le droit ancien; il a été jugé que l'emplacement pouvait être changé dans les dépendances de la même terre. A la rigueur, l'étendue du fief ou du domaine peut

(20) D'ARGENTRÉ.

être invoquée pour justifier une prétention de colombier (21). La prescription est de quarante ans et, à ce propos, Hévin détermine les conditions d'opposition, de démolition ou seulement de dommages, dans le cas d'une construction nouvelle mal fondée. La démolition complète interrompt le droit. A la question de savoir si le seigneur peut accorder le colombier à son vassal, la réformation de la Coutume répond négativement en décidant que, à l'égal du droit de chasse, le droit de colombier n'est cessible que d'autorité souveraine (22).

Le type général du pigeonnier, en Bretagne, est la tour ronde et basse en bel appareil ou en moellons, de diamètre variable, couverte d'une toiture conique en ardoises ou d'une voûte de pierres profilées en gradins offrant des

(21) « L'usurpation du droit de colombier ne peut aussi avoir d'effet que par la prescription de 40 ans, parce que c'est une servitude très onéreuse au public » (HÉVIN).

(22) « Le seigneur ne peut pas céder ce droit à un de ses vassaux quoique noble et toute personne à qui le colombier porterait préjudice peut s'y opposer » (POULLAIN-DUPARC, *La Coutume et la jurisprudence coutumière de Bretagne*, 3e éd., Rennes, 1783). — A l'appui de cette thèse et de celle de l'octroi par autorité souveraine citons quelques exemples pris dans notre province : Lettres patentes de François II de Bretagne autorisant Geoffroy Préseau, écuyer, à construire un colombier à Loiselinière, sous la juridiction de Clisson, terre qu'il possède depuis peu, 22 octobre 1478 (Inventaire des Archives municipales de Nantes, t. III, I I, 117). — Henri, dauphin, duc de Bretagne, autorise Guillaume de la Fontaine à réédifier un colombier tombé en ruines, 31 juillet 1540 (Arch. Ille-et-Vilaine, E, Saint-Brice, 369). — Lettres patentes de 1575, autorisant François Marpin, seigneur de Marigny, à bâtir fuie et colombier (Invent. Arch. Marigny, même fonds, 618). — Procès relatif à un colombier que construit Jean du Chamel dans sa terre de Kerjagu, en Saint-Jean-Brévelay, et auquel de Kerguehennec). — Instance de Françoys de Begassoux, sr de la Charonnière, contre Jean Le Clavier, sr de la Pairtière, touchant la construction, par ledit Clavier, d'un colombier en la terre noble de Boisbide, paroisse de Pocé, 27 septembre 1661 (Archives du Parlement de Bretagne). — Autorisation du début du XVIe donnée par l'évêque de Léon (agissant sans doute comme seigneur du fief des Régaires de Gouesnou) au seigneur de Tromeur en Bohars, de bâtir un colombier (Bulletin diocésain de Quimper, *Bohars* par Jourdan DE LA PASSARDIÈRE). — Permission de même nature accordée au seigneur de Botdouer en Lanmeur, vers 1640 (Titres de la famille Jégou de Boisalain. Renseignement de M Le Guennec).

En pratique, les seigneurs faisaient preuve d'assez d'indépendance pour s'octroyer le privilège de colombier et ils n'avaient aucun scrupule d'en soutenir l'ancienneté lorsqu'un voisin ne s'y était pas opposé lors de la construction; ceci expliquerait la rareté des cessions régulières qu'on rencontre en Bretagne dans les fonds seigneuriaux.

assises propres à recevoir les volatiles. L'accès intérieur a lieu au moyen d'une ouverture centrale dans la toiture, abritée par une sorte de lanternon. On y remarque parfois une note décorative : corniche soutenue par des corbelets ou modillons rappelant les machicoulis, cordon de briques ou de pierres teintées, lisière, armoiries, etc...

On considère comme exceptionnelle la fuie hexagonale de La Gravelle, en Evran, et, non moins rare, la fuie de Vaujoyeux, en Planguenoual, dont la tour principale est flanquée de quatre absidioles. D'un aspect fort curieux sont les fuies du château de Rezé, près Nantes, surmontées d'un vaste dôme en ardoises.

Ces colombiers à pied circulaires, qui peuvent être classés parmi les plus anciens, sont ordinairement écartés d'une centaine de mètres de l'habitation et placés au milieu d'un champ, traditionnellement appelé, en pays de langue bretonne, *Parc ar Chouldry*, le champ du colombier; ou bien ils s'élèvent dans l'enclos du jardin.

Souvent, le colombier a pris position sur l'enceinte du château ou du manoir fortifié, et il y joue un double rôle. Plus exactement, c'est la tour d'angle du mur de défense qui, ici, est utilisée comme abri à pigeons. A Guicquelleau en Le Folgoët, à Kernoter et Lanoverte en Plouézoc'h, à La Forest en Kerfeunteun, à Kerity-Penmarch... on la trouve percée de meurtrières à hauteur d'homme et garnie de « boulins » dans sa partie supérieure. Ailleurs, dans les régions où la nécessité de la défense ne s'est pas fait sentir autant, ou lorsque les brigandages à main armée ont définitivement pris fin, la fuie à pied est devenue un des principaux ornements de la demeure noble. Tantôt, comme au Châtelet en Balazé, aux Rochers près Vitré, à la Prévalaye près Rennes (23), à Maubreuil en Carquefou, elle fait pendant.

(23) Aujourd'hui détruite aux Rochers et à la Prévalaye. Dans cette disposition, la forme ronde ou polygonale donnée à la fuie et à la chapelle semble un curieux souvenir des véritables tours de fortification qui, jusqu'au XVIIe siècle, étaient un accessoire indispensable des demeures nobles.

dans la cour d'honneur, à la chapelle; tantôt, à défaut d'autre édifice, le maître du lieu a encadré l'entrée de la cour d'honneur de deux imposantes fuies. Cet exemple de dualité se trouve à Rézé, à Rosambo en Lanvellec, à La Bourbansaye en Pleuguenęuc. Ailleurs, le seigneur s'est contenté de placer son colombier dans l'enceinte de la basse-cour; ainsi le voit-on à Beaulieu en Notre-Dame du Guildo, à Galinée en Saint-Potan, à Bonabry en Hillion, à La Noë-Verte en Lanloup, à Tromeur en Sérent, etc...

Colombier sur porche du manoir de Lesmadec en Peumérit (Finistère).

Cependant, dans les demeures de moindre importance ou les simples manoirs, on trouve des dispositions particulières qui font du pigeonnier une construction jointe à l'habitation ou faisant corps avec les bâtiments annexes. A Boisbrard en Saint-Cast, à la Ville-Nihon en Pléneuf, au Chesne en Saint-Potan... les pigeons s'abritaient dans une élégante tourelle coiffée de poivrière qui domine l'ensemble des constructions avoisinantes. Parfois on se contente de pourvoir la façade du manoir de deux ou plusieurs étages de « boulins », ou bien seulement d'une ligne de trous en corniche qui font l'effet d'un crénelage abrité par le rebord de la toiture. Assez fréquemment — peut-être par défaut de place dans l'enceinte, ou mieux, pour en imposer aux étrangers, — la fuie est à cheval sur le porche d'entrée de la cour seigneuriale. De là, elle commande la campagne et le mur d'enceinte et semble de loin annoncer au voyageur qu'il y a demeurance noble en ce lieu. Cette disposition se rencontre, entre autres, à Kergoz en Guilvinec, à Lesmadec en Peumérit, à Kermerrien en Trezélidé, à Mescanton en Plouzévédé, à Lestrimeur en Ploudalmézeau, à Kermenguy en Cléder, à Trohéon en Sibiril, à Tréouron en Plonéour-Lanvern (24), etc., etc.

Nous n'irons pas plus loin dans ce rapide coup d'aile à travers la Bretagne à la recherche des pigeonniers, aujourd'hui vides et abandonnés. Fixons notre souvenir sur ceux qu'on signale habituellement comme les plus dignes d'admiration : ceux de Dervallières près Nantes, de Kerameal en Kernouès, de Pennelé en Saint-Martin-des-Champs, de Kerjean en Saint-Vougay, de Kerohant en Garlan, de Cosquerou en Mespaul... Si l'on cherchait à dater les plus beaux spécimens de pigeonniers, il faudrait, semble-t-il, les attribuer, pour la plupart, au XVIe siècle, qui a été, d'ailleurs, une grande époque de construction de manoirs en Bretagne. Notons, en passant, que les dimensions ne sont pas toujours en rapport avec l'importance du fief ou l'étendue de la seigneurie; parfois elles sont en proportion inverse. Les petits veulent souvent paraître plus grands qu'ils ne le sont en réalité (25).

(24) Cette particularité existait également à Kergoaret en Saint-Vougay et à Tredern en Plougoulm, mais a disparu actuellement.

(25) Nous devons un grand nombre des renseignements qui précèdent sur les pigeonniers bretons à MM. Bourde de la Rogerie, Le Guennec et de la Messelière; qu'ils trouvent ici l'expression de notre reconnaissance.

III

Un autre accessoire de la seigneurie, le droit de garenne, suggère des rapprochements avec le droit de colombier.

La chasse, plus particulièrement la garenne, est aussi un débris du droit commun qui s'est transformé en privilège. On considère les deux droits en question comme de même nature, non cessibles, compris dans la censive et tenant essentiellement, en Bretagne du moins, au fief. En concédant la terre à titre de censive, le seigneur s'est en effet réservé, sinon expressément, au moins virtuellement, le droit d'avoir des « coulombs » et des « connils » libres de se pourvoir sur les terres concédées. Ces animaux, nuisibles au vassal et qui se multiplient aussi rapidement les uns que les autres, sont domestiqués au bénéfice du seigneur qui en tire honneur et profit.

Il y a, peut-on dire, dans la garenne, comme dans le colombier, un élément matériel et un élément juridique. L'élément juridique consiste dans la défense faite aux voisins de détruire les animaux en question [26], tandis que les retraites artificielles destinées à abriter et favoriser leur multiplication constituent l'élément matériel. On peut ajouter que regardés comme droits utiles, faisant partie des revenus de la terre, le colombier et la garenne peuvent être affermés, tandis que le droit de chasse ne peut pas l'être.

« Garenne », dans sa signification générique, signifie tout héritage défendu où il est interdti d'entrer, dont nul ne doit se servir si le propriétaire ne lui en donne l'autorisation; il s'emploie pour désigner une réserve où l'on garde du gros gibier pour le plaisir de la chasse.

(26 « On ne doit tirer, ne tendre aux pigeons de colombier avec filetz, gluz, cordes, laçons ou aultrement; ne tendre, ne tirer aux garennes, ne pescher estang, ne on n'a droit de ce faire sous peine de punition corporelle » art. 390. *Coutumes de Bretagne* par M. SAUVAGEAU,

Aux derniers siècles avant la Révolution, l'acception courante est celle d'un lieu destiné à élever et nourrir exclusivement des lapins: le terme s'applique aux bois, aux broussailles et aux bruyères où ces animaux sont réservés (27). La garenne, à l'origine, peut s'étendre sur le fonds du seigneur et sur le fonds des vassaux ou des censitaires, privilège qui découle du principe que le seigneur dominant peut exercer la chasse sur toutes les terres de son fief; toutefois, il n'est pas permis à celui-ci de pénétrer dans la garenne de son vassal.

Le ban de garenne consistait à faire publier le territoire du fief que le seigneur réservait à ses explotis cynégétiques et sur les héritages ainsi mis en garenne, défense était faite au tenancier de chasser.

L'un des plus pénétrants investigateurs du Moyen-Age, Championnière, a remis en lumière la nature et la notion exacte des garennes à gibier du Moyen-Age (28). Au cours des XIIe et XIIIe siècles, les dommages produits par les chasseurs et leurs meutes soulevèrent une telle réprobation populaire que le pouvoir royal prononça des arrêts restrictifs. N'osant porter atteinte à la liberté de la chasse, il s'en prit aux garennes seigneuriales devenues des réserves à gibier. Cet esprit inspira les ordonnances qui se succédèrent depuis Louis IX jusqu'à Charles V : elles prohibaient d'une manière absolue la création de nouvelles garennes et ne faisaient grâce qu'à celles pour lesquelles on pouvait justifier d'une possession trentenaire (29). Certaines de ces

(27) On appelait *clapiers* les trous abris des lapins et *halots* les trous nichées des lapines.

(28) CHAMPIONNIÈRE (Paul-Lucas), *De la propriété des eaux courantes*, 1846.

(29) « Ordonnons que tous accroissements de garennes nouvelles et anciennes soient ôtés et que chacun y puisse chasser sans amende » (Ord. de 1355). — « Octroyons que toutes garennes et accroissements de garennes élevées depuis quarante ans soient mis au néant » (Ordon. de 1356). — Dans le même sens sont les arrêts de 1539, 1614..., etc.

A vrai dire ces restrictions à l'élevage des connils ne portent pas atteinte au droit commun de propriété. Hervé dit parfaitement que tout propriétaire peut avoir des lapins sauvages au même titre que de la volaille de basse-cour, à condition qu'il nourrisse sur son bien ces divers animaux. De même qu'aucun

ordonnances autorisèrent même les populations rurales à procéder à la destruction des garennes indûment établies.

Attaqué par les rois, par les légistes et l'opinion, le privilège devait succomber. Au XVIe siècle, Championnière constate qu'il n'existe pour ainsi dire plus. Quand les vieilles garennes eurent péri sous l'action qu'on vient de faire connaître, les seigneurs créèrent sur leurs propres domaines des parcs clos destinés à la conservation et à la chasse du gros gibier. Au menu gibier, ils réservèrent *sur leur propre domaine* des terrains vagues ou boisés qu'ils appelèrent vulgairement *connillières.* Ces connillières prirent encore dans l'usage courant le nom de garennes, cependant, hors le nom, les choses différaient essentiellement. « La garenne du Moyen-Age était une servitude foncière, la plus détestable de toutes, une servitude qui grevait outrageusement la propriété d'autrui. La moderne garenne du XVIe et du XVIIe siècles était établie par le seigneur sur les terres de son propre domaine et ne présentait qu'un usage, en soi, licite du droit de propriété (30) ».

Les légistes du XVIIe siècle ne connaissaient point d'autres garennes que ces dernières et avaient oublié complètement l'ancien droit féodal. Quoi qu'il en soit, le nom de garenne appliqué aux modestes connillières fut fatal à celles-ci. On prétendit leur appliquer les ordonnances draconiennes du Moyen-Age et l'on introduisit dans les coutumes locales des dispositions prohibitives ou l'obligation de clore les pseudo-garennes.

La célèbre ordonnance de 1669, dite des Eaux et Forêts, qui abroge les coutumes et les usages contraires sanctionna et généralisa la prohibition. Un seigneur, quelle que fût sa

légiste n'a trouvé à s'opposer aux retraites à pigeons fermées, de même toute faculté était donnée au seigneur d'avoir, sur son propre domaine, des garennes closes de murs ou d'eaux, de façon à ne nuire à personne. La race lapine bien plus que les volatiles du pigeonnier devient rapidement un fléau par sa reproduction et sa rapacité.

(30) Larousse, *Dictionnaire.*

qualité, ne pouvait plus avoir de buissons à lapins sur ses propres terres qu'*à titre de charge personnelle ou de servitude de voisinage librement consentie*. L'ordonnance portait, en outre, que nul, à l'avenir, ne pourrait établir de garennes « s'il n'en a le droit par ses aveux et dénombrements, possession ou autres titres suffisants », à peine de cinq cents livres d'amende et de voir la garenne ruinée à ses dépens [31]. « La possession seule, quelque longue qu'elle soit, ne suffit pas, explique Guyot, il faut un titre formel tel qu'une concession du roi, dûment enregistrée, ou des aveux et dénombrements anciens et suivis [32] ». Hervé pense autrement et croit que, dans l'esprit de l'ordonnance, la « possession » équivaut à un « titre suffisant ». En tous cas, il faut considérer comme entachée d'erreur l'interprétation du droit français qui, au XVIIIe siècle encore, d'après Loisel [33], permettrait au seigneur de fief d'étendre sa garenne sur les terres de ses vassaux. Tous les juristes qui sont venus après Loisel s'élèvent contre cette « prétention exorbitante » rayée de presque toutes les dispositions coutumières [34]. La jurisprudence se montre au contraire dis-

(31) Art. 19, titre 30, de l'Ordonnance de 1669.

(32) « Aveux successifs remontant à un siècle où se trouve mentionné le droit de garenne » (GUYOT, HARCHER, HERVÉ). — « Dûment enregistré » signifie que les lettres patentes devaient être enregistrées au Parlement, à la Table de marbre et à la Chambre des Comptes. Mais cette formalité ne pouvait avoir lieu qu'après l'information *de commodo aut incommodo* qui se faisait à la requête du procureur général du Parlement ou de la Table de marbre. Toute personne intéressée peut faire opposition et si par cette information il est reconnu que la garenne pourrait causer des dommages ou qu'il y ait des oppositions de la part de quelques personnes intéressées *on ne passe pas outre à l'enregistrement des lettres* » (GUYOT).

(33) LOISEL, *Institutes coutumières*, Paris, 1710.

(34) Il ne serait pas exact, en effet, de dire que toutes les coutumes locales, mêmes réformées, s'accordent sur ce point, car on peut citer la coutume de Tours sur laquelle Loisel aurait pu s'appuyer pour soutenir son opinion. Cependant, au sujet de l'avis de Loisel, le savant de Laurière a écrit cette note : « Comme cette règle est contre le droit commun, il semble qu'elle ne devrait point être pratiquée dans les coutumes qui n'en ont point la disposition » (GUYOT). A ce propos on a rapproché sans raison le droit de garenne du droit d'étang. Pour établir un étang, le seigneur de fief a conservé la faculté de couvrir des eaux de son étang les terres de ses voisins en les récompensant préalablement et pourvu que la chaussée soit dans son fonds propre.

posée à réfréner les abus et à faire droit aux remontrances des habitants des campagnes [35].

L'agrandissement d'une garenne est soumis aux mêmes règles et aux mêmes obligations que l'établissement d'une garenne nouvelle.

On vient de le voir, le droit de garenne repose directement, tant sur le droit de propriété que sur les coutumes et les ordonnances royales. Dérivé de la chasse, il est un privilège de fief qui, à la suite de l'affaiblissement du régime seigneurial et de la réaction contre les servitudes foncières, est réduit progressivement à un simple droit domanial.

La Nouvelle Coutume de Bretagne, conforme à l'Ancienne, s'exprime ainsi : « *Noble homme peut faire, en sa terre ou fief noble, faux à connils, au cas qu'il n'y aurait garenne à autre seigneur es lieux prochains; et ne doit aucun y aller chasser, ne ès clos adjacens appartenant audit noble homme* [36] ». D'après cette rédaction, il semblerait que, pour exercer le droit de garenne, comme pour le droit de colombier, la noblesse fût une condition essentielle et majeure; ce qui explique pourquoi certains auteurs qui ont interprété la Coutume ont douté de l'accession des roturiers au droit de garenne [37]. Cependant d'Argentré observe que le roturier possédant un héritage noble ou un fief peut avoir une garenne; il tire sans doute la force de son opinion de ce que la disposition de la Coutume n'est point prohibitive comme celle qui concerne le colombier et que la garenne

(35) LA ROCHEFLAVIN, en son *Traité des droits seigneuriaux*, rapporte un arrêt du Parlement de Toulouse, du 16 janvier 1586, qui condamne un de ses membres à payer le dommage qu'avaient fait ses lapins et lui enjoint de *restreindre* sa garenne, de manière qu'ils ne puissent nuire aux voisins, ou bien de semer une suffisante quantité de grains pour leur nourriture. — Guyot cite des arrêts qui sur la réclamation des habitants des campagnes *interdisent la continuation* des garennes régulièrement concédées et il soutient, en s'appuyant sur des lettres patentes, que la permission d'établir une garenne nouvelle comporte la nécessité d'*indemniser les propriétaires* du territoire.

(36) Art. 391 de la Nouvelle Coutume (SAUVAGEAU).

(37) « On peut douter si les seigneurs roturiers ont droit de garenne dans cette province (de Bretagne), car l'article de la Coutume ne parle que de nobles » (HERVÉ).

étant réelle de sa nature, à défaut de disposition précise, on doit revenir au principe que les droits réels se règlent par la qualité réelle [38]. Poullain-Duparc est formel : « Si un homme roturier, dit-il, a une terre où il y ait garenne, nul ne doit aller chasser sur sa garenne et il y peut chasser lui-même ».

De l'obligation où sont, d'après le droit nouveau, ceux qui ont une garenne de nourrir les lapins sur leurs propres domaines, naît une action en dédommagement ou indemnité. Les dégâts très importants peuvent servir de fondement à une demande en réduction de la garenne et du nombre des lapins. Ces actions, soit pour la destruction, soit pour la réduction, soit pour les dommages et intérêts, doivent être portées devant les juges des Eaux et Forêts. Il n'en est pas moins vrai que les officiers des seigneurs hauts justiciers sont également compétents, car ils sont qualifiés pour les matières d'eaux et forêts en général, lors même qu'ils ne sont pas juges gruyers [39].

Les faits et délits qui portent atteinte au droit de garenne, les faits de braconnage, de vols de lapins... sont aussi de la compétence des Eaux et Forêts.

L'ordonnance de 1669, qui règle en justice l'action dont il vient d'être question, est moins explicite sur la matière du colombier; cependant on peut tenir pour exact que tout ce qui a trait aux pigeons et aux retraites à pigeons est jugé par les officiers qui ont connaissance des matières de garennes [40].

Malgré les dispositions restrictives des ordonnances, malgré l'accès du roturier au droit de garenne, enfin

(38) La clause : « au cas qu'il n'y aurait garenne » s'explique ainsi : « La raison est que ce grand voisinage attirerait les lapins du voisin par la communication des trous » (Hévin).

(39) La constatation des dommages était faite par experts au moyen de trois procès-verbaux « longs, détaillés, et chargés d'accessoires, circonscrits dans un cercle de formalités rigoureuses » (Hervé).

(40) « Le procureur du roi et même les procureurs d'office des seigneurs hauts justiciers — dit Hervé en parlant des colombiers — peuvent intenter, provoquer les règlements qu'ils jugent convenables ».

malgré le principe des dommages et intérêts établi par la nouvelle jurisprudence, les privilèges dont nous venons de retracer l'histoire restèrent parfaitement impopulaires. L'un et l'autre constituent, sinon une servitude, du moins un assujettissement imposé à la propriété d'autrui et à la culture, assujettissement vexatoire et nuisible. L'action en justice n'est intentée que rarement par le paysan, comment d'ailleurs celui-ci pourrait-il être en procès continuels avec son seigneur ou son voisin; la défense qui s'impose naturellement à son esprit contre les coulombs et les connils qui attaquent sa récolte, est celle dont il fait usage pour sa propre sécurité, la défense à main armée. Cependant, le port du fusil lui est interdit et, à l'exclusion de tout autre, le propriétaire noble jouit seul du droit de chasse. De ce fait que le cultivateur n'a pas la liberté de tirer sur les animaux nuisibles qui se nourrissent du fruit de son travail, vient le principal grief contre les pigeonniers et les garennes seigneuriales. Il lui est interdit, sous les mêmes sanctions, de leur tendre des pièges (41). Le sentiment de cette infériorité mécontente souverainement l'homme des campagnes. Dans les doléances qu'il est appelé à rédiger pour les Etats Généraux de 1789, il ne cache pas ses sentiments à cet égard. Quand il demande la suppression des droits de colombier et de garenne, c'est pour formuler en même temps la nécessité de réformer le droit de chasse et de pouvoir librement tirer sur le gibier qui désole les cultures (42).

Pour être véridique, il convient de discerner, dans les doléances de 1789, les expressions excessives et les formules toutes faites de la pensée des habitants au nom des-

(41) « On ne doit tirer, ni tendre aux pigeons de colombier avec filets, gluz, cordes, laçons ou aultrement; ne pareillement tendre, tirer aux garennes, ni pescher étang, si on n'a droit de ce faire, sous peine de punition corporelle ». Coutume de Bretagne, art. 390. — « Prendre lapins est une espèce de vol » (HÉVIN). — La même sanction s'applique à la pêche prohibée dans l'étang seigneurial.

(42) Nous avons, sur ce sujet, consulté les *Cahiers de doléances des sénéchaussées de Rennes* (publiés par H. SÉE et A. LESORT, Oberthür, 1909), *de Ploërmel et de Gourin* (Archives du Morbihan).

quels elles sont énoncées. La plupart des revendications qui y figurent n'ont pas été rédigées par les paysans eux-mêmes et ne reflètent qu'imparfaitement les plaintes qui leur tenaient à cœur [43]. Parce qu'un libellé répandu dans toute la Bretagne et intitulé : *Les charges d'un bon citoyen de campagne*, porte que le paysan se plaint d' « être assujetti aux établissements des fuies et garennes », la généralité des paroisses rurales de la province consacre un article spécial et dans les mêmes termes à la suppression de ces droits.

Il est incontestable que certaines paroisses ont souffert des privilèges de la seigneurie et certaines rédactions, comme celles de Saint-Pierre de Janzé, de Brie (évêché de Rennes), d'Iffendic (évêché de Saint-Malo)... ne dissimulent pas la mauvaise humeur des habitants [44], mais quand ceux-

(43) Le texte des cahiers révèle une action générale et étrangère aux paroisses. Peu d'originalité et beaucoup d'analogie entre eux. « Il a existé des modèles généraux qui ont été répandus dans toute la Bretagne ». Ces modèles ont eu une influence indéniable sur les cahiers des paroisses ... ils ré.ument toutes les revendications antérieures du Tiers Etat (H. Sée et Lesort).

(44) « Le droit de fuie, où sont élevés un nombre infini de pigeons plus propres à la ruine des vassaux, les a toujours rendus esclaves des seigneurs; les lapins sont un autre motif aussi essentiel; nous voyons, sans oser nous plaindre, manger nos grains, ravager et piller les campagnes. Si un particulier était assez malheureux pour détruire un de ces animaux, il serait condamné à des peines très déshonorantes... » (Plaintes des habitants de Saint-Pierre de Janzé). — « Les droits qui pèsent sur le public, ceux qui tendent à diminuer, à lui faire payer cher ses moyens de subsistance méritent d'être exceptés du respect que nous avons pour le droit de la propriété. Ainsi nos semences dévorées par ces nuées de pigeons qui s'abattent sur nos guérets, nos blés naissants rongés, dévastés par des multitudes de lapins, sollicitent instamment de la bienveillance du roi la démolition des colombiers et l'arasement des garennes. C'est dans leurs basses-cours et dans leurs clapiers domestiques et non aux dépens des cultivateurs que les seigneurs doivent nourrir ces animaux dont ils repaissent leur sensualité » (Brie). — « On ne saurait trop veiller à ce que les grains confiés à la terre pour produire la prochaine récolte ne soient pas pillés et mangés; il ne sert de rien au laboureur de semer s'il ne lui est pas permis d'empêcher les pigeons et autres animaux voraces de venir ravager ses champs; cependant notre Coutume l'expose à la peine corporelle s'il a le malheur de tuer les animaux; loi barbare et contraire au droit commun ! Pour porter l'injustice et l'absurdité au comble, il ne manquait plus que d'interdire aux citoyens le droit de repousser à main armée le voleur ou l'ennemi qui vient pour forcer son asile et l'assassiner; les pigeons, les lapins, etc., sont des voleurs d'autant plus formidables qu'ils sont privilégiés et sous la sauvegarde de la loi coutumière de Bretagne; la plus petite maison noble a son colombier, sa garenne, et cet abus est érigé en droit par la possession, suivant l'art. 389 de la Coutume; nous demandons que tous les colombiers et garennes soient supprimés et qu'il ne soit libre qu'au seigneur

ci soutiennent que le pigeon et le lapin causent, à eux seuls, la ruine du pays et transforment en esclaves les hommes du fief, quand ils prétendent que la plus petite maison noble a son colombier et sa garenne, il faut faire une large part à l'exagération et à l'excitation des esprits. Nous sommes fondés à croire, au contraire, que si, au XVIIIe siècle, les domaines seigneuriaux d'une réelle importance possédaient presque toujours une fuie, un assez grand nombre de manoirs et de demeures nobles n'en avaient point. Pour soutenir cette assertion, nous nous appuyons, tant sur les aveux et déclarations de l'époque, que sur les observations que fournissent les manoirs bretons conservés jusqu'à nos jours.

Quant aux « garennes » dont parlent les habitants des paroisses de 1789, il s'agit bien plus de retraites naturelles à lapins, dissimulées dans les brousses, les landiers et surtout les bois de la seigneurie, que de lieux appropriés à l'élevage. Il n'existe pas de gentilhommières sans bois de haute futaie ou de taille et, il va sans dire que ces bois constituent la réserve du gibier du seigneur à laquelle, par tradition, l'homme des champs a conservé le nom de garenne; les lapins, en admettant que le braconnage fût mieux surveillé que de nos jours et que le propriétaire n'exerçât pas fréquemment son droit de chasse, s'y multiplient rapidement et de là, malheureusement pour le voisin, ils se répandent sur les plantes fourragères et le blé en herbe.

A la veille de la Révolution, par suite de l'intervention royale, par suite de l'absence ou du défaut d'application des possesseurs, bien des droits accessoires de la seigneurie sont abandonnés ou négligés. Le colombier et la garenne sont de ces derniers, mais le souvenir de ces privilèges persiste et laisse au cœur du paysan une impression de pénible subordination dont il veut se préserver à l'avenir.

du clocher de chaque paroisse d'avoir un colombier, sous la condition qu'il ait au moins 300 journaux de terre en domaines » (Iffendic).

D'après un auteur particulièrement renseigné, le décret d'abolition de 1789 fit seulement justice, sur ce point de détail, d'un assez misérable débris des anciens privilèges seigneuriaux et on est obligé de reconnaître que la réforme de l'Assemblée Constituante fut plus nominale que réelle (45). Cette opinion nous semble fondée; elle s'appuie, tant sur les faits — qui représentent, au XVIIIe siècle, ces droits comme plus honorifiques qu'effectifs, — que sur les débats de l'Assemblée des trois ordres (46).

Quoi qu'il en soit, les habitants des campagnes obtinrent pleine liberté pour leur propriété. C'est un grand seigneur, Mgr de Lubersac, évêque de Chartres, qui se fit, le 4 août, l'interprète des paysans en représentant le droit exclusif de chasse comme un abus et en donnant l'exemple du renoncement. Les jours qui suivirent, les privilèges de chasse, de garenne et de colombier furent abolis purement et simplement (47).

H. DU HALGOUET.

(45) CHAMPIONNIÈRE, *Histoire du droit de chasse*, 1844.

(46) La discussion de l'article touchant au privilège de fuie ne souleva qu'un médiocre intérêt dans l'Assemblée. Un membre observa qu' « il est des provinces où le droit de colombier est universel, d'autres où les pigeons ne font aucun tort, qu'il ne convient pas de les détruire dans ces provinces et qu'il est préférable de renvoyer cet objet aux Assemblées provinciales ». L'abbé Siéyès présenta un projet — relatif à la libre destruction — qui fut « fort peu accueilli »; tandis qu'un député d'Auvergne exposa que dans sa province le privilège exclusif n'existait pas, tout vigneron, tout laboureur ayant un colombier (séance du 6 août 1789). (*Archives Parlementaires, Mavidal*, t. VIII).

Mgr de Chartres quand il proposa la suppression du privilège seigneurial de la chasse fut acclamé et l'enthousiasme grandit lorsque la Noblesse et le Clergé se rallièrent à sa proposition; cependant, il est à noter, qu'au cours de la discussion des lois de police, Buzot, député du bailliage d'Evreux, fit savoir qu'il était des provinces où la liberté de la chasse n'avait jamais été méconnue et où, sans inconvénient, tous les citoyens étaient armés (séance du 7 août) (*Id.*). A aucune occasion, les garennes ne furent mises directement en cause, elles se trouvent mentionnées dans le décret d'abolition comme faisant partie du privilège de chasse.

(47) Le 6 août, Rabaud de Saint-Etienne fit adopter un décret ainsi conçu : « Le droit exclusif de fuie ou de colombier est aboli. Les pigeons seront enfermés aux époques fixées par les communautés et dans ce temps ils seront regardés comme gibier et chacun aura le droit de les tirer sur son terrain ». Le jour suivant, le président de l'Assemblée fit voter cette autre disposition : « Le droit exclusif de la chasse et des garennes ouvertes est pareillement aboli et tout propriétaire a le droit de détruire ou faire détruire, seulement sur ses possessions, toute espèce de gibier, sauf à se conformer aux lois de police qui pourraient être faites relativement à la sûreté publique ». (*Archives Parlementaires*, t. VIII).

L'ARCHITECTURE
ET LES ARCHITECTES NANTAIS
DU XVIe AU XIXe SIÈCLE

I

L'histoire d'une ville est inséparable de l'histoire de ses monuments publics et privés. Un château, une cathédrale en apprennent souvent davantage sur la vie de nos ancêtres et l'état de leur civilisation que les documents officiels de la politique. Rien qu'à étudier l'architecture civile, à travers les quartiers d'une grande cité, on a une idée sûre des développements que la prospérité des habitants a exigés à diverses époques, ou de la misère économique qui a parfois sévi; la richesse générale s'étale sur les façades somptueuses, en sculptures et en ferronneries; la gêne, au contraire, se manifeste par la pauvreté des matériaux, aussi bien que par l'indigence décorative. Enfin, le goût de la société possédante et des metteurs en œuvre s'affirme dans le style des plus riches demeures, dans l'harmonie des lignes, dans l'ornementation des façades. Et l'amateur d'art est heureux de découvrir, au hasard de ses promenades, des édifices qui ne révèlent pas seulement un glorieux passé, mais, en plus, le génie de quelque architecte original.

Heureuses les villes qui ont ainsi conservé de nombreux souvenirs d'art monumental ! Elles s'ornent d'un pittoresque plein d'attrait et de poésie; elles ont une intimité délicieuse, associant les aspirations du temps présent aux conceptions réalisées par les générations précédentes. Et un hommage va à tous les créateurs anonymes d'esthétique urbaine qui mirent un cachet de beauté sur d'utilitaires bâtiments.

La ville de Nantes ne peut s'enorgueillir de compter beaucoup d'anciens édifices dignes d'admiration : elle possède, il est vrai, deux joyaux de premier ordre, la cathédrale et le château. Cela mis à part, il n'existe plus grand chose du XVe et du XVIe siècle. L'étranger peut à bon droit s'étonner qu'il n'ait pas subsisté plus de témoignages de l'importance reconnue de la cité dans les périodes écoulées. De-ci, de-là, quelques demeures délabrées, comme le manoir de la Morrhonière ou celui de la Hautière, datant du XVIe siècle, se maintiennent à peine. Il reste la *Porte Saint-Pierre*, lambeau restauré du palais épiscopal élevé au XVIe siècle; il reste la *Psalette*, charmant spécimen de la fin du style gothique, dont l'architecture est si pleine de fantaisie avec sa tour d'escalier en avant-corps, avec sa porte ogivale, ses saillies et ses encorbellements, ses belles moulures, ses feuillages de pierre délicatement fouillés au ciseau.

Quant à l'*hôtel Saint-Aignan*, construit à la même époque, et occupé maintenant par les sœurs de Saint-Vincent-de-Paul, il a été défiguré par des grattages réitérés, et plus mutilé par les hommes que par le temps.

C'est qu'aussi le grand destructeur, à Nantes, est l'air salin et humide, qui ronge les matériaux, ce tuffeau friable, dévoré sans cesse par la lèpre inexorable du salpêtre. La marée, qui se fait sentir jusqu'à plusieurs kilomètres en amont de la ville, mêle à l'atmosphère ses éléments nocifs, alors qu'à Angers la même pierre se conserve presque indéfiniment.

Puis, il ne faut pas oublier que, pendant le moyen âge et jusqu'à la fin du XVIIe siècle, la cité bretonne a été ville forte, enserrée entre d'épaisses murailles; ses rues étroites et tortueuses ne permettaient aucun dégagement. Le terrain chichement mesuré et extrêmement morcelé était cher; la population s'entassait dans des habitations sans confort, où le souci architectural avait peu de part.

Pourtant, lorsque Dubuisson-Aubenay, poursuivant son voyage à travers la Bretagne, s'arrêta à Nantes en 1636, il trouva à citer dans l'étroite enceinte de la ville les églises de dix paroisses, des chapelles, des monastères, des hôtels importants avec jardins. Il se complut à en dénombrer les merveilles avec un rare sens archéologique et artistique. On visite avec lui la cathédrale, le château, l'église Saint-Nicolas, où étincelle un merveilleux vitrail, l'église Notre-Dame dont la chapelle Saint-Thomas, fondée par Thomas Le Roi, dit Régis, personnage considérable, fut bâtie de 1514 à 1524 dans le plus pur goût de la Renaissance, et fut démolie, sans respect pour l'art, en 1866. On pénètre dans le riche monastère des Cordeliers, dans celui des Carmes, où s'élevait le tombeau de François II et de Marguerite de Foix, chef-d'œuvre du sculpteur Michel Colombe, dans celui des Jacobins aux fenêtres à meneaux si délicats.

Dans les rues étroites se dressaient de pittoresques logis, aujourd'hui disparus ou complètement transformés : le logis du sieur de la Colinière « basti à la moderne », en face l'Hôtel de ville actuel; l'hôtel de Briord, ancienne propriété de Pierre Landais, habitation des gouverneurs du château au XVIe siècle, occupé par les Jésuites au XVIIe; l'hôtel de Chateaubriand, dit aussi « maison de la Papotière », qui fut remanié par la famille de Becdelièvre au XVIIe et au XVIIIe siècle; l'hôtel de l'Espinay, proche Saint-Pierre, maison « bien troussée »; l'hôtel d'Espinoze ou de Porteric, sur la place Saint-Vincent; et l'hôtel de la Suze, ou de Montfort, ancienne propriété de Gilles de Rais, sur l'emplacement de la rue Notre-Dame; et tous les somptueux logis de la rue du Château.

Hélas ! l'utilitarisme des hommes, en trois siècles, a supprimé presque toutes ces belles constructions. Il a fallu percer des rues, rectifier des alignements, bâtir sur les cours et les jardins, adapter aux goûts nouveaux les appartements et les vieilles façades. Ce que les morsures du temps avaient déjà émietté, la pioche des démolisseurs l'a anéanti. Les ruines de la chapelle de la Collégiale ont été enlevées en 1866; les couvents des Jacobins, des Cordeliers, des Carmes ont totalement disparu; les maisons à pignons, qui jusqu'au milieu du XIXe siècle faisaient de la rue de la Poissonnerie un pittoresque décor du moyen âge, ne sont plus qu'un souvenir qui s'efface. C'est à peine si l'on trouve encore quelques curieuses maisons du XVe siècle, à la forte armature de poutres et garnies de pisé.

D'ailleurs, pendant tout le XVIe siècle, on dut peu construire à Nantes. La réunion de la Bretagne à la France (1532) fut un coup dur pour la ville. Elle perdit une part du prestige qu'elle tenait du séjour des ducs, auxquels succédèrent des gouverneurs royaux; puis les guerres de religion la ruinèrent. Les registres de la communauté nous font connaître les embarras financiers dans lesquels elle se débattait. Tout l'argent passe à l'entretien des ponts et des fortifications, et les miseurs des pauvres ont grand peine à obtenir les subsides qui leur sont nécessaires.

La paix religieuse ramena la prospérité commerciale. Avec les Espagnols, avec les Hollandais, des relations continuelles donnèrent au mouvement maritime un essor considérable. De véritables colonies d'étrangers s'établissent à Nantes; les logements manquent et les magasins. Aussi dès le commencement du XVIIe siècle, il fallut bien crever l'enceinte et s'étendre sur les faubourgs. Au nord se crée le quartier du *Bourg-Neuf* ou *Marchix;* à l'est, vers Saint-Clément et Richebourg, s'élèvent des maisons de campagne, les bâtiments du séminaire, ceux des nouvelles communautés : les Oratoriens, les Ursulines, les Visitandines, les Chartreux, les Minimes. Les vestiges qui en ont survécu sont peu intéressants comme architecture. C'est aussi l'époque où fut construite, devant la Motte-Saint-Pierre, l'élégante façade de la *Chapelle de l'Oratoire* (1651), dans le style italien dit *baroque*, mis à la mode en France par les Jésuites.

Il est difficile de se faire une idée du style architectural qui régnait alors à Nantes, les exemples conservés en étant trop rares. L'influence de Philibert de Lorme († 1570), qui fut pendant un certain nombre d'années architecte des bâtiments et forteresses de Bretagne, et celle de son fils Jean, durent s'exercer jusqu'à la fin du XVIe siècle.

Dans la rue Fénelon, accolées à l'hôtel de Becdelièvre, subsistent encore une tourelle en encorbellement et une partie de la demeure où la tradition populaire veut que Gabrielle d'Estrées ait accouché du chevalier de Vendôme en 1598. Ce qui reste de la façade sur la cour a des fenêtres étroites, une corniche à modillons, des lucarnes lourdes en maçonnerie comme celles que l'on remarque sur d'autres vieilles maisons.

Un peu plus loin, l'*hôtel de Lendormière* (n° 7 de la rue Fénelon), malgré ses altérations, a le même caractère un peu étriqué : une entrée surmontée d'un fronton, un pavillon d'angle avec une corniche à denticules.

L'*hôtel Rosmadec*, bâti en 1653, pour César Renouard, seigneur de Drouges, trésorier général des Etats de Bretagne, a gardé son ensemble sévère : façade à rainures horizontales ou refends, hautes fenêtres étroites surmontées d'un fronton, lucarnes décorées (sur le jardin), large escalier à balustres,. terminé par une voûte ornée de lourdes allégories en ronde bosse.

Nous en connaissons l'auteur, Jacques Malherbe, architecte et sculpteur, qui, en 1645, avait édifié le grand portail de l'Hôtel de ville, œuvre remarquable de décoration, avec les figures de Charles VIII, Louis XII, Henri IV et Louis XIII, auxquelles on adjoignit les bustes de Louis XIV et d'Anne d'Autriche. Ce portail fut démoli en 1793.

L'*Hôtel de ville*, qui primitivement n'était qu'un modeste manoir, dit maison de Derval, et que la municipalité acquit en 1578, a subi des remaniements considérables aux XVIIe, XVIIIe et XIXe siècles. En 1605, l'architecte Hélie Remigereau commença la construction de la galerie qui forme la façade de la cour actuelle, et d'une partie de l'aile occidentale, où dans trois niches furent placées en 1606 les statues de la Foi, de l'Espérance et de la Charité, exécutées en pierre de Saint-Aignan, par le maître sculpteur Nicolas Fagot, de Liége. Le style des bâtiments est encore celui de Philibert de Lorme; il comporte des pilastres, de riches chapiteaux composites et des mascarons à têtes grotesques.

Il est regrettable qu'il ne reste pas davantage de constructions datant des règnes de Louis XIII et de Louis XIV. Sous ce dernier roi, le port de Nantes connut une prospérité qui le mit au premier rang en Europe (1670-1672). Les Espagnols, les Hollandais y avaient des comptoirs dont l'activité ne fut interrompue que par les guerres. La révocation de l'édit de Nantes devait le priver d'une part de ces facteurs d'énergie. Mais, par compensation, la lutte avec l'Angleterre et ses alliés allait favoriser le développement des chantiers de construction navale, et les hardis corsaires nantais firent affluer dans la ville des richesses inattendues.

La paix d'Utrecht (1713), ensuite, donna à Nantes, avec la liberté du commerce, la possibilité d'un nouvel essor. Les relations avec l'Amérique avaient abouti à la formation de la Compagnie des Indes (1664). La traite des nègres, qui en fut une des conséquences, devait procurer à notre port une splendeur extraordinaire.

II

Bien qu'il soit très difficile de connaître les œuvres des meilleurs architectes, on commence pourtant à avoir sur certains d'entre eux quelques précisions. Au XVIe siècle, dans les nombreux registres et dossiers des archives municipales, nous avons relevé les noms de onze architectes ou maîtres d'œuvres [1]. La plupart ont surtout été employés à l'entretien des fortifications et des ponts; et on sait peu de chose sur leurs autres travaux. On est mieux fixé sur les « maîtres d'œuvre » qui travaillèrent à la cathédrale et au château, et les historiens de ces monuments nous ont donné à ce sujet un ensemble suffisant de renseignements. Mais la séparation entre les architectes et les maîtres maçons, charpentiers, même peintres et sculpteurs, c'est-à-dire avec les entrepreneurs du bâtiment, est souvent insaisissable; on ne peut être sûr que ceux qui passent les marchés soient bien les auteurs des plans.

Quoi qu'il en soit, le nombre des architectes, maîtres maçons, ou entrepreneurs généraux croît considérablement au XVIIe siècle, surtout dans les cinquante dernières années, ce qui prouve l'activité des chantiers, les besoins croissants de la population et, par suite, la situation prospère de la ville de Nantes. Je ne rencontre pas moins de 84 noms

(1) Bernard (Claude), Me architecte de la ville, † 1588; — Berthaud (Poncet), 1580; — Bricault (Gilles), répare la Chambre des Comptes en 1537; — Bricquet (Jean), succède à Claude Bernard comme architecte de la ville, 1589-1599, reçoit 166 écus soleil de gages par an; — Fegneulx (Jean), commissaire et architecte général des fortifications et réparations pour le Roi en Bretagne, 1566-1582; — Germont (François), architecte et Me maçon des œuvres de la ville, 1555-1562; — Heudes (Pierre), Me architecte de l'œuvre des ponts, 1568-1591; — Parisy ou Paris (Pierre), Me charpentier et architecte, contrôleur de l'œuvre des ponts en 1591, né vers 1559, † en 1644; — Remigereau (Hélie), Me maçon et architecte conducteur de l'œuvre des ponts, passe un marché en 1596 avec le duc de Mercœur pour les travaux de la Ville Neuve (Marchix); agrandit l'hôtel de ville en 1605; — Rendu (Pierre), répare les ponts en 1573; — Vattier (Roger), Me maçon et architecte de la ville de Nantes, 1553-1583. (Les dates indiquent l'époque à laquelle l'activité des architectes a été mentionnée dans un document.)

d'architectes, dont plusieurs eurent une réputation considérable [2].

Le XVIIIe siècle marqua l'apogée de la fortune de Nantes, et ce fut le moment d'un magnifique épanouissement de l'architecture.

Au commencement de cette période, un maire d'une rare intelligence, d'une activité prodigieuse, Gérard Mellier (1721-1730), prit l'initiative d'étendre largement la ville en démolissant la plus grande partie de l'enceinte fortifiée, de construire de nouveaux quartiers, de rectifier l'alignement des quais et des rues centrales, entreprise qui dura jusqu'à la Révolution.

Sur les grèves de l'île Feydeau des quais surgirent, un lotissement fixa l'emplacement de 24 maisons, propriétés des

(2) Voici la liste des principaux architectes du XVIIe siècle, d'après les Archives municipales et l'ouvrage du marquis DE GRANGES DE SURGÈRES, les *Artistes Nantais* : Babinot (Louis), de Luçon, architecte de l'œuvre des ponts, 1614-1627; — Bedoy (Daniel), « architecte des bâtiments du Roy », 1692-1703; — Belliard (Guillaume), M[e] architecte et sculpteur, construit dans l'église des Jacobins l'enfeu de Jean-Bernard de la Turmelière, en 1627; est adjudicataire en 1631 de la croisée du grand corps de la Cathédrale; — Bezlau (Jacques), † 1648; — Boffrand (Jean), M[e] sculpteur et architecte, 1686-1692, père de Germain; — Bouhier (Jacques), M[e] maçon et architecte, 1639-1650; — Brosset (Hélie), M[e] architecte et sculpteur, architecte de la ville en 1630, travaille de 1630 à 1655 à la Cathédrale, au Sanitat, à la Bourse; — Bussonnière (Mathurin et René), 1642 à 1705; — Cantiteau (Denis), natif de Luçon, travaille en 1616 à la façade du chœur de la Cathédrale; — Caris (Tugal), succède en 1655 à Hélie Brosset comme architecte de la Cathédrale; — Corbineau (Jacques), travaille à la Cathédrale en 1631; — Corbineau (Gilles), architecte de la ville, 1655-1658; — Dorsemaine (Jean), M[e] charpentier et architecte, 1630-1648; — Godmer (Marin), 1632-1635, adjudicataire de travaux à la Cathédrale; — Groleau (Mathurin) 1674-1688; — Jagueneau (Jean), 1672; — Jousset (Antoine), M[e] architecte, conducteur d l'œuvre des ponts en 1648; — Lecomte (Pierre), travaille au pont de Pirmil en 1689; — Le Meunier (René), M[e] architecte, adjudicataire des travaux de la Cathédrale en 1631, exerce son art jusqu'en 1680; — Letellier (Jean), M[e] architecte et sculpteur, 1683-1686; — Le Venier ou Vennyer (Jean), architecte des ponts, 1598-1606; — Malherbe (Jacques), M[e] architecte et sculpteur, 1629-1653; — Mollé (Jean), 1667-1697; — Mollé (Julien), 1689-1719; — Moulineau (Jean et Nicolas), 1668-1693; — Nepvouet ou Neveu (François), M[e] architecte et sculpteur, 1622-1661; — Péandeau (Jacques), visite les voûtes de la Cathédrale en 1631; — Poirier (Michel), M[e] maçon et architecte, travaille à la Cathédrale, 1626-1633; — Remigereau (Hélie), M[e] maçon et architecte de l'œuvre des ponts, 1596-1606; — Renaudin (Laurent), visite les voûtes de la Cathédrale en 1631; — Richard (François), M[e] maçon et architecte, visite les voûtes de la Cathédrale en 1631.

plus riches négociants d'alors : les Grou, les Villetreux, les Geslin, les Berrouette, les Doudet, les Espivent de la Villeboisnet, pour ne nommer que les plus connus. De 1732 à 1760, les maçons ne chômèrent pas. Plus loin, le long des quais étendus de la Fosse, de somptueuses demeures fermèrent tous les emplacements disponibles. Sur la place du Pilori s'élevèrent aussi quelques belles maisons (n° 4, 5 et 12) qui attestent le talent des architectes par leurs détails et leur ornementation d'une originalité très variée.

De toute cette activité naquit une architecture nantaise ayant bien son cachet propre.

Les façades, généralement resserrées, les appartements tout en profondeur, nécessitèrent des plans ingénieux. Presque toujours l'entrée se présente sous la forme d'un couloir étroit, sauf dans les édifices plus vastes où une porte cochère donne accès à une cour spacieuse. Les cages d'escalier sont d'une hardiesse d'exécution tout à fait remarquable avec leurs demi-voûtes à l'appareillage soigné et leurs marches de granit. C'est à l'incendie de Rennes, qui détruisit plus de 800 maisons, en 1720, que l'on doit en Bretagne l'emploi généralisé de cette pierre au lieu de bois pour les escaliers.

En cette première moitié du XVIIIe siècle, la disposition des façades est d'un modèle à peu près semblable, ainsi que l'on peut le constater sur le quai et la rue de la Fosse, et sur l'île Feydeau. De hautes baies cintrées s'ouvrent à la partie inférieure, éclairant à la fois le rez-de-chaussée et l'entresol. Au-dessus de la porte d'entrée, déborde, soutenu par de lourdes consoles, à grandes saillies, un balcon ventru aux lignes sinueuses qu'ornent des ferronneries d'une superbe élégance, et qui s'étend devant 2, 3 ou 5 fenêtres; à l'étage supérieur, une large voussure supporte un autre balcon à 2 ou 3 fenêtres. Des mascarons à têtes humaines décorent les clefs des arcades ou des plates-bandes des croisées. Enfin, un fronton orné de sculptures termine l'édifice.

Tel est le type des plus belles maisons de l'île Feydeau; on peut admirer leurs façades soit dans la rue Kervégan, soit sur le quai Duguay-Trouin ou le quai Turenne. Ces profils largement débordants, ces lignes rebondies, ces figures caricaturales, d'une fantaisie exotique ou mythologique, sont bien caractéristiques de l'architecture nantaise de la première moitié du XVIIIe siècle. Il s'en dégage à la fois une impression de nouveauté, de hardiesse et de somptuosité. A les contempler attentivement, on évoque, de souvenir, les poupes des grands navires, à l'arrière-pont surélevé comme une maison, pour le logement des officiers, poupes décorées de consoles, de génies marins, de balcons, où s'exerçait l'art vigoureux des sculpteurs sur bois. On se rappelle les vaisseaux de haut bord, dont l'ornementation était confiée à de remarquables artistes, et dont le faste fit la gloire d'un Puget, tel le célèbre *Soleil-Royal*, lancé à Toulon en 1690. Puget, à Toulon, à Gênes, sculpta aussi des consoles à personnages, des mascarons à têtes humaines, sur les façades de bien des édifices. Son influence dut s'exercer largement dans les autres ports où existaient des chantiers de construction navale. Dans une intéressante étude sur les *Maîtres d'œuvres et artisans du vieux Nantes*, MM. Furret et Caillé ont avec raison signalé la valeur de l'ornementation architecturale de cette époque, à Nantes. Ils y reconnaissent le modelé puissant dont étaient coutumiers les décorateurs de navires.

D'ailleurs, les têtes des mascarons représentent souvent les naïves mythologies des marins : dieux couronnés du Tropique, zephyrs joufflus, sauvages, monstres qui hantent l'imagination des voyageurs, figures à longues oreilles ou à ailes de chauves-souris.

Les architectes d'alors ont donc dû écouter le goût des riches armateurs et négociants et se plier à leurs fantaisies.

Ils ont montré dans l'exécution de leurs plans une habileté consommée qui mériterait certes que leurs noms ne soient pas oubliés. Plusieurs, formés à l'Académie royale d'architecture, s'installèrent à Nantes à l'instigation des plus illustres maîtres de Paris, sollicités eux-mêmes par les Intendants de la province, comme Feydeau de Brou, ou d'actifs maires comme Gérard Mellier.

C'est ainsi que le célèbre Gabriel, qui plusieurs fois eut à surveiller d'importants travaux publics en Bretagne, attira à Nantes certains de ses meilleurs disciples. De Vigny, entre autres, participa sûrement à la construction de quelques maisons datées du milieu du XVIIIe siècle. Et Pierre Rousseau, acquéreur de divers lots de terrains sur l'île Feydeau, est l'architecte de plusieurs des belles maisons de ce quartier. On lui attribue celles portant les n°s 9 et 10 du quai Turenne, et le n° 16 du quai Duguay-Trouin. Ce fut lui qui eut l'idée, afin d'obtenir plus de stabilité dans le terrain mouvant de la grève, d'employer, au lieu de simples pilotis, un grillage de poutres sur lequel reposaient les fondations.

Son œuvre la plus réputée est la maison qu'il édifia pour le riche armateur Grou; on l'appela le « Temple du goût » (n° 16 du quai Duguay-Trouin et n° 30 de la rue Kervégan). Le fronton de la façade principale a d'ailleurs été dénaturé par l'ouverture d'une fenêtre et le surhaussement de la toiture. Une cour aux lignes distinguées contient l'escalier, vraiment monumental, aux larges loggias, à la voûte harmonieuse.

On lui attribue aussi les maisons portant les n°s 10, 13 et 17 du quai de la Fosse. Pourtant, cette dernière, surchargée de lourdes sculptures en rocaille, de consoles à cariatides de zéphyrs ailés, témoigne d'un goût peu sûr, qui n'est pas dans sa manière habituelle. Elle porte la date de 1742.

Je le croirais plutôt l'auteur de la belle maison n° 86 du quai de la Fosse, que fit construire l'armateur Durbé en

1754. Le souple modelé des consoles, la riche ferronnerie des balcons, la beauté des profils en sont remarquables.

L'hôtel Villetreux, sur la place de la « Petite Hollande » (n° 2), est de lignes plus sobres, avec ses sévères arcades de granit, ses 36 fenêtres sans ornements sur chacune de ses trois façades, ses mansardes en plein cintre, sa cour élégante aux larges arcatures en anses de panier, ses escaliers aux rampes en fer forgé. Jadis, les appartements étaient ornés de superbes lambris sculptés, aujourd'hui dispersés comme tant de jolies choses de cette époque. Pendant la Révolution, l'immeuble fut réquisitionné pour les représentants du peuple. Carrier y habita durant son sanglant séjour à Nantes.

Maintenant ces palais de l'île Feydeau sont occupés par des bureaux ou de modestes locataires. Les lambris sont partis, achetés par les antiquaires ou de riches amateurs. Et l'affaissement des fondations sur pilotis est comme l'annonce d'une déchéance irréparable.

Parmi les nombreux architectes nantais du XVIIIe siècle dont les noms nous ont été conservés sans qu'on puisse reconnaître leurs œuvres de façon sûre [1], il en est un dont la réputation, acquise hors de sa ville natale, a été exceptionnelle : Germain Boffrand (1667-1754), fils d'un « sculpteur architecte de Nantes », lequel avait épousé la sœur du poète Quinault, le rival et l'ennemi de Racine. Bien qu'il ait exercé son art surtout à Paris et à Nancy, il n'est pas douteux que Germain Boffrand n'ait fourni les plans de plusieurs hôtels dans la cité où vivait sa famille, et où il avait passé sa jeunesse. La tradition veut qu'il ait édifié l'hôtel Darquistade, situé entre la rue de la Bourse et la rue de la Fosse; en tout cas, la façade, avec ses hauts pilastres classiques, est bien dans son style.

C'est à lui également que l'on attribue, à tort ou à raison, la décoration des lambris qui ornaient les appartements du

(1) Voir l'Appendice.

premier étage dans la maison portant le n° 70 du quai de la Fosse. Acquises par M. le marquis d'Albuféra, ces boiseries, — tout à fait dans le genre de celles qui décorent l'ancien hôtel du prince de Soubise à Paris (aujourd'hui les Archives Nationales), — sont d'un art admirable, avec leurs motifs en acajou massif. L'ensemble comprenait trois pièces : un vestibule garni de treize panneaux aux encadrements richement moulurés, et de portes surmontées de trumeaux sculptés en plein bois représentant le *Triomphe d'Amphytrite* et une *Pastorale*, ensuite un grand salon à cinq grandes glaces et à trumeaux peints, puis une chambre à coucher.

Bien d'autres boiseries de grand style garnissaient jadis les somptueux appartements des négociants nantais, et prouvaient l'habileté des sculpteurs sur bois, comme les motifs décoratifs des façades, consoles et mascarons, montrent la valeur des sculpteurs sur pierre. Ils devaient être assez nombreux dans la ville pour satisfaire aux demandes des architectes [1]. Plusieurs eurent une réputation qui s'étendit à toute la Bretagne et même aux provinces voisines, tel cet Antoine Gervais, « sculpteur ordinaire et pensionnaire du Roi », qui fut appelé à Rennes à l'occasion de l'érection de la statue de Louis XV, en 1769.

La corporation des serruriers, artisans de ces balcons et de ces rampes d'escaliers en fer forgé, aux lignes si souples,

(1) Les dossiers et les registres des Archives municipales, ainsi que l'ouvrage du marquis DE GRANGES DE SURGÈRES, *Les Artistes Nantais*, m'ont fourni une quarantaine de noms de sculpteurs, parmi lesquels beaucoup ne concernent sans doute que de simples ouvriers. Je note ici les principaux : Barré (J.-B.), 1767; Belliard (Jean), 1698-1720; Bourbé (J.-B.), M^{e}, † 1738; Chatellereau, 1722; Le Doux (J.-B.), M^{e}, 1749-1787; Drouard (Pierre), M^{e}, 1754-1781; Gervais (Antoine), 1759-1769; Houssay (Nicolas), 1732-1736; Lambert (Mathurin), sculpteur ornemaniste, 1775; Launay-Thibaut (Jean), 1755; Le Fèvre, 1757-1758; Le Mazurier (Alexandre), 1767; Lemée (Michel), 1724-1735; Leroy (Pierre), 1762-1767; Manceau (Antoine), 1769-1779; Marin (Joseph), 1747-1780; Mather (François), 1728-1730; Motais (François), 1722-1757, sculpte un autel pour l'église de Vritz; Moulé (Claude), 1737, † 1746; Moulé (Jean-Marie), 1766-1786; Nau, sculpteur ornemaniste, 1733-1735; Neveu (Noël), 1786; Peyre (Jean et ses fils), 1697-1777; Pitois, 1774-1776, Queneau (Gabriel-Antoine), 1769-1781; Letellier (Claude-Charles), 1767-1770; Thébaud de Launay (Jean-François), 1765-1769. Beaucoup figurent sur les listes de la Milice bourgeoise.

d'une fantaisie si variée et si distinguée, compta aussi des maîtres remarquables. Son histoire serait à entreprendre, mais je n'ai encore trouvé sur ce sujet que fort peu de documents.

III

Mais voici qu'une transformation va s'opérer dans le style de l'architecture au milieu du XVIIIe siècle. Aux fantaisies de la décoration, à la complexité des lignes va succéder un art plus respectueux des formes antiques.

Les ordres, les pilastres vont réapparaître avec leurs proportions classiques. Plus de lourdes consoles aux balcons; les mascarons burlesques sont remplacés par des cartouches variés; la ferronnerie redevient symétrique, bien équilibrée, plus simple. Il y aura moins d'originalité dans les constructions nantaises. Elles perdront leur caractère franchement local. Elles seront au goût de Paris.

Deux grands architectes y mettront la marque de leur incontestable talent : Jean-Baptiste Ceineray (1722-1811) et Mathurin Crucy (1749-1826).

Jean-Baptiste Ceineray fut le type même de l'artiste et de l'honnête homme. Né à Paris, protégé du maître Gabriel, il vint s'établir à Nantes vers 1752 et y fut nommé architecte voyer en 1760, en remplacement de Nicolas Portail. A ce titre, il dressa les plans de tous les quartiers nouveaux et de tous les édifices importants qui furent bâtis pendant quarante ans. Il déploya dans cette tâche une intelligence et un sentiment esthétique de premier ordre. On peut même dire qu'il a été le seul à concevoir l'embellissement de la ville avec des idées larges et neuves. Son goût était d'une particulière distinction, et s'il accueillit les doctrines classiques qui se reformèrent en réaction du style « rococo », trop tourmenté, il sut évoluer de façon discrète et sûre. Jamais il ne pécha par exagération. Et ce sont ces qualités d'équilibre parfait, de sobriété et d'élégance raffinée qui donnent à ses constructions une valeur vraiment exceptionnelle et un cachet original.

Grâce au duc d'Aiguillon, gouverneur de Bretagne, il fut chargé dès l'année 1760 de préparer les plans d'une nouvelle *Chambre des Comptes*, à édifier sur les bords de l'Erdre, près du cours Saint-André. Le 6 septembre 1763, on posa la première pierre du monument qui fut terminé en 1782, et qui est devenu le siège de la Préfecture.

La façade est sobre et imposante avec ses pilastres et ses colonnes d'ordre ionique, son vaste fronton, sa galerie à balustres. C'est une œuvre de belle allure classique qui valut à Ceineray d'éclatants témoignages d'admiration.

Quand il dressa le plan des façades du quai Brancas, il ne rompit pas brutalement avec le type architectural qu'avaient pratiqué ses prédécesseurs. Il conserve les arcades du rez-de-chaussée, il orne les clefs des ouvertures de mascarons; les fenêtres s'encadrent d'un chambranle, surmonté d'un cartouche fleuri ou à rocaille. Enfin, aux extrémités des bâtiments, un pavillon déborde légèrement, avec quatre pilastres et un entablement ioniques. La ferronnerie des balcons est d'une fantaisie décorative pleine de saveur.

Sur le quai Flesselles, l'ordonnance est déjà plus sévère. Pas de pilastres, mais un bandeau à triglyphes; plus de mascarons, plus d'encadrement aux fenêtres; des lignes pures admirablement proportionnées. Les quais présentent ainsi un ensemble de grande tenue.

La belle construction qui fait le fond de la place du Bouffay est du même style simple et bien ordonné.

A considérer l'*hôtel d'Aux*, devenu résidence du commandement du XIe corps d'armée, sur la place Louis XVI, on éprouve la même impression d'harmonie parfaite. Là encore, l'accord des pleins et des vides est obtenu sans artifice, avec le minimum de motifs décoratifs Un pavillon central porte des pilastres à chapiteaux composites et se termine sur un fronton richement sculpté. Une corniche importante borde l'édifice. Les fenêtres n'ont d'autre ornement qu'un mince chambranle mouluré; mais cette noble simplicité est loin d'être dépourvue de charme, et on ne peut qu'admirer cette juste entente des proportions qui donne leur plein effet aux lignes.

L'*hôtel des Douanes* (n° 37), quai de la Fosse), est plus orné : cartouches fleuris, chambranles enguirlandés, corniche opulente, prêtent à la façade une apparence moins sévère que les autres conceptions de Ceineray.

Au célèbre architecte, gloire de Nantes, on doit encore l'*hôtel Deurbroucq*, sur l'île Gloriette; la maison de campagne du Grand-Blottereau, en Doulon; le plan des immeubles de la rue Sully et de la place Louis XVI; enfin, le plan du quartier Graslin qu'exécuta son successeur Mathurin Crucy.

L'œuvre de ce dernier a de l'équilibre et une indiscutable harmonie. Elle est représentative de ce style pauvre, sec, froid, qui régna sous la Révolution et le Directoire, et qui ne vaut que par l'ensemble.

Crucy, 1er prix de l'Académie royale d'architecture en 1774, à 26 ans, revint à Nantes, sa ville natale, en 1780, et travailla sous les ordres de Ceineray, auquel il succéda deux ans plus tard comme architecte municipal. Il était donc particulièrement préparé à réaliser ses plans dans le nouveau quartier qui se créait à l'ouest des douves de Saint-Nicolas.

Un économiste de valeur, Graslin, avait pris l'initiative de fonder une société pour acquérir les terrains situés entre ces douves comblées (place Royale actuelle) et les bâtiments occupés par les Capucins. Ce fut l'occasion pour Ceineray et Crucy d'imposer les alignements et les façades aux propriétaires des maisons de rapport qui s'élevèrent rapidement le long de la rue Crébillon, autour de la place

Graslin et sur le cours Cambronne. Le style de Crucy est uniforme, sans aucun ornement, sans plate-bande; seule la corniche a de l'ampleur. On y sent une recherche de purisme, de correction poussée à l'extrême. Mais l'harmonie, quoique très discrète, en est très sûre. Il faut contempler dans leur ensemble la place Royale et la place Graslin (1788), pour comprendre l'art profond qu'elles décèlent. On n'y trouve aucune dissonnance.

Deux monuments surtout représentent le talent de Mathurin Crucy dans son goût exclusif du classique : le *Théâtre* (1788) et la *Bourse*, terminée en 1810. Une colonnade corinthienne pour le premier; ionique, et un peu lourde pour le second; pas de fronton. mais des statues debout sur l'attique du faîte; l'ordonnance en est noble sans être trop étriquée et a du caractère [1].

Cette architecture de la fin du XVIIIe siècle donne un nouvel aspect aux constructions nantaises; le cachet en est moins personnel et local que dans les œuvres de Ceineray et surtout de ses prédécesseurs. Néanmoins, elle est encore intéressante, car elle marque chez ceux qui l'ont conçue un souci raisonné des nécessités de l'esthétique urbaine dont le XIXe siècle fera si bon marché.

Marcel GIRAUD-MANGIN.

(1) Les autres œuvres principales de Mathurin Crucy sont : la Colonne Louis XVI (1790); l'Hôtel Montaudouin, sur la place Louis XVI, la Halle au Blé (devenue la Poste), le plan des façades du cours Cambronne.

APPENDICE

Liste des Architectes ayant exercé à Nantes au XVIIIe siècle.

ABEILLE DES FONTAINES, ingénieur et architecte de la ville; travaux pour l'amélioration de la Loire, 1738; pont de la Poterne, 1751; plan de canalisation de l'Erdre, 1749.

ARNAUDEAU (Claude), vivait en 1719.

ARNOUS (Nicolas), constructeur et architecte, vivait en 1736.

AURILLAUD (Guillaume), vivait en 1721-1722.

BACARIT (Claude), architecte à Paris, expert juré des bâtiments du roi, est chargé par M. Pépin de Bellisle de l'aménagement de la maison que ce dernier fait construire à Nantes en face le cours Saint-Pierre, sur les plans d'élévation de Ceineray.

BARTEAU (Jean), vivait au commencement du XVIIIe siècle.

BATY (Antoine), Me architecte, vivait en 1731.

BEDOY (Etienne), † 1719.

BÉGUYER DE CHAMPCOURTOIS (René-Louis-Maurice), né à Nantes, 1757 † 1817, architecte voyer en 1787.

BERNARD (Claude), Me sculpteur et architecte, 1687 † 1730.

BERRANGER (Louis), architecte voyer ou sous-ingénieur voyer, 1777-1792. Nombreux plans d'alignements; plans de maisons, quai de la Sauzaie, 1777; plan de la maison Goineau, quartier Graslin, 1778.

BERTHOUX, vivait en 1729.

BIRET (Pierre-Jean), né vers 1726 † 1790.

BLO (Charles), Me peintre et architecte, marché pour le maître autel de Vay (1730), et pour la décoration du chœur de la même église (1738).

BOFFRAND (Germain), né à Nantes, en 1667, † à Paris en 1754. Plans de l'hôtel Darquistade (?) et des lambris de la maison n° 70, quai de la Fosse (?).

BONET (Jean), vivait en 1774.

BONTOUX (Pierre), architecte voyer, entrepreneur des quais de Chézine, 1726-1734, expert des travaux du pont de Pirmil en 1741.

BOUYER (Nicolas), M[e] maçon et architecte. en 1736.

BOUNIN, commencement du XVIIIe siècle.

BOURMAUD (Mathurin), 1744-1758.

BRAY DE LA VALETTE (Pierre), « architecte et juré expert entrepreneur des bâtiments du roi », 1764-1780.

BRIAU (Etienne), architecte voyer, † 1782, entrepreneur des quais Brancas et de la Bourse, de 1736 à 1744.

BRISSON (Claude), 1745-1767.

BRUNET (Pierre), M[e] architecte en 1717.

CACAULT (François), architecte de la ville de 1740 à 1780. Auteur d'un plan de Nantes gravé en 1759.

CAILLAUD, 1738-1746.

CEINERAY (Jean-Baptiste), né en 1722 † 1811, architecte voyer de 1760 à 1780.

COURTONNE (Jean-Baptiste), fils de Jean Courtonne, architecte du roi et professeur à l'Académie royale d'architecture, vivait à Nantes en 1731.

CRUCY (Jean), architecte voyer, construit le pont Rousseau en 1777, sur les plans de Ceineray, et refit le pont Maudit en 1779.

CRUCY (Mathurin), né à Nantes en 1749 † 1826. Elève de Ceineray, puis à Paris de Boullée; 2e prix de l'Académie en 1773, 1er prix en 1774.

CRUCY (Antoine), fils de Mathurin, exerce en 1791.

DAVID (Mathurin), 1747.

DEMANGEAT (Nicolas), 1744-1755, construit une partie du quai d'Erdre.

DEMOLON (Jean-François), architecte voyer, 1783-1790, construit une maison à Mme Vve Barthélemy sur les douves Saint-Nicolas, 1789.

DENIGOT (Honoré), † 1731.

DESAGENEAUX, 1729-1755.

DESGODETZ (Antoine), né à Paris en 1653 † 1728, contrôleur et architecte des bâtiments du roi, fait un plan de réparation du pont de Pirmil en 1714.

DESPRÉS (Pierre), 1750-1767.

DOUILLARD (Julien-François), né en 1757, construit la halle au blé en 1787-1788, d'après les plans de Mathurin Crucy, et la maison Tarin dans le quartier de la place Royale.

DOUILLARD (François-Julien), Me architecte, 1757-1787.

DOUILLARD Pierre), 1731-1732, répare la prison du Bouffay.

DUBOIS, chargé d'une construction à l'hôpital du Sanitat en 1727.

DUGAST (Louis), 1780-1784.

DUVERNEUIL (Jacques-Nicolas), 1731.

FAVERY (Julien), 1742.

FLEURY (Jean), architecte et entrepreneur, 1723.

FOUIN (François), 1767.

GABRIEL (Jacques), né à Paris en 1667, + à Fontainebleau en 1742. Architecte et entrepreneur des bâtiments du roi, membre de l'Académie royale d'architecture, 1er ingénieur des Ponts et Chaussées du royaume. En dehors de ses fonctions et de ses constructions à Paris, il est très occupé en province, à Rennes (place du Palais, Hôtel de ville); à Lyon, La Rochelle, Orléans, Bordeaux, etc. A Nantes, il est consulté sur la reconstruction d'une partie du pont de Pirmil en 1727, 1738, 1741; sur les projets des quais de l'Ile Feydeau, du quai Brancas; vient à Nantes voir les travaux en cours, fournit les dessins du jardin de l'Hôtel de ville, 1727; donne son avis sur le pont de la Bourse, et la construction d'une seconde Bourse, 1728.

GAUTIER (Joseph), tailleur de pierre, entrepreneur, architecte, 1749-1796. Démolit les fondements de la tour des Espagnols et y construit sa maison en 1789.

GILLAIZEAU (Etienne), 1762-1775.

GROLEAU, 1767.

GUÉRIN (Louis), 1719-1729.

HÉNON (Antoine), né à Paris en 1748 + 1789, architecte, peintre et dessinateur, breveté de l'Académie royale d'architecture, est surtout connu par ses peintures et dessins (rues de Nantes). Construit l'autel de la chapelle de la Madeleine, à Nantes, en 1756.

HÉRAULT, 1745.

HÉRICÉ, 1744.

JARY (René), charpentier, architecte et entrepreneur, 1702-1745.

JOYAU (François), construit une maison, à la Bastille, en 1745.

LAILLAUD (Jean), tailleur de pierre, entrepreneur, puis ingénieur et architecte du roi. Adjudicataire des travaux du pont de Pirmil, 1711-1725; et du pont de la Bourse, 1714: est chargé de la construction de la nouvelle Bourse, 1723-1736.

LAILLAUD (Louis) son frère, avec qui il est associé dans la plupart des travaux, architecte de la ville, 1727-1778.

LAILLAUD (Joseph), 1767.

LANDA (Philippe-Joseph), † 1763 à 68 ans.

LANDAIS, architecte parisien, travaille sur l'île Feydeau au bâtiment de M. de la Villetreux en 1744.

LEFEUVRE (Jean-François), 1784.

LEFORT (Pierre), 1767-1784.

LEROY ou LERAY (Pierre), 1701-1720.

LESIRE (Jean), entrepreneur et architecte, 1714-1729. Meurt en 1730 à 53 ans.

MAILLART (Pierre), Me entrepreneur et architecte, 1734.

MAILLET (Pierre), 1748.

MARCHAIS (Alexis), 1769-1792.

MARCHAIS (Jean), 1729.

MARMAYOU (Jean), dit Bayonnais, adjudicataire de travaux aux Jacobins en 1744.

MARMAYOU (Louis-Olivier de), architecte de la maison Pineau et Pellerin, rue Saint-Clément, 1778-1779.

MAUJA (Nicolas de), adjudicataire des ouvrages pour l'ouverture du cimetière des étrangers de la religion réformée, au Marchix, 1739.

MINAUD (Louis), architecte et entrepreneur, 1744.

MINAUD (Pierre), 1758.

MOINARDEAU (Jean), architecte et entrepreneur, au commencement du XVIIIe siècle.

MOLLAY ou MOLLÉ (Julien), † 1719.

MOULINEAU (Jean), † 1729, entrepreneur des travaux des quais de Chézine avec Bontoux; expertise les réparations à faire au prieuré de Vertou.

NAGHEL (Pierre), construit plusieurs maisons place Royale, rue de Guérande et rue Contrescape, 1789.

OGÉE (Jean-Baptiste), né en 1728 † 1789, architecte, ingénieur des ponts et chaussées de Bretagne au département de Nantes, auteur du *Dictionnaire historique et géographique de la province de Bretagne* et de plusieurs cartes. Dresse les plans des quais du pont d'Aiguillon, 1759.

OGÉE (Jean-François), construit, avec Demolon, une maison à la dame Vve Barthélemy, place Saint-Nicolas, 1790.

PECCOT (Antoine), 1778-1790.

PERRAUDEAU (Etienne), vivait en 1724.

PERRAUDEAU (François), 1743-1781; construit en 1745 une maison à l'angle des rues du château et des chapeliers pour Me Blondeau de Rosangat, avocat. Architecte ordinaire du Chapitre, élève sur les plans de Ceineray, la maison n° 2, rue Sully.

PERRONNET (Jean-Rodolphe), ingénieur et architecte du roi, né à Suresnes en 1708 † à Paris en 1794. Visite les ouvrages de la Loire de Nantes à Paimbœuf, 17770; dresse un projet d'une ligne des ponts.

PINEAU, vivait en 1755, travaille au quai du Port-Communeau.

PINSONNIÈRE, vivait en 1734.

PIOU (Jacques), vivait en 1767-1769; remplace un moment Ceineray comme architecte voyer.

PIPAUD, vivait en 1767.

POITEVIN, architecte et ingénieur ordinaire du roi, vivait en 1709.

PORTAIL (Jacques), 1733. Plan d'un appartement dans la grande salle de la Bourse en 1722. Travaille aux quais de Chézine en 1726.

PORTAIL (Nicolas), architecte voyer, 1767. On lui doit de nombreux plans d'alignements dans divers quartiers, la reconstruction de la chapelle Saint-Saturnin, 1753. Relevé de ses fonctions, sur l'ordre du duc d'Aiguillon en 1760, il est remplacé par Ceineray.

RAINARD (Nicolas), 1740-1753.

RENAUDEAU (Claude), entrepreneur, 1720.

RENAUDIN (Laurent), Me maçon et architecte en 1734.

RETEAU DU FRESNE (Jean), † 1718.

ROUSSEAU (Joseph), vivait en 1750.

ROUSSEAU (Pierre), architecte, 1747-1777, concessionnaire de quatre emplacements sur l'île Feydeau, où il construit de remarquables édifices; auteur d'un plan de Nantes (1756-1760); et d'un projet d'alignement pour la rue d'Aiguillon (à travers les douves Saint-Nicolas (1756). Il ne faut pas le confondre avec son fils, Pierre, né en 1751, qui eut une brillante carrière à Paris.

ROUSSEL (François), 1712-1722, architecte de la ville en 1714; fait en 1711 un plan géométral des environs de Nantes; de 1712 à 1714, travaille avec Laillaud au pont de Pirmil; en 1720, présente un devis des réparations des ponts; en 1721, expertise les propriétés de la Cie des Indes à Nantes; en 1722, fait un devis pour les réparations de la cure de Château-Thébaud.

SEBOIS (Pierre), † 1779 à 94 ans.

SÉHEULT (Michel-André, Michel-Robert, Robert), famille d'architectes qui exercent à Nantes dans le cours du XVIIIe siècle. Robert répare en 1787 le chœur de l'église Saint-Nicolas, construit avec Gauthier une maison, place Royale, en 1789.

SERVIN ou SERVAN (Pierre), bâtit une maison près de la Glacière, sur les fossés Saint-Nicolas en 1745.

THÉVENON, architecte et ingénieur; chargé de 1711 à 1719 de la surveillance et réparations des ponts de la Loire.

THIERRY (Urbain), vivait en 1711.

VIGNY (Pierre DE), né à Saumur, étudie à l'Académie royale en 1723. En 1725 est à Nantes, où il a dû s'occuper de construire dans les nouveaux quartiers des maisons que nous n'avons pu identifier. En 1755 dresse, à Paris, un plan de la ville de Nantes, qui lui est payé 2.400 l.; est aussi l'auteur d'un « Mémoire concernant les commodités et la décoration de la ville de Nantes ». En 1758, se trouve à Rennes lors de l'entrée de la duchesse d'Aiguillon. On pense qu'il fournit au sculpteur Gervais les dessins des arcs de triomphe. Architecte du duc d'Orléans, il quitte la France pour aller à Constantinople où il élève le palais de l'ambassade de France. Mort en 1773.

BIBLIOGRAPHIE

Archives municipales de Nantes, *passim.*

TRAVERS, *Histoire de Nantes*, Nantes, 1836-1841, 3 vol.

Nantes et la Loire-Inférieure, Nantes, 1850-1851, t. 1er.

Marquis DE GRANGES DE SURGÈRES, *Les Artistes nantais*, Paris, 1898.

J. FURRET et D. CAILLÉ, *Nantes ancien; Maîtres d'œuvres et artisans* (Bull. de la Soc. archéol. de Nantes, 1910).

L'Architecture de Philibert DE L'ORME, Paris, 1576.

BEAUCHAL, *Nouveau Dictionnaire des Architectes Français*, Paris, 1887.

DUBUISSON-AUBENAY, *Itinéraire de Bretagne en 1636*, publié par Léon Maître et Paul de Berthou (Archives de Bretagne, t. X). — Nantes, Société des Bibliophiles bretons.

LA NICOLLIÈRE, *Essai historique sur la maison de Derval, Hôtel de Ville* (Bull. de la Société archéol. de Nantes, 1899).

J.-C. RENOUL, *L'île Feydeau* (Ann. de la Soc. Acad. de Nantes, 1861); *Ceineray* (*id.*, 1862 ; *Les quais Brancas et Flesselles* (*id.*, 1861); *Le quai et le port Maillard* (*id.*, 1863); *Les cours Saint-Pierre et Saint-André* (*id.*, 1860); *Graslin et le quartier de Nantes qui porte son nom* (1860).

M. GIRAUD-MANGIN, *Le Style Louis XV à Nantes, architecture et décoration*. — Paris, Massin, 1924, album de 36 planches in-f°.

REMARQUES
SUR
LA MISÈRE, LA MENDICITÉ ET L'ASSISTANCE
EN BRETAGNE
A LA FIN DE L'ANCIEN RÉGIME

Pour se rendre compte un peu nettement de la misère et de la mendicité dans la période qui précède la Révolution, il convient de distinguer essentiellement les campagnes et les villes.

I

Considérons d'abord les campagnes. Peut-on se faire une idée un peu précise du nombre des pauvres, de la proportion de ce nombre avec la population totale ? Les documents ne nous fournissent, à cet égard, que des données tout à fait approximatives. Le nombre des pauvres varie, d'ailleurs, suivant les régions, les localités, suivant les époques aussi, et nos renseignements sont surtout abondants pour les périodes de crises, qui ont provoqué de préférence les enquêtes de l'administration.

Les documents les plus sûrs sont peut-être les rôles de la capitation, qui indiquent souvent le nombre des habitants trop peu aisés pour payer l'impôt. Les rôles de la capitation de 1745 et de 1750, par exemple, — et en particulier les rôles de l'évêché de Saint-Malo et de l'évêché de Tréguier, — nous montrent que, dans bien des paroisses, on compte

100, 200 pauvres, parfois plusieurs centaines. Dans un groupe de dix paroisses de l'évêché de Tréguier, le total des habitants soumis à la capitation n'est que de 1580, tandis que le total des chefs de familles trop pauvres pour acquitter l'impôt s'élève à 1788 (1). Dans l'évêché de Rennes, la proportion des pauvres est moins forte. Ainsi, en 1783, à Feins, on compte 40 pauvres contre 216 contribuables, soit environ 1/5e de la population ; à la Chapelle-Erbrée, 30 pauvres contre 165 contribuables, soit 1/6e ; à Bâzouges-sous-Hédé, 12 pauvres contre 219 contribuables, soit 1/18e (2). Les cahiers de la sénéchaussée de Rennes, qui évaluent à un tiers de la population rurale le nombre des indigents, ont sans doute forcé la note (3).

Par contre, dans l'évêché de Léon, la proportion des pauvres est forte, dans la plupart des paroisses de campagne, comme le montre l'enquête ordonnée, en 1774, par l'évêque de Quimper, Mgr de la Marche (4).

Aux époques de crises, le nombre des pauvres s'accroît énormément, et ces crises deviennent fréquentes surtout à la fin de l'Ancien Régime, et particulièrement de 1770 à 1775, en 1785-1786, en 1789. Ainsi, en 1772, dans une paroisse voisine d'Antrain, qui a 1.700 habitants, le nombre des pauvres s'élève à 1.200 ; à Derval, sur 1.400 communiants, on compte 600 mendiants ; à Saint-Philbert de Grandlieu, « le nombre des pauvres est si grand qu'on peut

(1) Arch. d'Ille-et-Vilaine, C 4073, 4109. Cf. H. Sée, *Les classes rurales en Bretagne du XVIe siècle à la Révolution*, Paris, 1906, pp. 469-470.

(2) Arch. d'Ille-et-Vilaine, C 1293.

(3) Voy. E. Dupont, *La condition des paysans dans la sénéchaussée de Rennes*, 1901 (extr. des *Annales de Bretagne*), p. 46 ; H. Sée et A. Lesort, *Cahiers de doléances de la sénéchaussée de Rennes*, passim.

(4) Abbé L. Kerbiriou, *Jean-François de la Marche, évêque comte de Léon*, 1924, pp. 148 et sqq. — Il serait intéressant pour toute la Bretagne de retrouver les résultats de l'enquête ordonnée, en 1790, par le Comité de mendicité de la Constituante (voy. H. Prentout, *Les tableaux de 1790 en réponse à l'Enquête du Comité de Mendicité*, dans le *Bulletin d'histoire économique de la Révolution*, année 1913, pp. 275 et sqq.). Nous venons, pour le département du Finistère, d'entreprendre cette étude, qui doit être publiée dans le *Bulletin d'histoire économique de la Révolution*.

dire cette paroisse ruinée...; la plupart des paysans ont vendu leur petit domaine [5] ». A Coesmes, en 1775, sur 1.000 communiants, le recteur compte 400 mendiants (en y comprenant les enfants), tandis qu'il y a quinze ans, on n'en trouvait seulement que deux; à Chanteloup, à la même date, le recteur déclare qu'il y a 80 ménages de pauvres; à Vern, on compte 200 pauvres, tandis qu'autrefois, il n'y en avait qu'un seul; à Saint-Grégoire, 200 indigents. A Bédée, sur 1.300 habitants, il n'y a pas 30 chefs de ménage en état de donner l'aumône; le nombre de mendiants augmente constamment : 20 à 30 familles sont obligées de recourir à l'aumône; enfin, « la moitié de la paroisse n'a pas de pain sec [6] ». En 1785, à Cesson, on compte 300 pauvres; à Vern, 300; à Goven, 600; à Mordelles, 800; à Guichen, 2.000 [7]; à Chelun, sur 800 communiants, en 1785, il y a 200 pauvres, « sans compter ceux qui vont se trouver dans la nécessité de mendier cet hiver [8] ». Un *Etat de la subdélégation de Pontchâteau*, de 1774, estime que, sur les 16 paroisses de la subdélégation, il en est 5 très pauvres, où le quart de la population est réduit à la mendicité, 7 où les pauvres sont assez nombreux, 4 seulement où il y en a très peu [9].

La Basse-Bretagne semble contenir encore plus de pauvres que la Haute-Bretagne. Ainsi, dans le Léon, 17 paroisses de la côte ne peuvent guère vivre que de la récolte du goémon, qu'elles vendent comme engrais aux paysans de l'intérieur; les recteurs s'élèvent très vivement contre la déclaration du 30 octobre 1772 [10], qui limite cette

(5) Arch. d'Ille-et-Vilaine, C 1293.

(6) *Ibid.*, C 1294.

(7) *Ibid.*, C 1747.

(8) *Ibid.*, C 3912. — Sur la misère produite par la crise de 1785, cf. une lettre très frappante de Vautenet à Anneix de Jouvenel, du 24 décembre 1785 (Arch. Nat., H 556);

(9) Arch. d'Ille-et-Vilaine, C. 1293.

(10) Antoine FAVÉ, *Les faucheurs de la mer en Léon* (*Bulletin de la Société archéologique du Finistère*, 1906, t. XXXIII, p. 95-145).

récolte aux trois premiers mois de l'année. A Cléder, en 1775, la paroisse doit faire la charité à 500 pauvres [11].

II

Il apparaît clairement que les pauvres et les mendiants se recrutent surtout dans la classe des journaliers agricoles. Ces journaliers paraissent avoir été nombreux en Bretagne au XVIIIe siècle. Sans doute, on peut citer comme des cas exceptionnels ceux de la paroisse de Saint-Léry (sénéchaussée de Ploërmel), où « la plus grande partie des ménages, au dire du cahier, se compose de gens de journées », de Vern, où l'on compte 300 journaliers pour 200 propriétaires, de la subdélégation de Corlay, où les deux tiers de la population se composent de travailleurs agricoles, ou encore de la subdélégation du Croisic, où les journaliers forment la moitié des habitants. Mais, fort souvent, c'est un quart ou un cinquième de la population qui travaille à la journée [12] : proportion encore notable.

Il faut considérer que ces journaliers n'ont aucune sorte de propriété ou, tout au plus, d'infimes parcelles de terre, qu'ils n'ont d'autre ressource que le travail de leurs bras. Or, leurs salaires sont généralement très faibles : ils ne dépassent pas 8 ou 10 sous en Haute-Bretagne, ne s'élèvent guère à plus de 6 sous en Basse-Bretagne. Il y a bien eu une hausse, à la fin du XVIIIe siècle, mais qui a été beaucoup moins considérable que la hausse des prix, comme les contemporains le remarquent [13].

(11) Arch. d'Ille-et-Vilaine, C 1294.

(12) H. SÉE, *op. cit.*, pp. 206 et sqq., LETACONNOUX, *Les subsistances et le commerce des céréales en Bretagne au XVIIIe siècle*, Rennes, 1909. — Dans le nord de la France, le nombre des paysans, dénués de toute propriété est encore plus considérable; voy. G. LEFEBVRE, *Les paysans du Nord pendant la Révolution*, 1924, pp. 44 et sqq.

(13) H. SÉE, *op. cit.*, pp. 309-310. — Lavoisier (*Richesse territoriale de la France*, 1791) remarque que les journaliers ne disposent que de 60 à 70 l. par personne, alors qu'un revenu de 117 livres devrait être considéré comme le *minimum*.

Ces journaliers, dénués à peu près de toute propriété, doivent souffrir plus que les autres campagnards des crises, qui ont pour effet de doubler, de tripler même les prix des denrées nécessaires à la vie, comme ce fut le cas notamment en 1772. Et la crise aggrave encore leur situation, par le fait que les fermiers prennent le parti, dans les mauvaises années, de ne pas employer de travailleurs à la journée [(14)] ou de ne les occuper que de la fin de juillet à la Toussaint [(15)]. Voilà donc des paysans qui sont réduits à la misère et à la mendicité : les subdélégués et les recteurs surtout en font la remarque. La misère atteint même les petits propriétaires, qui parfois sont obligés de vendre leur bien à vil prix. Ainsi, aux époques de crise, nombreux sont les paysans qui manquent totalement de pain [(16)].

En Basse-Bretagne, ce sont les abus mêmes du domaine congéable qui obligent souvent les domaniers à se passer du travail des ouvriers agricoles, comme le remarquent beaucoup de recteurs en 1774 et 1775. Les rentes convenancières sont trop élevées ; les domaniers sont donc « obligés de vendre leurs denrées par un temps désavantageux pour payer leurs seigneurs et d'en acheter celles qui sont nécessaires à la vie, à grands frais depuis mai jusqu'à la récolte [(17)] ». Le seigneur les contraint aussi à donner des « doubles, triples, quadruples commissions [(18)] ». La conséquence, c'est que les cultivateurs ne peuvent prendre les journaliers et domestiques qui leur seraient nécessaires : « ils aiment mieux faire tout l'ouvrage par eux-mêmes, tant

(14) H. Sée, *op. cit.*, pp. 475 et sqq.

(15) Comme le remarque le recteur de Bédée, en 1775 (Arch. d'Ille-et-Vilaine, C 1294).

(16) H. Sée, *op. cit.*, p. 478.

(17) Lettre du recteur de Gouesnou, 1774 (Ant. Favé, *Misère et miséreux au pays de Léon*, dans le *Bulletin de l'Association bretonne*, an. 1905, pp. 280-281). Voy. aussi L. Kerbiriou, *op. cit.*

(18) Lettre du recteur de Plouzévédé, du 9 janvier 1775 (Arch. d'Ille-et-Vilaine, C 1294).

bien que mal, que de prendre des journaliers dont ils pensent que la nourriture leur coûterait trop cher [19] ».

On peut donc conclure avec un subdélégué, en 1770, que les mendiants de la campagne ne mendient que « faute de trouver de l'ouvrage [20] ». Les journaliers, qui parviennent à peu près à vivre lorsqu'ils ont du travail, sont précipités dans la misère, dès qu'ils sont obligés de chômer. On voit aussi que les paysans pauvres sont souvent exploités durement par les cultivateurs aisés. La lettre du recteur de Mouazé, Gaultier, en 1775, est, à cet égard, bien caractéristique :

« Les fermiers que la cherté des grains a mis à leur aise ne veulent vendre leur grain que quand il est au plus haut prix, et, même dès la récolte, ils font encore renchérir des grains; il n'y a point de police en campagne; ainsi, ceux qui ont de l'aisance oppriment les pauvres. Tant que ce monopole régnera, le grain sera très cher et les pauvres se multiplieront... Les gens de la campagne sont durs et n'aident pas même leurs frères et sœurs quand ils sont dans la misère » [21].

Dans les campagnes voisines des ports de mer, surtout de Brest et de Lorient, la misère est souvent causée par le retour aux champs des ouvriers qui ne trouvent plus à s'employer aux armements. C'est ce que constatent les recteurs des environs de Brest, notamment ceux de Quilbignon, de Saint-Renan, de Guilers; les ouvriers du port sans emploi habitent ces paroisses, mais ne peuvent trouver d'ouvrage aux champs ou ne veulent plus y travailler; à Quilbignon, on compte 123 ménages indigents contre 92, qui sont à peu près à l'aise [22]. Le subdélégué de Landerneau écrit, en 1770 [23] :

(19) Lettre de Blouch, recteur de Plounéour, 23 décembre 1774 (Arch. d'Ille-et-Vilaine, C 1294). Cf. FAVÉ, *op. cit.*, passim. — Sur ces questions, voy. Léon DUBREUIL, *Les vicissitudes du domaine congéable pendant la Révolution*, 2 vol., 1915-1916 (Coll. des Documents économiques de la Révolution).

(20) Arch. d'Ille-et-Vilaine, C 1293.

(21) *Ibid.*, C 1294.

(22) FAVÉ, *Misère et miséreux*, loc. cit., pp. 277 et sqq.; cf. KERBIRIOU, *op. cit.*

(23) Arch. d'Ille-et-Vilaine, C 1293.

« Depuis la cessation des travaux des grandes routes et autres travaux publics et le défaut d'armement dans les ports, surtout à Brest et à Lorient, le nombre des mendiants a triplé dans les campagnes ».

Le subdélégué de Lorient écrit, en 1774, que 8 paroisses de campagnes voisines de la ville sont surchargées de mendiants, qui souvent sont tombés dans la misère depuis la chute de la Compagnie des Indes, en 1769 : « ils ravagent les campagnes en y coupant les arbres par pieds et à mains armées ils s'attroupent, maltraitant les paysans; ils préfèrent ce brigandage au travail qui leur a été offert pour les armements particuliers au port de Brest [24] ».

Que conclure de ce qui précède ? C'est qu'en Bretagne, au XVIIIe siècle, les pauvres sont vraiment nombreux dans les campagnes, qu'une partie notable de la population, ne vivant que d'une façon précaire, est à la merci d'une mauvaise récolte ou d'une année de chômage, et que la pauvreté se transforme rapidement en misère. C'est là un fait qu'on peut observer, à la même époque, dans toutes les régions de la France [25].

III

Dans les villes, on constate aussi l'existence de nombreux pauvres. La misère apparaît surtout dans les grandes villes comme Brest et Rennes. — A Brest, ou plutôt à Recouvrance, les ouvriers du port vivent au jour le jour, n'ont de travail que pendant la moitié ou le tiers du mois et reçoivent leur paie d'une façon irrégulière; beaucoup d'entre eux se trouvent dans une situation voisine de la misère [26]. A Rennes, les pauvres sont plus nombreux encore. Il en vient une infinité, déclare un mémoire postérieur à 1763. « non

(24) *Ibid.*, C 1293.

(25) Camille Bloch, *L'assistance et l'Etat en France à la veille de la Révolution*, Paris, 1908, pp. 14 et sqq.; G. Lefebvre, *op. cit.*, pp. 292 et sqq.

(26) Lettre du subdélégué de Brest (Arch. d'Ille-et-Vilaine, C 1293).

seulement de tous les endroits de la province, mais encore de celles de la Normandie, du Maine et de l'Anjou et autres provinces du royaume ». Beaucoup d'entre eux se livrent à la mendicité, dans les rues, aux portes des églises, et les établissements d'assistance sont incapables de secourir tous les invalides. D'ailleurs, ajoute le mémoire, « beaucoup de personnes de famille, dont le nombre est plus considérable qu'on ne saurait s'imaginer, par un point d'honneur mal entendu, par honte ou par prévention, préféreraient la mort aux secours qu'ils recevraient dans les hôpitaux [27] ». — Il semble que, parmi les 30 ou 32.000 habitants de Rennes, 5.000 environ sont trop pauvres pour être imposés à la capitation, et, parmi les capités eux-mêmes, se trouvent de nombreux porteurs, portefaix, tisserands, manœuvres, ravaudeuses, « herbières » ou marchandes de légumes, petites marchandes de pain ou de tabac, dont la condition est voisine de la misère. D'ailleurs, les compagnons de métiers eux-mêmes n'ont que des salaires bien faibles, qui ne dépassent guère 12 ou 15 sous par jour: le moindre chômage ou la hausse du prix des vivres peut les mener aux confins de la misère [28]. A Vitré, où les trois quarts de la population se composent d'artisans, la crise, qui porte sur l'industrie des bas et des toiles depuis 1755, a produit une atroce misère que décrit d'une façon émouvante le subdélégué Thomas de la Plesse : beaucoup de ces pauvres, couverts de haillons, logés dans des taudis, meurent de faim [29].

A Morlaix, le recteur de Saint-Martin, comme le subdélégué, attribue le grand nombre de pauvres à la faiblesse des salaires : les ouvriers de la manufacture des tabacs ne

(27) Arch. d'Ille-et-Vilaine, C 1286.

(28) Voy. H. SÉE, *La population et la vie économique de Rennes vers le milieu du XVIIIe siècle d'après les rôles de la capitation* (*Mémoires de la Société d'histoire de Bretagne*, 1923).

(29) Voy. plus loin l'Appendice. — Le subdélégué de Vitré, Thomas de la Plesse, déclare en 1767, que les marchands de draps, de toile, d'épiceries, de mercerie sont à l'aise, « quoique le commerce de cette ville soit peu considérable, en raison du peu d'aisance des habitants (Arch. d'Ille et Vilaine, C 1450).

reçoivent, déclarent-ils, que 7 à 8 s. par jour [30]. Le subdélégué remarque aussi que la manufacture « fait périr une infinité d'ouvriers, dont les veuves et les enfants augmentent après leur mort le nombre des pauvres de la ville [31] ». A Pontivy, à Vannes, à Saint-Malo, on signale l'existence d'un grand nombre de pauvres [32]. A Fougères et à Vitré, comme à Rennes, une grande quantité de pauvres viennent des provinces voisines, de la Normandie, du Maine et de l'Anjou « comme dans leur lieu d'assemblée le plus proche, les uns pour s'y habituer, les autres pour se répandre dans les autres villes et la campagne [33] ».

Il semble bien, en effet, qu'une bonne partie des pauvres des villes sont originaires de la campagne. Le subdélégué de Landerneau, en 1765, nous explique très nettement l'une des causes de cet exode [34]. Dans chaque paroisse, dit-il, on trouve des *chambriers*, c'est-à-dire des cultivateurs qui « n'ont aucune terre en ferme, qui n'ont pas les moyens de tenir un ménage de campagne ». Cependant, « on les a augmentés dans les rôles de la capitation pour pouvoir leur donner une tâche sur les grands chemins ». C'est alors qu'ils se sont réfugiés dans les villes, « où ils ont pris le parti de mendier ou d'y faire au plus quelque médiocre travail ». Lorsqu'ils vont travailler à la campagne, ces déracinés demandent « le salaire donné à l'artisan ou ouvrier des villes, ou bien ils aiment mieux rester dans l'oisiveté ».

(30) FAVÉ, *Misère et miséreux...*, loc. cit., pp. 285-287. — Cette assertion est démentie par les rôles de la capitation de Morlaix, qui montrent que les ouvriers les moins payés reçoivent 10 sous et notent que d'assez nombreux ouvriers ont des salaires de 15, 14, 13, 12 et 11 sous

(31) Lettre de 1765 (Arch. d'Ille-et-Vilaine, C 1292).

(32) *Ibid.*, C 1292. Cf. F. LE LAY, *Histoire de la ville et municipalité de Pontivy au XVIIIe siècle*, Paris, 1911, pp. 265 et sqq.; H. SÉE, *La vie économique et les classes sociales à Saint-Malo à la veille de la Révolution* (*Revue internationale du commerce*, sept. 1924).

(33) Lettre des commissaires du bureau de l'hôpital général de Fougères (*Ibid.*, C 1292). Un état des métiers de Vitré, de 1750, déclare que les pauvres du Maine et de l'Anjou « viennent se jeter à Vitré, où ils augmentent le nombre des misérables » (*Ibid.*, C 1447).

(34) *Ibid.*, C 1292.

Ainsi, on peut se convaincre que la misère est plus forte et plus fréquente dans les campagnes que dans les villes, au XVIIIe siècle. Les conditions de vie, à tous les points de vue, y sont plus mauvaises. Bagot, dans ses *Observations médecinales*, remarque que les épidémies sont plus fréquentes et plus meurtrières dans les campagnes de l'évêché de Saint-Brieuc que dans la capitale du diocèse [35], et les documents recueillis par Ant. Dupuy dans son étude sur les *Epidémies en Bretagne au XVIIIe siècle* [36] confirment cette assertion. D'ailleurs, ces épidémies, si fréquentes à cette époque, contribuent à faire affluer dans les villes les pauvres de la campagne. Dès 1720, en ce qui concerne Rennes, on le constate [37] :

« Les maladies populaires de cette année, qui ont affligé particulièrement cette province, ont augmenté si considérablement le nombre des pauvres que, dans les rues, dans les places, dans les maisons et même dans les églises, on s'y trouve assiégé d'une manière si importune qu'on ne peut trop penser aux moyens de s'en délivrer ».

C'est de pauvres de la campagne que sont formées surtout ces bandes de vagabonds qui parcourent les routes, en tous sens. On remarque souvent que ce sont les villes situées sur les grandes routes qui sont la proie des mendiants et des vagabonds. A Châteaulin, déclare-t-on, « il en vient de toutes parts, parce que nous sommes sur la grande route de Quimper à Brest »; à Châteauneuf, près de Saint-Malo, c'est une « continuelle procession » de vagabonds; de même à Landerneau, à Hédé, parce que ce sont des lieux de passage. Au contraire, à Combourg, à Gourin, au Croisic, éloignés des grandes routes, on remarque qu'il ne se trouve, pour ainsi dire, aucun mendiant étranger à la localité [38].

(35) Arch. des Côtes-du-Nord. — Voy. mon étude, *La santé publique dans le diocèse de Saint-Brieuc, d'après les « Observations médecinales » de Bagot* (Comité des Travaux historiques, section d'histoire moderne et contemporaine, notices et documents, fasc. VIII, 1924).

(36) *Annales de Bretagne*, t. I III.

(37) Arch. d'Ille-et-Vilaine, C 1289.

(38) *Ibid.*, C 1289.

Ces vagabonds, ces mendiants professionnels pillent les champs, détroussent les voyageurs, terrorisent les habitants des fermes et des hameaux [39]. Le fléau ne fait que s'aggraver dans la seconde moitié du siècle [40] ; les cahiers de paroisses de 1789 ne cessent de s'en plaindre, demandent que le gouvernement prenne des mesures efficaces pour faire disparaître la mendicité et le vagabondage [41].

IV

On se rend compte, en effet, que la charité privée est impuissante à soulager la misère [42]. Les propriétaires nobles ne s'acquittent que très mollement de leurs devoirs de charité. Les décimateurs ecclésiastiques ne secourent que bien peu les pauvres, comme le remarquent les subdélégués de l'intendant et les recteurs [43], comme le font observer les cahiers de paroisses de 1789 [44].

Dans les campagnes, au moyen âge, on constatait l'existence d'un assez grand nombre d'hôpitaux et d'aumôneries. Mais la plupart ont disparu au XVIe siècle; dans les régions de Rennes, Fougères et Vitré, il ne subsiste plus au XVIIIe siècle que trois hôpitaux, à Hédé, à Vezin et à Chan-

(39) *Ibid.*, C 1289.

(40) *Ibid.*, C 1293; cf. CORRE et AUBRY, *Documents de criminologie rétrospective*, Lyon, 1895.

(41) H. SÉE, *op. cit.*, pp. 486-487. — En 1778, l'évêque de Rennes, Bareau de Girac, dans sa lettre aux recteurs, dit : « [grâce aux bureaux d'aumônes] la tranquillité sera rendue aux campagnes; elles ne seront plus infestées par la multitude d'étrangers et de gens sans aveu, qui répandent chez le fermier et le laboureur l'alarme et la terreur » (P. DELARUE, *Une tentative de Mgr de Girac pour organiser les bureaux de charité*, *Annales de Bretagne*, t. XXIII, pp. 23-24).

(42) Pour l'histoire de l'assistance, une source très importante, ce sont les Archives hospitalières; elles n'ont été encore que très peu explorées.

(43) Arch. d'Ille-et-Vilaine, C 1294, 1364, 1371; DUPUY, *op. cit.*, loc. cit., t. II, pp. 218 et sqq. — Le recteur de Saint-Aubin-du-Pavail, en 1770, déclare que, réduit à sa portion congrue, il ne peut rien pour les pauvres et « qu'il n'a jamais ouï dire que les Bénédictins de Marmoutier, gros décimateurs de sa paroisse, leur aient jamais fait du bien » (Arch. d'Ille-et-Vilaine, C 1292).

(44) Voy. H. SÉE et A. LESORT, *op. cit.*, passim, et E. DUPONT, *op. cit.*, pp. 46-47.

tepie, n'ayant que des revenus dérisoires (500, 78 et 400 l.), et qui, au moment où éclate la Révolution, n'hospitalisent plus aucun malade [45]. Les fondations charitables des paroisses rurales sont peu nombreuses : dans les pays de Rennes, Fougères et Vitré qui comprennent 129 paroisses, 52 d'entre elles seulement en possèdent, et elles ne jouissent que d'un revenu total de 7.500 l., tout à fait insuffisant pour assurer de maigres aumônes. Depuis 1770, on ne peut noter que deux fondations, et encore sont-elles urbaines : l'hospice de la Piltière, à Rennes, établi par l'abbé Carron, pour l'assistance des vieillards, et la maison de la Providence, à Fougères [46].

Dans les villes qui, en général, possèdent chacune un Hôtel-Dieu, les hôpitaux sont mieux pourvus en biens-fonds, en rentes mobilières, en dons volontaires, mais les ressources ne suffisent pas pour l'hospitalisation des malades, comme le prouvent notamment les enquêtes de 1723 et de 1752. Et, s'ils contribuent, dans une certaine mesure, au soulagement des malades, c'est surtout grâce aux services que lui rendent certaines communautés religieuses, qui les desservent.

La grande préoccupation de l'administration royale, c'est toujours la répression de la mendicité. Dès le règne de Louis XIV, elle avait prescrit d'enfermer les mendiants et vagabonds dans des *hôpitaux généraux*, où on les astreignait au travail: la déclaration de 1724 réédita les mesures prises au XVIIe siècle. On installa, en fait, des hôpitaux généraux dans la plupart des villes; mais leurs ressources étaient tout à fait insuffisantes, et ils ne purent contenir qu'une faible partie des professionnels de la mendicité [47].

(45) Voy. A. REBILLON, *La situation économique du clergé à la veille de la Révolution dans les districts de Rennes, Fougères et Vitré* (Coll. des documents économiques de la Révolution), Rennes, 1913, Introduction, p. CXIII.

(46) *Ibid.*, pp. CXVIII-CXIX. — Même observation pour le pays de Léon; cf. L. KERBIRIOU, p. 169.

(47) A. REBILLON, *op. cit.*, pp. CXIII. Cf. aussi Léon MAITRE, *L'assistance publique dans la Loire-Inférieure avant 1789*, Nantes, 1880; H. SÉE et A. LESORT,

La création des dépôts de mendicité ne fut guère plus efficace. Au début de 1767, on en établit quatre en Bretagne (à Rennes, Nantes, Vannes et Quimper), et, dès le commencement, en 1767, on opéra la capture des vagabonds. La Bretagne aurait dû donner pour ces dépôts une somme de 80.000 l. (48). En fait on dépensa 68.263 l. en 1768 et 72.926 l. en 1769. Puis le gouvernement prit le parti de réclamer aux Etats une somme fixe. Ceux-ci, après s'y être refusés, consentirent en 1772 à faire un fonds de 50.000 l., voté pour deux ans, et le fonds continua à être accordé, parfois non sans peine; cependant, en 1776, les Etats n'acceptèrent pas l'offre que leur faisait le gouvernement de se charger eux-mêmes de l'entretien (49). D'ailleurs, à plusieurs reprises, ils font une critique très vive de l'institution : en 1776, ils déclarent que les dépôts ont été inefficaces et que « la province n'est pas moins accablée de pauvres ». En 1786, critiques encore plus vives, que l'intendant prétend avoir aisément réfutées (50). En réalité, il semble bien que les dépôts de mendicité ne soient pas parvenus à remédier à la mendicité et au vagabondage.

Nul document, d'ailleurs, ne montre mieux la faillite de

op. cit., passim; B. POCQUET DU HAUT-JUSSÉ, *Les communautés de femmes à Rennes aux XVIIe et XVIIIe siècles* (*Annales de Bretagne*, t. XXXI et XXXII). — M. René Durand montre que l'hôpital général de Tréguier, en 1749, n'avait qu'un revenu de 1391 l. (*L'Hôpital général de Tréguier au XVIIIe siècle*, *Mém. de la Société d'Emulation des Côtes-du-Nord*, 1923) Cf. du même, *L'Hôtel-Dieu de Tréguier* (*Ibid.*, an. 1913).

(48) Les pays de généralité, payant pour les dépôts de mendicité 3 deniers pour livre de la taille (c'est-à-dire 800.000 l.), la quote-part des pays d'Etats aurait dû être de 400.000 l. et celle de la Bretagne, de 80.000 l.

(49) Sur ce qui précède, voy. un Mémoire pour le premier commis du Contrôleur général, du 9 juillet 1770 (Arch. Nat., H 374).

(50) Voy. une lettre de l'intendant, Caze de la Bove, au Contrôleur général, du 18 août 1776 (*Ibid.*, H 372) et la Correspondance des Etats (*Ibid.*, H 417 et 418). En 1786, la commission des finances des Etats avait été d'avis de refuser le fonds; l'Eglise est d'avis de l'accorder, mais demande que l'administration des dépôts soit confiée à un bureau, comme celle de l'Hôpital général, ainsi qu'à des prêtres et à des religieuses. Le 16 novembre 1786, on donne lecture aux Etats d'un règlement élaboré par le gouvernement pour l'administration des dépôts de mendicité (*Ibid.*, H 417). Les données précédentes sur les dépôts de mendicité nous ont été fournies par M. A. Rebillon; nous tenons à l'en remercier.

l'assistance sous l'ancien régime qu'un mémoire sur l'assistance de Rennes, postérieur à 1763 [51]. L'Hôtel-Dieu, nous dit-il, ne contient que 61 lits pour les hommes et 64 pour les femmes; il n'a pas de salle particulière pour les femmes en couches. L'hôpital général, en 1764, n'avait que 34.610 l. de revenus et ses dépenses s'élevaient à 40.990 l.; en 1763, il était « hors d'état de fournir aux besoins les plus pressants »; or, il avait la charge, non seulement des pauvres valides, qu'on y enfermait, mais des enfants abandonnés. Seule, la *marmite des pauvres*, tenue par les Filles de la Charité, rend de sérieux services [52]. On est donc obligé de laisser libre cours à la mendicité, en se contentant de la soumettre à une certaine réglementation :

« On a distribué à chaque pauvre des boîtes ou troncs de fer blanc avec des numéros et armes de la ville; on désigne à chacun des portes d'église ou des quartiers pour recevoir des charités dans leur boîte avec défense de quêter dans les églises, dans les rues et dans les maisons. On renferme dans un tour les mauvais pauvres, les étrangers et vagabonds. Au surplus, chaque directeur a l'inspection d'un quartier de la ville et des faubourgs; ils examinent avec la plus grande attention l'état des pauvres; ils ont le chagrin de voir qu'on ne peut pas recevoir aux hôpitaux la dixième partie de ceux auxquels une extrême misère sans la moindre ressource donne le droit d'y entrer, car il y a dans la ville une multitude de mendiants et peut-être plus encore de pauvres honteux » [52 bis].

(51) Arch. d'Ille-et-Vilaine, C 1286. — A Troyes, vers la fin de l'Ancien Régime, l'assistance semble organisée d'une façon bien plus satisfaisante; voy. à ce sujet la thèse d'Emile CHAUDRON, *L'assistance publique à Troyes à la fin de l'Ancien Régime et pendant la Révolution*, Paris, 1923.

(52) A la fin du XVIIIe siècle, les revenus de la marmite s'élèvent rapidement : en 1761-1762 on les évalue à 19.548 l.; en 1771-1772, à 33.918 l.; en 1781-1782, à 49.144 l. Dans le même laps de temps, les dépenses se sont élevées de 15.000 à 28.000 l. (G. DOTTIN, *Les livres de comptes du bureau de bienfaisance de Rennes*, *Annales de Bretagne*, 1918, t. XXXIII, pp. 184-194). — Dans toutes les villes, la marmite des pauvres semble bien être l'origine du bureau de bienfaisance.

(52 *bis*) A Pontivy, surtout aux époques de crises économiques, la communauté de ville et la bourgeoisie se montrent impuissantes à soulager efficacement les pauvres (F. LE LAY, *op. cit.*, pp. 250 et sqq.).

V

Il est vrai qu'après 1774, sous l'influence de Turgot, puis de Necker, l'administration s'efforce de remplacer les mesures de coercition par des mesures d'assistance et surtout d'organiser l'assistance par le travail, en instituant des *ateliers de charité* (53). Mais, en Bretagne, ces ateliers de charité ne fonctionnèrent pas réellement. L'intendant, en 1777, fait appliquer l'ordonnance du 30 juillet, qui prescrit « la capture de tous les mendiants qui continueront cette profession après le délai que S. M. a prescrit ». D'abord, déclare-t-il dans sa lettre à Amelot du 8 octobre 1777 (54), la mesure a eu en apparence de bons résultats :

« La plus grand partie des mendiants des villes ont disparu : quelques-uns ont profité des travaux de la campagne pour y chercher de l'emploi; les autres (et c'est le plus grand nombre) se sont retirés dans les campagnes pour y mettre les paysans à contribution ».

La maréchaussée, il est vrai, a fait arrêter les vagabonds et les a mis au dépôt de mendicité de Rennes. Mais comment obliger les mendiants à se retirer dans leurs paroisses d'origine, si celles-ci ne peuvent « faire subsister les valides par des travaux et les invalides par des soins » ? Or, elles sont incapables de subvenir à ces deux offices. L'intendant montre combien l'assistance est défectueuse en Bretagne :

« Il n'existe aucun atelier de charité dans les villes, ni dans les campagnes. Les paysans sont peu riches et on trouve partout beaucoup plus de bras qu'il n'en est nécessaire pour les travaux de la campagne; les pauvres valides sont donc obligés, dans chaque paroisse, de contrevenir à l'ordonnance du Roi et de recourir forcément aux aumônes pour subsister.

(53) Voy. Camille BLOCH, *op. cit.*, pp. 194 et sqq.

(54) Arch. d'Ille-et-Vilaine, C 1294.

« Les infirmes se trouveront dans une situation bien plus fâcheuse encore; dans les villes, où il y a des hôpitaux (et le nombre n'en est pas considérable), les administrateurs de ces maisons refusent d'y recevoir les pauvres infirmes qui s'y présentent depuis la publication de l'ordonnance, sous prétexte que ces maisons sont remplies. Dans les villes où il n'y a aucun établissement de charité, et dans les campagnes, les infirmes, accoutumés à subsister des aumônes, seront bien obligés à se servir des mêmes moyens, et il y aurait de l'inhumanité à leur ôter cette seule ressource... ».

L'intendant rappelle ensuite que l'état qu'il a fait rédiger en 1775 montre que le total des « biens fonds, rentes et aumônes » s'élève à peine à 400.000 l.; il a demandé à Turgot et à Taboureux d'accorder les secours nécessaires, mais vainement :

« On m'a toujours renvoyé aux ressources d'une province d'Etats où on savait bien cependant que les commissaires, nommés par les Etats pour faire l'assiette des impositions, ne peuvent disposer d'aucuns fonds et que les Etats n'en ont jamais fait d'autres que celui de 50.000 l. pour l'entretien et la subsistance des mendiants nourris dans les dépôts ».

Necker a promis 50.000 l. pour les ateliers de charité en Bretagne [(55)] ; mais il semble bien que ces ateliers n'ont jamais fonctionné dans la province, car les cahiers de paroisses et le cahier de la sénéchaussée de Rennes en réclament l'établissement [(56)].

N'oublions pas, en effet, que l'administration provinciale et l'administration royale avaient toujours essayé de se rejeter l'une sur l'autre le poids des dépenses concernant l'assistance. Déjà, en 1728, Le Peletier déclare que, « sur les fonds destinés à la subsistance des mendiants », la province, au 1er janvier 1729, devra plus de 140.000 l. [(57)]. En 1730, le gouvernement, pour ces fonds, accorde la somme de 100.000 l., mais celle-ci est réduite à 80.000 en 1731 et

(55) Lettre du 29 décembre 1777 (*Ibid.*, C 1294).

(56) Voy. H. Sée et A. Lesort, *op. cit.*, *passim*, et Cahier général du Tiers Etat, art. 153 (*Ibid.*, t. IV, p. 268).

(57) Lettre du 8 novembre 1728 (Arch. d'Ille-et-Vilaine, C 1286).

à 50.000 en 1732; et Orry déclare, dans une lettre du 6 avril 1732, que, si les revenus ne sont pas suffisants, « les Etats n'ont qu'à y suppléer ». Une autre lettre d'Orry, du 16 avril 1736, nous apprend que le trésorier de la capitation refuse « de payer au commis, qui est chargé de la recette des fonds des hôpitaux, non seulement 10.232 l. qui sont dues pour 1732, mais même ceux dus pour 1733 [58] ».

En 1780, les Etats refusent de participer aux dépenses nécessitées par la « destruction du vagabondage et de la mendicité »; ils invoquent l'ordonnance du 3 août 1764 et l'arrêt du 21 octobre 1767, par lesquels le roi s'engage à recevoir à ses frais, dans les dépôts, les mendiants et les vagabonds. L'intendant pense qu'on pourrait sans doute retenir cette somme « sur les remises que le Roi veut bien faire à la province sur ses impositions [59] ».

Les Etats s'efforcent même de faire obstacle aux ordonnances qui prescrivent de contraindre au travail les pauvres valides. Ils protestent contre les arrestations arbitraires. Or, déclare l'intendant, « nul mendiant ou vagabond n'est reçu au dépôt qu'après une sentence du prévôt de la maréchaussée, qui l'y condamne », suivant la procédure régulière. Au dépôt de Rennes, les règlements sont observés comme il faut. Les enfants, reçus avant l'âge de douze ans, sont envoyés chez des laboureurs; ceux qui ont plus de douze ans apprennent un métier, ou bien, s'ils n'en sont pas capables, ils sont envoyés dans les ateliers publics (notamment au port de Vannes), ou encore on les engage dans l'armée de terre ou dans la marine [60].

(58) *Ibid.*, C 1286.

(59) Lettre de l'intendant, du 7 juillet 1780 (*Ibid.*, C 1286).

(60) Même lettre du 7 juillet 1780.

VI

Une autre création, qui fut tentée en Bretagne comme ailleurs, à la fin de l'Ancien Régime, ne paraît pas non plus avoir donné grands résultats : ce fut celle des *bureaux d'aumônes*. L'idée n'était pas nouvelle, car déjà le Parlement, par ses arrêts de 1693, 1703, 1723, avait prescrit l'établissement, dans chaque paroisse, d'un *bureau d'assistance;* mais rien n'avait été fait. Une lettre de Clugny à l'intendant, du 23 août 1776 [61], nous montre que c'est ce fonctionnaire qui a voulu remettre sur pied ce projet :

« Vous me proposez d'établir en chaque paroisse un bureau d'administration, composé de quelques notables, sur lequel vous aurez l'inspection, puisque vous avez dans votre département plusieurs de ces établissements qui se sont formés ».

En décembre 1777, Necker recommande à l'intendant de provoquer l'établissement des bureaux de charité ou d'aumônes dans les paroisses, d'encourager à cet effet les bourgeois aisés et surtout les curés [62]. L'intendant répond qu'il s'est déjà occupé activement de la question [63]. Il adresse, en effet, le 6 février 1778, aux subdélégués, une circulaire fort détaillée [64] :

« Dans plusieurs provinces, déclare-t-il, on a établi des bureaux d'aumônes et de charité, qui s'occupent de l'emploi des aumônes qu'ils obtiennent, soit en indiquant des travaux et fournissant des matières et des outils à ceux qui sont en état de travailler, soit en procurant des soulagements aux malades dans leur infirmité, soit en ne faisant que de simples prêts à ceux qui n'ont que des besoins momentanés ».

(61) Arch. d'Ille-et-Vilaine, C 1286.

(62) C'était en effet une des idées favorites de Necker; voy. C. BLOCH, *op. cit.*, p. 198.

(63) Arch. d'Ille-et-Vilaine, C 1286.

(64) *Ibid.*, C 1290.

Il s'est déjà établi quelques-uns de ces bureaux en Bretagne; il faudrait en multiplier le nombre : « ils sont composés, dans les campagnes, du seigneur ou de son juge, du recteur, des plus riches notables, dans les villes, des principaux magistrats, des recteurs, des dames de charité, enfin de toutes les personnes recommandables par leurs noms, et qui, par leur aisance, doivent être les premiers à donner l'exemple ». Les Sœurs Grises et les Sœurs de la Sagesse seconderont efficacement les bureaux d'aumônes. Les subdélégués doivent s'efforcer de mettre ces établissements en activité; ils écriront aux recteurs, aux seigneurs, manderont les syndics les plus intelligents ou les « principaux habitants ». L'intendant, de son côté, demandera des secours au gouvernement quand les bureaux se formeront.

Quelques jours plus tard, le 12 février 1778, l'évêque de Rennes, Mgr Bareau de Girac, essayait aussi de provoquer la création des bureaux de charité et s'adressait à cet effet aux recteurs, auxquels il envoyait un projet de règlement fort précis [65]. Il part de ce principe que chaque paroisse « doit secourir ses pauvres »; il faut exclure de la charité paroissiale les étrangers, les vagabonds. A cet effet, les recteurs, qui auront la haute main sur les bureaux d'aumônes, dresseront, chaque année, « un état exact des pauvres et autres nécessiteux de la paroisse, de la cause et du genre de leurs besoins et du nombre de leurs enfants »; ils n'y inscriront que ceux qui sont nés ou véritablement établis dans la paroisse, et qui seront « d'une bonne vie ». Le bureau, qui se réunira au moins tous les quinze jours, consignera sur un registre ses délibérations; il sollicitera les aumônes et les dons et créera une caisse. On distribuera aux femmes et aux filles des laines, cotons et filasses, qu'elles travailleront et elles rapporteront au bureau les

(65) Voy. Paul Delarue, *Une tentative de Mgr de Girac pour organiser les bureaux de charité dans le diocèse de Rennes* (12 février 1778) (*Annales de Bretagne*, novembre 1907, t. XXIII, pp. 22-28).

étoffes ainsi fabriquées. On incitera les seigneurs à concéder aux pauvres « pour un temps déterminé » des portions de leurs landes ou terrains vagues: le bureau avancera les frais de culture et de semence aux pauvres qui prendront des terres « à ferme ou à moitié ». — La tentative de l'évêque de Rennes n'est pas une mesure isolée: au même moment, l'évêque de Léon, Mgr de la Marche, essaie aussi de favoriser la création de bureaux d'aumônes [66]. Il est donc très probable que les évêques répondirent ainsi à une invitation du gouvernement; c'est dire que l'initiative de l'institution nouvelle doit être attribuée à l'administration royale.

Ces tentatives ont-elles eu quelque efficacité ? S'est-il créé beaucoup de bureaux d'aumônes ? Il ne le semble pas. En tout cas, en 1780, l'assistance n'a guère fait de progrès encore. L'intendant, dans sa lettre du 7 juillet 1780, déclare :

> « Depuis l'établissement des dépôts, le nombre des mendiants et vagabonds a diminué considérablement; ils auraient été détruits entièrement si l'on avait trouvé dans les paroisses des ressources suffisantes pour y procurer la subsistance des vieillards et des infirmes... ; mais il n'y a aucun établissement de charité dans les campagnes et ceux des villes n'offrent qu'une partie des ressources nécessaires à la subsistance des vieillards et des infirmes » [67].

VII

Les efforts les plus sérieux qui aient été tentés ont trait à l'assistance médicale. En temps d'épidémies, on distribue des médicaments, dans les campagnes comme dans les villes; on commence à nommer des *médecins des épidémies*, et quelques-uns furent des hommes de grand mérite, comme Bagot, de Saint-Brieuc. Turgot a beaucoup contribué à améliorer l'assistance médicale, notamment en créant, en 1776, la *Société royale de médecine*, qui se composa de savants

(66) L. Kerbiriou, *op. cit.*, p. 190.

(67) Arch. d'Ille-et-Vilaine, C 1286.

dégagés de la routine. La Société suscita des enquêtes dans toutes les provinces sur la santé publique, encouragea les progrès de la thérapeutique, l'inoculation, etc. Cependant, — et Bagot nous le montre clairement dans ses *Observations médecinales*, — l'assistance médicale, surtout dans les campagnes, n'était encore que bien insuffisante ; dans les villes mêmes, la population se refusait obstinément à se soumettre à l'inoculation ; les épidémies de variole, de typhus, de fièvre typhoïde décimaient toujours les villes et surtout les campagnes bretonnes (68). L'administration, en Bretagne comme ailleurs, se préoccupa de favoriser la création de cours d'accouchements pour former des sages-femmes instruites; Mme Ducoudray, en 1775 et 1776, donna cet enseignement dans plusieurs villes; mais, en réalité, les sages-femmes étaient encore bien peu nombreuses et on n'en trouvait presque aucune dans les campagnes, comme le montrent les cahiers de doléances de 1789 (69).

Au reste, la lecture de ces cahiers peut nous convaincre aussi, en ce qui concerne les ateliers de charité et les bureaux d'aumônes, qu'avant la Révolution rien d'efficace n'a été réalisé en Bretagne et que toutes les institutions d'assistance sont encore bien défectueuses. Le cahier du Tiers Etat de la sénéchaussée de Rennes demande que l'on crée des caisses et des ateliers de charité; il propose que l'on consacre à ces œuvres d'assistance « une portion des revenus des abbayes et des couvents qui seraient supprimés (70) ».

(68) Voy. Camille BLOCH, *op. cit.*, pp. 236 et sqq; Ant. DUPUY, *Les épidémies en Bretagne au XVIIIe siècle*; H. SÉE, *La santé publique dans le diocèse de Saint-Brieuc à la fin de l'Ancien Régime, d'après les « Observations médecinales » de Bagot* (Comité des Travaux historiques, section d'histoire moderne et contemporaine, fasc. VIII, 1923).

(69) Le cahier du Tiers Etat de la sénéchaussée de Rennes exprime bien les vœux, à cet égard, des cahiers de paroisses : « Qu'il soit établi dans les campagnes et même dans les villes des sages-femmes instruites et approuvées, qui devront leurs soins et leurs offices aux pauvres femmes » (art. 54, H. SÉE et A. LESORT, *op. cit.*, t. IV, p. 268). — Sur les cours d'accouchements et le manque de sages-femmes expérimentées, voy. Arch. d'Ille-et-Vilaine, C 1326, 1327, 1328, 1329 et H. SÉE et A. LESORT, *op. cit.*, t. Ier, p. 363, n. 1.

(70) Art. 153 (H. SÉE et A. LESORT, *op. cit.*, t. IV, p. 268).

Il semble que l'assistance ait été encore plus mal organisée en Bretagne que dans d'autres régions de la France. Il est vrai que l'œuvre qu'elle avait à y accomplir était encore plus difficile qu'ailleurs, car la misère y était particulièrement forte. Le pays était pauvre, la culture, encore bien primitive; les terres incultes y occupaient une énorme superficie. Plus qu'ailleurs, la misère était, en effet, surtout une conséquence du régime agraire : les pauvres et les mendiants n'étaient si nombreux dans les villes que parce qu'elles servaient de refuge aux malheureux que la misère avait chassés des campagnes, mais qui n'y trouvaient pas une occupation suffisante pour assurer leur subsistance. Cependant, la faillite de l'assistance tient encore, en Bretagne, à une autre cause : les Etats de la province, sur lesquels le gouvernement veut rejeter une partie de la charge de l'assistance, s'y refusent le plus possible, qu'il s'agisse des dépôts de mendicité ou des ateliers de charité; si ceux-ci ne purent fonctionner, c'est l'opposition des Etats qui en semble surtout responsable (71).

Henri Sée.

(71) Pour tout ce qui précède, j'ai utilisé avec grand profit un mémoire encore inédit de H. Gaillard, *La misère et l'assistance en Bretagne au XVIIIe siècle*; mais l'auteur n'a étudié que très sommairement la fin de l'Ancien Régime. — On trouvera aussi bien des données intéressantes dans les documents relatifs aux secours en grains et en argent (Arch. d'Ille-et-Vilaine, C 1718-1748).

APPENDICE

LETTRE DE THOMAS DE LA PLESSE, SUBDÉLÉGUÉ DE VITRÉ, A VÉDIER, SUBDÉLÉGUÉ GÉNÉRAL[72].

(Archives Nationales, H. 608).

Vitré, le 29 août 1762.

MONSIEUR,

Je vous renvoie le mémoire que vous m'aviez adressé et qui doit avoir été remis au Roi. Au premier coup d'œil, ce mémoire m'a paru exagéré. Je savais qu'il y avait de la misère à Vitré. Mais, ainsi que vous, Monsieur, je ne pouvais m'imaginer qu'elle fût telle qu'on l'avait dépeinte. Jusqu'ici j'avais jugé des choses sans entrer dans aucun détail, ce qui me faisait croire que cet exposé était moins le tableau de la misère présente que celui de la misère future. De là, j'ai pensé qu'il était de mon devoir de vérifier les faits. Je l'ai fait avec une attention si scrupuleuse qu'il ne m'a pas été possible de vous rendre un compte plus prompt. Dans cette vérification, je n'ai voulu m'en rapporter ni au

(72) En 1762, M. de Gennes, curé d'une des paroisses de Vitré, envoya au Roi un mémoire sur la misère à Vitré. Le Contrôleur général ordonna une enquête. L'évêque de Rennes déclara qu'à Rennes et à Fougères on pouvait signaler les mêmes faits qu'à Vitré, que, dans les trois villes, il y avait, au total, 15.000 pauvres. Le subdélégué général Védier demanda des renseignements à Thomas de la Plesse, subdélégué de Vitré. — Le document m'a été communiqué par M. A. Rebillon. — Joseph-Thomas de la Plesse et de Maurepas était à la fois subdélégué et lieutenant civil et criminel de police et de la maîtrise des eaux et forêts. Son fils devait devenir maire de Vitré, puis vice-président du directoire d'Ille-et-Vilaine, enfin sous-préfet de Vitré en l'an VIII; voy. H. SÉE et A. LESORT, *op. cit.*, t. Ier, p. 76, n. 2.

témoignage de différentes personnes que j'ai consultées, ni à celui de mon épouse, qui sort d'être prieure des dames de la Charité et qui, pendant deux ans d'exercice, est entrée dans les plus grands détails par des visites fréquentes; je me suis instruit par moi-même en me transportant de rue en rue, de maison en maison pour vérifier les faits qui paraissaient équivoques ou dont je n'avais pas une certitude suffisante. C'est d'après cet examen que je réponds au mémoire.

Oui, Monsieur, la ville de Vitré contient environ 14.000 habitants, parmi lesquels on compte vingt maisons de 3.000 l. de rente, trente de 12 à 1.500 l., peut-être quatre cents de 4 à 500 l. et au-dessous. Le surplus est composé d'artisans, qui n'ont d'autre ressource que leur commerce ou leur travail. Les serges, les toiles et les bas de fils font le commerce ordinaire. Cette première branche est totalement tombée depuis sept à huit ans; les toiles ont plus de faveur, mais elles n'ont point de prix, faute de débouché; il en est ainsi des bas de fils: les façons en sont si minces qu'elles ne nourrissent pas l'ouvrière.

Le défaut de commerce, Monsieur, n'est pas la seule cause de la misère de cette ville. Depuis 1756, nos récoltes ont été au-dessous de l'année commune ; elles n'ont point suffi à notre dépense. Les grains nous sont venus de Laval et de Fougères, et l'argent y est resté. Depuis huit mois, l'étranger nous nourrit; il nous nourrira toute l'année, puisque notre récolte n'a produit que les semences nécessaires. Ce manquement de récolte fait que nos bourgeois les plus aisés ne pensent qu'à vivre; leur revenu y suffit à peine ; ils ne font travailler qu'au plus nécessaire, et avec la meilleure volonté, ils se trouvent hors d'état de soulager les misérables; aussi, Monsieur, si vous en exceptez quatre à cinq mois de la belle saison, la plupart des ouvriers sont sans travail : l'hiver dernier, on les employait à sept, huit et neuf sols par jour; on eût trouvé cinq cents à ce prix et même pour leur pain.

Voilà, Monsieur, des misères connues et qui sont publiques. Je suis entré dans le détail et j'ai vu trois cents familles dans toutes les horreurs de la pauvreté la plus touchante. J'en ai vu dans des caves, dans des greniers, dans des étables et sous des toits, couchés sur de la fougère ou sur de la paille ruinée, les uns sans lit, les autres sans draps. et dont les plus aisés avaient deux lits et deux draps; j'en ai trouvé sans chemise, d'autres sans habit, sans culotte, ou qui n'étaient que fort indécemment couverts de quelques haillons. J'ai vu des familles chargées de six et sept enfants réduites à deux lits et à deux couvertures, dont l'ameublement consiste dans une marmite et un poëlon; plusieurs en sont dépourvus et n'en ont pas besoin, parce qu'ils sont logés dans des lieux où il n'y a point de feu et où il n'est pas possible d'en faire.

Leur nourriture répond à leur vêtement: j'ai vu leur soupe. Je n'y ai trouvé ni beurre, ni viande; elle était composée d'eau, de sel et de gruau; j'y ai vu des légumes sans que l'usage des feuilles d'aches (73) soit venu à ma connaissance; mais plusieurs m'ont assuré que leurs légumes étaient des rebuts trouvés dans les rues; d'autres m'ont dit que le plus souvent ils faisaient usage de troncs de choux et qu'ils les pelaient pour en extraire la moelle qui leur servait de potage et de nourriture. J'en ai trouvé qui, à dix heures du soir, étaient à jeun et sans pain; celui du pays est de seigle et il est sans difficulté plus noir et plus amer que partout ailleurs, en ce que, notre terrain étant plus mouillé que celui de nos voisins, produit plus de pille, de nielle et de jargeau (74). Des mères ainsi affamées ou mal nourries ne peuvent guère allaiter leurs enfants: ainsi, j'en ai vu de sevrés à six et à sept mois, réduits à vivre de bouillie faite avec de l'eau et

(73) Plante qui ressemble au persil.

(74) Plantes parasites, qui poussent au milieu des blés.

de la farine de froment noir. J'en ai trouvé à qui on présentait à cet âge du pain noir trempé dans de l'eau. Je ne puis dire l'effet que peut produire une telle nourriture ; le tempérament en doit souffrir. Pour m'en assurer, j'ai cru devoir en confier à M. le Dr Jouel, médecin de notre ville, dont la probité et le savoir sont connus.

Il est vrai, Monsieur, que l'un de nos recteurs (il s'agit de M. de Gennes, auteur du mémoire) abdiqua sa cure, il y a deux ans, et qu'il en a repris les fonctions par obéissance. Le produit du bénéfice est facile à apprécier. C'est une portion congrue [75]. De là se présume que, si personne ne venait à leur secours, la misère serait encore plus générale. Oui, Monsieur, les établissements de charité périssent et diminuent. L'an dernier, celui des dames du bouillon des pauvres fit des emprunts et il fut obligé de réduire le nombre des malades. Je ne connais pas parfaitement le revenu de l'hôpital général. Je sais qu'il a bien des bouches à nourrir. Dans ma visite, j'ai vu plus de deux cents sujets qui en étaient dignes et qui n'ont pu s'y faire recevoir. J'ai entendu des femmes et des vieillards de 80 et 90 ans se plaindre de la vie. J'en ai vu d'autres bénir la Providence dans l'excès de leur misère.

Voilà, Monsieur, ce que je puis dire du mémoire que vous m'avez fait porter. J'ai jugé des faits par moi-même et de mes propres yeux. Je vous atteste que, telle que soit la misère actuelle, la future me fait encore plus trembler, parce que notre ville et nos campagnes sont sans commerce, sans grains et sans argent.

(75) Dans chacune des trois paroisses de Vitré (Notre-Dame, Sainte-Croix et Saint-Martin), le recteur, en fait de revenus, n'a que 700 l. de portion congrue (A. REBILLON, *op. cit.*, pp. 549 et sqq.).

Le Gérant, R. OBERTHUR

TABLE

IMP. OBERTHUR, RENNES—PARIS (1389-25).

www.ingramcontent.com/pod-product-compliance
Lightning Source LLC
LaVergne TN
LVHW080956230826
846092LV00006B/1050
* 9 7 8 2 3 2 9 7 9 7 3 1 1 *